中国科学院研究生教育基金会资助出版

国科大 文丛

丛书主编／任定成

中国的科学技术哲学
——自然辩证法

于光远 ⊙ 著

科学出版社
北京

图书在版编目(CIP)数据

中国的科学技术哲学——自然辩证法/于光远著．—北京：科学出版社，2013.3
（国科大文丛）
ISBN 978-7-03-037035-8

Ⅰ．①中… Ⅱ．①于… Ⅲ．①自然辩证法-研究 Ⅳ．①N031

中国版本图书馆 CIP 数据核字（2013）第 046121 号

丛书策划：胡升华　侯俊琳
责任编辑：石　卉　闵敬淞/责任校对：刘小梅
责任印制：吴兆东/封面设计：黄华斌

科学出版社 出版
北京东黄城根北街 16 号
邮政编码：100717
http://www.sciencep.com

北京厚诚则铭印刷科技有限公司印刷
科学出版社发行　各地新华书店经销

*

2013 年 4 月第　一　版　开本：720×1000 1/16
2025 年 8 月第四次印刷　印张：21 1/4
字数：408 000
定价：198.00 元
（如有印装质量问题，我社负责调换）

国科大文丛

顾 问

郑必坚　邓 勇　李伯聪
李顺德　王昌燧　佐佐木力

编委会

主　编　任定成

副主编　王大洲　张增一　诸葛蔚东

编　委（以姓氏拼音为序）
　　　　　方晓阳　胡新和　胡耀武
　　　　　胡志强　刘铁军　马石庄
　　　　　孟建伟　任定成　尚智丛
　　　　　王大洲　肖显静　闫文军
　　　　　叶中华　张增一　诸葛蔚东

丛书弁言

"国科大文丛"是在中国科学院大学和中国科学院研究生教育基金会的支持下,由中国科学院大学人文学院策划和编辑的一套关于科学、人文与社会的丛书。

半个多世纪以来,中国科学院大学人文学院及其前身的学者和他们在院内外指导的学生完成了大量研究工作,出版了数百种学术著作和译著,完成了数百篇研究报告,发表了数以千计的学术论文和译文。

首辑"国科大文丛"所包含的十余种文集,是从上述文章中选取的,以个人专辑和研究领域专辑两种形式分册出版。收入文集的文章,有原始研究论文,有社会思潮评论和学术趋势分析,也有专业性的实务思考和体会。这些文章,有的对国家发展战略和社会生活产生过重要影响,有的对学术发展和知识传承起过积极作用,有的只是对某个学术问题或社会问题的一孔之见。文章的作者,有已蜚声学界的前辈学者,有正在前沿探索的学术中坚,也有崭露头角的后起新锐。文章或成文于半个世纪之前,或刚刚面世不久。首辑"国科大文丛"从一个侧面反映了中国科学院大学人文学院的历史和现状。

中国科学院大学人文学院的历史可以追溯至1956年于光远先生倡导成立的中国科学院哲学研究所自然辩证法研究组。1962年,研究组联合北京大学哲学系开始招收和培养研究生。1977年,于光远先生领衔在中国科学技术大学研究生院(北京)建立了自然辩证法教研室,次年开始招收和培养研究生。

1984年,自然辩证法教研室更名为自然辩证法教学部。1991年,自然辩证法教学部更名为人文与社会科学教学部。2001年,中国科学技术大学研究生院(北京)更名为中国科学院研究生院,教学部随之更名为社会科学系,并与外语系和自然辩证法通讯杂志社一起,组成人文与社会科学学院。

2002年,人文与社会科学学院更名为人文学院,之后逐步形成了包括科学哲学与科学社会学系、科技史与科技考古系、新闻与科学传播系、法律与知识产权系、公共管理与科技政策系、体育教研室和自然辩证法通讯杂志社在内的五系一室一刊的建制。

2012年6月,中国科学院研究生院更名为中国科学院大学。现在,中国科学院大学已经建立了哲学和科学技术史两个学科的博士后流动站,拥有科学技术哲学和科学技术史两个学科专业的博士学位授予权,以及哲学、科学技术史、新闻传播学、法学、公共管理五个学科的硕士学位授予权。

从自然辩证法研究组到人文学院的历史变迁,大致能够在首辑"国科大文丛"的主题分布上得到体现。

首辑"国科大文丛"涉及最多的主题是自然科学哲学问题、马克思主义科技观、科技发展战略与政策、科学思想史。这四个主题是中国学术界最初在"自然辩证法"的名称下开展研究的领域,也是自然辩证法研究组成立至今,我院师生持续关注、学术积累最多的领域。我院学术前辈在这些领域曾经执全国学界之牛耳。

科学哲学、科学社会学、科学技术与社会、经济学是改革开放之初开始在我国复兴并引起广泛关注的领域,首辑"国科大文丛"中涉及的这四个主题反映了自然辩证法教研室自成立以来所投入的精力。我院前辈学者和现在仍活跃在前沿的学术带头人,曾经与兄弟院校的同道一起,为推进这四个领域在我国的发展做出了积极的努力。

人文学院成立以来，郑必坚院长在国家发展战略方面提出了"中国和平崛起"的命题，我院学者倡导开辟工程哲学和跨学科工程研究领域并构造了对象框架，我院师生在科技考古和传统科技文化研究中解决了一些学术难题。这四个主题的研究也反映在首辑"国科大文丛"之中。

近些年来，我们在"科学技术与社会"领域的工作基础上，组建团队逐步在科技新闻传播、科技法学、公共管理与科技政策三个领域开展工作，有关研究结果在首辑"国科大文丛"中均有反映。学校体育研究方面，我们也有一些工作发表在国内学术刊物和国际学术会议上，我们期待着这方面的工作成果能够反映在后续"国科大文丛"之中。

从首辑"国科大文丛"选题可以看出，目前中国科学院大学人文学院实际上是一个发展中的人文与社会科学学院。我们的科学哲学、科学技术史、科技新闻、科技考古，是与传统文史哲领域相关的人文学。我们的科技传播、科技法学、公共管理与科技政策，是属于传播学、法学和管理学范畴的社会科学。我们的人文社会科学在若干个亚学科和交叉学科领域已经形成了自己的优势。

健全的大学应当有功底厚实、队伍精干的文学、史学、哲学等基础人文学科，以及社会学、政治学、经济学和法学等基础社会科学。适度的基础人文社会科学群的存在，不仅可以使已有人文社会科学亚学科和交叉学科的优势更加持久，而且可以把人文社会科学素养教育自然而然地融入理工科大学的人文氛围建设之中。从学理上持续探索人类价值、不懈追求社会公平，并在这样的探索和追求中传承学术、培养人才、传播理念、引领社会，是大学为当下社会和人类未来所要担当的责任。

首辑"国科大文丛"的出版，是人文学院成立10周年、自然辩证法教研室建立35周年、自然辩证法组成立56周年的一次学术总结，是人文学院在这个特殊的时刻奉献给学术界、教育界和读书界的心智，也是我院师生沿着学术研究之路继续前行的起点。

随着学术新人的成长和学科构架的完善，"国科大文丛"还将收入我院师生的个人专著和译著，选题范围还将涉及更多领域，尤其是基础人文学和社会科学领域。我们也将以开放的态度，欢迎我院更多师生和校友提供书稿，欢迎国内外同行的批评和建议，欢迎相关基金对这套丛书的后续支持。

我们也借首辑"国科大文丛"出版的机会，向中国科学院大学领导、中国科学院研究生教育基金会、我院前辈学者、"国科大文丛"编者和作者、科学出版社的编辑，表示衷心的感谢。

任定成

2012 年 12 月 30 日

学术自传

一、童年时代和学生时代之回顾

我 1915 年出生在上海,本姓郁,名锺正,"于光远"是我参加革命后改的名字。我从小生活在一个经济不宽裕却充满爱和平等气氛的家庭环境中。我的父亲早年毕业于上海兵工专业学校,学的是兵器制造,并接受了西方民主思想,拥护共和制。我的母亲贤惠勤劳,虽然没有上过学,却也能读书、写信,并且思想开通。

少年时,读书是我的最大乐趣。我从 7 岁时起,就开始把父亲的藏书翻出来读。我父亲的藏书数量虽然并不算多,但相当多样化,包括中国古典小说(如《三国演义》、《水浒传》),近代西方学者著述(如赫胥黎的《天演论》),戊戌人物的政论(如《梁启超文集》),代数、几何、物理、化学、枪炮制造原理等。到 11 岁时，家中的藏书已全部被我浏览过了。12 岁那年，我随父母搬到北京，偶然发现西单南路有一个"头发胡同图书馆"，里面有许多书，我兴奋异常，于是成为那里的常客。我认为图书馆给予我的知识不亚于学校。

除了学校和图书馆之外，我还从其他生活经历中学到了知识。由于父亲失业，家境困难，我从 16 岁开始半工半读，曾在一家化学工业社当技师，从化学工业社的实验室中，我获得了实用化学知识。看别人下棋打牌，则为我后来研究竞赛论铺垫了初步知识。几年前我写《漫谈竞赛论》时，所用的部分知识就是在那时获得的。

我在青年时代一度想成为一个物理学家。1932 年考入上海大同大学，1934 年，通过了清华大学吴有训教授的考试，从上海大同大学转到清华大学，成为清华大学物理系三年级破例招收的插班生。在此之前，清华物理系从未招收过三年级的插班生。吴有训、周培源等前辈学者都对我寄予厚望。当时的清华大学物理系是一个培养物理学家的基地，这里有优秀的教师和富有才华的同窗，我的同班同学，如钱三强、王大珩、何泽慧等，后来都成为著名的物理学家。

但我的物理学家之梦却没有成为现实。当时日本帝国主义的侵略日益逼近华北，局势一天天紧张，学生们已不能安心读书了。1935 年年底我投身到"一二·九"学生运动中，于 1937 年 3 月加入了中国共产党。经历了学生运动的洗礼，在学校共产党组织和革命青年的影响下，我决心义无反顾地投身到拯救中华民族的事业中。

我的毕业论文是有关广义相对论的，导师是周培源。1937 年，周先生从普林斯顿大学进修回到清华大学后告诉我，他将我的毕业论文给爱因斯坦看过，爱因斯坦提出了一些修改意见。周先生希望我能尽快进行修改，然后以我们两个人的名义在《物理学报》上发表。那时我已经加入了中国共产党，我把这件事汇报给党组织后，组织支持我做这件事。正在我打算向周老师请教，继续修改论文时，"卢沟桥事变"爆发，党组织委派我去保定建立"民先"（"抗日民族解放先锋队"的简称）临时总队部，修改论文的事便不了了之。作为一名共产党员，投身于挽救民族危亡的抗日战争成为我唯一的选择。也就是从那时起，我彻底放弃了成为一个物理学家的梦想。

这一年年初，居里夫人的丈夫约里奥·居里要在中国招收一名研究生。我和钱三强都报了名。其实我当时已经是一个职业革命者了，没有固定的收入。可是在此之前我在广州岭南大学做过一段时间助教，每月给家里寄钱。回到北京后，一下子没有了收入，无法养家了，总要有一个借口，于是我就跟父母说，我回北京就是要报考研究生。其实我根本就没有打算出国做研究生，于是就顺理成章地把这个名额让给了钱三强。钱三强出国前夕，我在他的纪念册上写下了这样一段话：我现在参加反对帝国主义和封建势力的斗争，目的是建立一个民主的、劳动人民当家做主的国家。革命成功之后要进行建设，你出国深造，回来之后就可以为这样的国家服务，到那时我们还会合作。后来果然如此，日本投降后，钱三强学成归国，为我们国家的科学事业和国防事业作出了重大贡献。钱三强告诉我，那本纪念册他一直珍藏着，可惜在"文化大革命"中丢失了。

二、从事学术研究的历程与成果

（一）早期从事学术研究的历程

1. 如何走上社会科学研究之路

其实我从来没有做一名社会科学家的意识。因为革命需要马克思主义的指导，需要社会科学的知识，于是我在参加革命的过程中，逐渐对社会科学产生了兴趣，通过对马克思主义著作的学习和对社会科学理论的钻研，自然而然地成为一名社会科学工作者。我最早阅读马克思主义著作是在清华大学学习期间。我对哲学的喜爱，从初中时就开始了。在上海上高中和大学时，我就看了一些有关自然哲学的书。到清华大学以后，1936年上半年，我选修了张申府教授开的"形而上学"课程，在张教授给学生开出的十几本参考书中，有恩格斯的《反杜林论》和列宁的《唯物主义和经验批判主义》。我从图书馆里借来这两本书的英译本，从头到尾啃了下来。这两本书带给我的震撼是前所未有的，使我对马克思主义产生了浓厚的兴趣，可以说从此我开始走上了成为一个马克思主义者的道路。至今我仍然对自己的选择毫不动摇。

我曾经说过：我是一个死不悔改的马克思主义者。

1936年夏天我回上海时参加了艾思奇、章汉夫等组织的自然哲学研究会，从此开始了我的哲学社会科学的学习和研究生涯。

2. 逐渐成为社会科学家的19年（1936～1955）

自1936年从物理系毕业到1955年我被选聘为中国科学院哲学社会科学学部委员，是我逐渐成为社会科学家的19年。要对这个过程进行叙述，说来话长。概而言之，我并没有想当社会科学家的意识，我只是为革命学习、研究社会科学，在革命工作中学习研究社会科学——当然是马克思主义的社会科学。因为革命需要社会科学，社会科学能对革命起指导作用，我对社会科学才产生了强烈的兴趣。我也相信，在革命中学习社会科学，才能学到对革命有重大意义的社会科学真理。我就是这样自然而然地成了一个社会科学家的。

青年时代所受过的严格科学训练和打下的自然科学的基础，为我后来进行社会科学的学习和研究无疑提供了有利的条件。

我在大学图书馆里借到了《反杜林论》和《唯物主义和经验批判主义》这两本书的英译本，在阅读中我感受到从未有过的震撼。接着，我又开始研读英译本的《资本论》。1936年夏天回到上海时，我参加了艾思奇、章汉夫等组织的自然哲学研究会。从此，我开始了哲学、社会科学研究生涯。

大学毕业后，我到广州岭南大学任物理学助教，并以此为掩护从事革命工作。当我着手建立的地下革命组织被破坏之后，我被党组织调回北平，参加"民先"全国总队部的工作。1937年3月，我加入了中国共产党。

从1937年年初到1939年5月，我先后在北平、广州、太原、武汉、粤北等国民党统治区从事党的青年工作，1939年被调往延安，在中共中央青年工作委员会（简称中央青委）工作。1940～1942年，兼任延安中山图书馆馆长，并在毛泽东青年干部学校讲授社会发展史等课程。1942～1943年，任中共中央西北调查局研究员。在此期间，我开始研究土地问题和陕甘宁边区的减租问题、农业累进税问题、农村互助合作问题等，在农村作了许多调查研究。我与柴树藩、彭平合写的《绥德、米脂土地问题初步研究》当年在延安印刷，1979年由人民出版社正式出版，后被译成多国文字。1943～1945年我在延安大学财经系任教,并负责学校教务工作。在延安期间,由于有较好的学习和研究条件,我得以阅读了大量马克思主义的著作,包括中译本《资本论》,并着手翻译恩格斯的《自然辩证法》。同时,我参加了延安的几个读书会。在1940年延安新哲学学会的年会上,我的关于事物发展中过渡阶段的产生原因的发言,引起了毛主席的重视。我还积极参加了延安自然科学研究会的筹建工作,成为这个研究会的驻会干事之一。

日本投降后,1946年我被中共中央派往北平创办《解放(三日刊)》,任编委。国共谈判破裂之后,我回到延安,担任《解放日报》言论部副主编。1947年3月,我参加了中央土改工作团,在晋绥、河北、山东等革命根据地参加土改,同时进行调查研究。1948年,我被调往中共中央宣传部工作,同时开始编写普及性的社会科学知识教材,如专门讲授如何进行调查研究工作的《调查研究》(该书1949年出版,1981年经改写后以"怎样进行调查研究"为名由中国青年出版社出版)。

从1948年到"文化大革命"爆发前,我担任过中共中央宣传部理论教育处副处长、科学处处长、国家科学技术委员会副主任、《学习》杂志主编。20世纪50年代初,我写了大量的理论著述,编写了多部教材,如与王惠德合著了《中国革命读本》(人民出版社,1951年);与胡绳、王惠德合著了《社会科学基础知识讲座》(1~4册)(人民出版社,1951~1952年);与王惠德合著了《政治经济学讲座》(三联书店,1951年);与胡绳、廖沫沙、季云合著了《政治常识读本》(上、下)(学习杂志社,1951年)等。这些读物在当时对普及马克思主义理论曾起过重要作用。

(二)我的主要学术成果

我是一个兼有着深切的社会关怀和学术关怀的经济学家,在学术活动中,我总是试图寻找二者间的支点,来确定自己的学术研究方向。广泛的学术兴趣和丰富的人生经历,使得我的学术思想内容十分丰富。因此,要了解我的经济学思想和所提出的理论,有必要同时了解产生这些思想和理论的社会经济、政治、意识形态背景乃至个人的经历。

我是一个兴趣广泛的人,因此碰到什么问题都要研究一番。久而久之,就成了一个杂家,什么都知道一点,什么都不大精通。我的研究成果可以分为以下10个方面。

1. 在自然辩证法学科方面的研究

自然辩证法始终是我研究的领域。1936年我在清华大学物理系的最后一个学期的学习中,对自然辩证法产生了浓厚的兴趣,在周培源教授的指导下,我的毕业论文题目是"坐标系在动力场中的运动"。1940年2月,陕甘宁边区自然科学研究会在延安成立,该学会组织了一个自然辩证法研究小组,在会长徐特立的指导下,由我主持。当时我还兼任延安中山图书馆馆长,在图书馆多次举办了学习研究"自然辩证法"的座谈会。为学习研究需要,我在延安时就开始翻译德文版的恩格斯的《自然辩证法》,并陆续在延安报刊上发表。这本译著后来经曹葆华、谢宁等同志整理校译后,于1955年由人民出版社正式出版。20世纪80年代初,这本书又在我的主持下,经查汝强等同志重新校译,由人民出版社再版。1944年,我在延安大学讲授自然发展史。1955年,我与周培源、王竹溪、黄昆、徐光宪、沈同等科学家一起在北京大学哲学系开设了"自然和自然发展史"课程。1956年在制订12年科学发展规划时,在我的倡议下,由我负责专门制订了一个全国范围的自然辩证法学科发展规划,并且在中国科学院哲学研究所成立了自然辩证法研究组,创办了《自然辩证法研究通讯》杂志,我兼任研究组组长和杂志主编。我的倡议得到了潘梓年先生的支持。1956年,北京大学哲学系招收自然辩证法专业研究生,由我与冯定、汪子嵩一起任哲学导师,周培源、王竹溪、徐光宪、沈同任自然科学导师。1956年,我参与并主持了著名的青岛遗传学座谈会。在会上,我就如何在自然科学领域里贯彻"双百方针"作了发言。1958年我提出研究"历史唯物主义论科学",也就是提倡研究自然科学在社会发展中的作用和自然科学在社会发展中的规律。1960年8月,我与李昌、潘梓年倡导召开并主持了全国自然辩证法座谈会,会议的一个重要成果是开辟了关于生产实践和技术发展的辩证法研究新领域,推动了技术哲学的研究工作。1964年8月24日,毛泽东同志邀周培源与我谈话,从日本物理学家坂田昌一的文章《关于新基本粒子观的对话》谈起,谈了很长时间的自然辩证法研究问题。1965年5月,《红旗》杂志再次发表坂田昌一的文章,并根据毛泽东谈话的精神写了编者按语。我利用科技界和哲学界座谈坂田昌一的文章的时机，进一步推动了自然辩证法的学习和研究工作。1965年下半年，我倡议并组织编写《自然界的辩证发展》多卷本巨著，其中包括天体史、地球史、生物史、人类史、工业史、农业史、医药卫生史等。我先后在大连、沈阳、上海、杭州等地召开编书研讨会，并开始组织编译国外的有关研究资料。这一基础性研究工作，由于"文化大革命"的爆发而不幸夭折。针对"文化大革命"中对自然科学基础理论研究的破坏，1977年我就在考虑如何恢复自然辩证法的研究工作。我曾建议哲学研究所研究两个问题，一是科学是生产力，二是用哲学指导自然科学的研究，但不是用哲学代替自然科学研究。1977年3月，由我倡议，中国科学院理论组、中国科学技术协会理论组和哲学研究所自然辩证法研究室在北京联合召开了自然辩证法座谈会，在理论上进行拨乱反正，并就如何恢复和开展自然辩证法研究工作交流意见。1977年12月至1978年，在全国科学技术规划会议期间，我倡议并组织召开了全国自然辩证法规划会议，作为全国科学技术规划会议的一个组成部分。会上制订了《1978～1985年自然辩证法发展规划纲要（草案）》。会议期间，我倡议创办了《自然辩证法通信》小报，以推动全国自然辩证法工作的开展并加强学术信息交流。会议后，我在中国科学院创办了《自然辩证法通讯》杂志并担任主编。1978年夏季，由我倡议，由中国自然辩证法研究会筹备委员会主办，在北京召开了自然辩证法讲习会，来自全国各地的1500余人参加了会议，会议期间还召开了关于"实践是检验真理的唯一标准"问题的座谈会。1981年10月，在邓小平同志的支持下，中国自然辩证法研究会成立，我是这个研究会的第一届和第二届理事长。我们这个研究会始终在积极地推动我国自然辩证法学科的建设和人才培养。20世纪60年代和"文化大革命"后，我先后招收了四届共27名自然辩证法研究生，如今他们和他们的学生已成为我国自然辩证法研究和教学领域中的骨干力量。1983～1993年，我倡议并主持编写了《自然辩证法百科全书》，其中有些条目是我根据自己的研究成果撰写的。我主张从马克思主义的角度研究自然科学哲学。我提倡自然辩证法不但要研究天然的自然，还要研究人工的即社会的自然。1994年《自然辩证法百科全书》由中国大百科全书出版社出版。1996年12月，江西科技出版社出版了我的长达48万字的著作——《一个哲学学派正在中国兴起》。我们这个学派是属于马克思主义哲学学派的，是马克思主义哲学学派中重视自然辩证法的一个学派，在自然辩证法学派中，又是特别重视"人工的自然"或"社会的自然"的一个学派。

2. "政治经济学社会主义部分"和"作为社会主义建设的科学的马克思主义"

我从20世纪50年代开始，将研究重点放在"政治经济学社会主义部分"上。当时对这一领域的研究通常承袭苏联学者编写的《政治经济学教科书》中的说法，叫做"社会主义政治经济学"，而我则提出了另外一个用语，即"政治经济学社会主义部分"。这一用语是由我发明和最早使用的，后来被不少经济学家所接受。对于为什么不沿用原来的说法，我提出的一个理由是，有一些对资本主义经济的政治经济学研究，如马克思的政治经济学，由于其着眼点和结论是社会主义的，因此也可以说是"社会主义政治经济学"。但这种研究和以社会主义经济关系为对象的研究是不同的，将两者按照同样的名称称呼容易发生混淆。

然而，这个根据只是我采用新用语的一个考虑。我采用"政治经济学社会主义部分"这个用语，事实上也显示出我当时所主张的一种研究取向，即试图把对社会主义经济的政治经济学研究和对资本主义经济的政治经济学研究建立在统一的科学理论基础上。在我看来，以原苏联经济学者写的教科书和相关论著为代表的对社会主义经济关系的研究，远未达到像马克思那样对一种经济形态加以科学"解剖"的程度。

不过，我并不主张将政治经济学社会主义部分的研究局限在马克思的《资本论》的架构和范畴内。我认为，学科的发展和时代的特点、时代的任务、时代的精神是联系在一起的。我在1983年的一篇论文中，以"发展作为社会主义建设的科学的马克思主义"为基本命题展开了论述。在那里，我把马克思主义理论分成上、下两篇，即作为社会主义革命的科学和作为社会主义建设的科学。《资本论》属于上篇的范围，其任务是批判资本主义制度，说明社会主义产生的根据。而当前的时代要求发展作为社会主义建设的科学的马克思主义，以解决大量的建设问题，政治经济学社会主义部分是其中重要的基础理论。它要分析一系列与经济建设有关的政治经济学问题，如制度与个人积极性和创造性的发挥、制度与合作和竞争、制度与计划性等。我认为许多政治经济学社会主义部分的著作事实上没有揭示出多少对于建设有意义的道理。1958年，我将在政治经济学社会主义部分的研究论文结集出版，定名为"政治经济学社会主义部分探索"（由人民出版社出版）。

20世纪60年代初，中央曾委托我主持编写政治经济学教科书，资本主义部分的编写工作以马克思的《资本论》为基础，我很快便完成了，它成为当时高等院校的教材。但社会主义部分的编写则困难得多。这一背景曾促使我尝试完成比较系统的政治经济学社会主义部分的著作。当时我组织了一批经济学家从1961年到1966年工作了5年，完成了几十万字的《社会主义经济问题》初稿。但在准备修改的时候，"文化大革命"爆发，工作因此而中断。"文化大革命"开始后，我受到批斗，被剥夺了正常工作的权利，但我的思考并没有停止。我在对"文化大革命"的观察中，更深刻地考虑了社会主义国家面临的一些根本性问题。1975年我恢复工作，成为邓小平同志直接领导下的国务院政治研究室的负责人之一。我积极投入到和"四人帮"的斗争中，并开始继续我的政治经济学社会主义部分研究。

"四人帮"倒台之后，我组织学术界针对"四人帮"宣传的"按劳分配产生资产阶级"、"全面专政"、"批判'唯生产力论'"等进行了一系列理论讨论。这些讨论打破了长期形成的思想禁锢，推动了思想解放，同时也深化了政治经济学理论的研究，对于按劳分配概念、劳动报酬形式、按劳分配与平等的关系等问题作出了较以往更为深入的阐述。然而，越是深入的研究，越使我放弃了体系化的打算，宁可围绕问题展开探索。

从20世纪50年代起，我在政治经济学领域中已经耕耘了40余年，我的学术积累虽然日渐丰富，但我却已经放弃了完成政治经济学社会主义部分教科书的想法。40多年的探索，使我深感探索的必要。我仍以"政治经济学社会主义部分探索"为名出版我在这个领域中的研究成果，至今已由人民出版社出版了7卷，大约280万字，它们记录了我和我的经济学界同仁们不懈探索的历程。

3. 所有制实现论和所有制选择的生产力标准

所有制理论是我的政治经济学研究的一个主要领域。从20世纪50年代开始，来自苏联的政治经济学研究的传统架构是将经济关系分为三个方面，即生产资料所有制、生产过程中人和人的关系、消费资料的分配。这三个方面中，生产资料所有制决定着其他两个方面，因而是最重要的。在这个分析框架中，生产资料所有制被处理为外生的，并不受经济活动过程的直接影响。我不满于这样的处理。在系统研究了马克思有关所有制的论述后，我根据马克思关于"所有制是生产关系的总和"的思想，发展出"所有制实现论"。根据这一理论，所有制要在生产组织、交换、分配等经济过程的各个环节中实现，才是有经济意义的，否则只是法律的想象。这样，所有制不是被理解为由国家强制力一次性安排下来的，而是伴随着各种经济活动的一种过程，它在这一过程中被塑造、硬化或改变。20世纪70年代后期，我运用这样的观点，对"四人帮"将按劳分配和公有制割裂开的做法进行了批判。"所有制实现论"为中国的一批经济学家所接受。

以"所有制实现论"作为理论基础，我对一些不同形式的所有制进行了分析。一个有代表性的论点是我对国家所有制的区分，即把国家所有制区分为直接的国家所有制和间接的国家所有制。所谓直接的国家所有制是指由国家支配资源的使用、确定和委派经营者的制度；间接的国家所有制则是和国家力量向其他所有制形式的渗透联系在一起的，只要国家享有某种收益权，便意味着这种所有制的存在。依此逻辑，在存在国家税收的地方，也意味着国家对计税资产拥有某种所有权。我的这种思想来源于恩格斯关于国家税收造成对私有权的约束的论点。许多经济学家大概不会同意我的这一看法，但是，除了需要做进一步澄清概念等技术性的工作之外，我的论点中涉及了一个重要的视角，即产权与国家权力间的关系、产权界定机制和国家权力结构的关系。

从1978年起，我把研究重点放到社会主义经济体制改革的问题上。我是最早主张我国经济体制改革的核心是所有制改革的经济学家之一。我提出，在决心改革之后，首先必须明确的是，应该确立怎样的所有制形式和结构。我批评了当时不少干部头脑中存在的以"大"和"公"为标准判别所有制优劣的看法，批评了当时流行的所有制优劣的序列表：国有制无条件地比集体所有制优越；集体所有制无条件地比私有制优越；在集体所有制范围内，公社所有无条件地比大队所有优越，大队所有无条件地比小队所有优越；在小队所有的范围内，不联系产量的工分制无条件比联系产量的责任制优越等。我认为，这样一张所有制优越性的序列表不破除，改革是很难展开的。我在20世纪70年代末写的文章中明确主张以生产力为标准来判别所有制的优劣，我主张的态度是：凡是最能促进生产力发展的所有制，就赞成和支持；凡是虽能促进，但促进作用不大的，就不能那么赞成，不能那么去支持；凡是不能促进生产力发展的，就坚决反对。为表明态度的坚决，我在一些场合表示，我可以承认自己是"唯生产力论者"。

4. 向市场经济的转变和企业组织

在对改革的研究中，我反复考虑的一个问题是商品经济或市场经济问题。我在20世纪70年代末提出，过去我们根据列宁的公式将社会主义基本制度理解为"生产资料公有制加按劳分配"是存在问题的，我认为商品生产和交换的存在是一个必须补充的基本点。我一再强调，市场经济制度和按劳分配制度一样，是促进生产力发展所不可缺少的制度。

我认为，经济活动可以以不同的方式来组织，改革之前的中国经济可以概括地说是一种"调拨产品经济加自然经济"，而改革则是从这种经济向商品经济或市场经济转化。在这一转化过程中，存在着两个重要的机制，我称之为"商品承认"和"商品化"。所谓"商品承认"，指的是对于过去没有进入交换过程的劳动产品，现在承认它们是商品，使它们进入流通；所谓"商品化"，指的是对于一些本身并未消耗劳动的东西，使它们进入交换，具有价格。哪些物品被"商品承认"和"商品化"，在怎样的规模上被"商品承认"和"商品化"，人们是可以作出安排的。然而，不同的安排状态和经济效益之间却存在着规律性的联系：在某种安排下，经济可以得到较好的发展，人们可以取得更大的效益；而在另外的安排下，经济则不能得到较好的发展，人们只能得到较小的效益。这里存在着比较，取得较大效益的动机，会促使人们作出新的安排。从调拨产品经济向市场经济的转变，在一定意义上，也可以视为对"商品承认"和"商品化"边界的重新安排。

那么，具体而言，究竟是怎样的因素促使政府作出这种重新安排的？我的论述涉及两个方面。一是经营者和劳动者的积极性的发挥，我认为这个因素和实行按劳分配的原因类似；二是经济活动的规模和复杂性，当经济活动的规模大到一定程度，复杂到一定程度时，再将它们纳入调拨产品经济框架，便会越来越困难，越来越不经济。

企业是市场经济的基本要素。我认为，只有具有独立的商品—货币资金运动，进行独立经济核算的经济组织才是企业。根据这样的理解，我把现实中被人们称为"企业"的经济组织分为三类，即完全企业、不完全企业、虚假企业。完全企业是有完全独立的资金运动，即完全自主经营、自负盈亏的经济组织；虚假企业在表面上有资金运动，也计算"成本"、"利润"，但本身没有经营权，也不在经济利益上承担经营后果，这种经济组织只有企业的外表；不完全企业则处在完全企业和虚假企业之间，这类企业有或多或少的部分经营权，并部分承担着经营的后果。这个分类为比较企业组织研究和从调拨产品经济向市场经济转变的研究，提供了一个基础框架。

近20年来，我围绕有关企业和市场经济问题发表了许多见解。在1992年因患癌症住院治疗期间，写了一系列有关市场经济的文章，汇成以"社会主义市场经济主体论"为题的文集，于当年8月由中国财政经济出版社出版。

5. 按劳分配研究

我从着手政治经济学社会主义部分的研究开始，便十分重视生产者激励问题。承袭着当时的研究框架，我对这方面问题的研究首先集中在按劳分配范畴上。把我20世纪50年代的有关论文和苏联经济学家编写的教科书作一个比较，便不难发现，我的研究不论是在概念的界定（如对劳动概念的分析），还是在命题的逻辑表述上，都更加精密。

促使我进一步深入对按劳分配加以研究的社会事件，是"四人帮"在"文化大革命"中对按劳分配的批判，以及与之相联系的对各种贯彻按劳分配原则的劳动报酬形式（如计件工资、奖金等）的取消。1977～1978年，我组织学术界针对"四人帮"宣传的"按劳分配产生资产阶级"、"全面专政"、"批判'唯生产力论'"等召开了一系列理论讨论会。这些讨论打破了长期形成的思想禁锢，推动了思想解放，同时也深化了政治经济学理论的研究。

对按劳分配这种分配方式，我详细讨论了对"劳"的几种不同理解。它们包括：①按自然劳动时间来确定劳动量的大小；②按劳动支出或劳动力的消耗来确定劳动量大小,这里考虑到劳动的复杂程度和熟练程度;③不仅考虑劳动的支出,而且将相同劳动条件下劳动的有效性这一因素包括在内;④"劳"就是指劳动成果。我主张第三种理解,而第四种理解因为加入了生产工具和自然条件的差别因素,所以已经超出了按劳分配的范围。

就中国的现实而言,我认为至少存在着这样一些分配方式:按劳分配、按劳动能力分配、按岗位分配、按劳动成果分配、平均主义分配等。我对不同分配方式的存在条件、实施后果,以及可能的演变趋势进行了分析。

我从对按劳分配的研究引申到对平等(公平)问题的研究。我强调,平等的观念是相对的,它意味着使用同一尺度。这就是说,对某一尺度来说是平等的,对另一尺度来说就是不平等的。按劳分配以劳动作为尺度,这是一种平等,如果用需要作尺度来衡量,就是不平等;反过来,实行按需分配以需要作尺度来看是平等,但是用别的尺度(如劳动)来衡量,就是不平等。我曾谈到,对近年有一些关于公平和效率的谈论存有怀疑,我认为,问题不在于一般地谈论公平和效率是什么关系,而是在于不同的尺度和效率是什么关系。

6. 经济效果学和以个人使用价值为基础的社会经济效果观

经济效果学是我从 20 世纪 50 年代起着手和倡导研究的学科。当时,针对以政治为引导的大范围的浪费行为,我开始对经济效果问题进行研究,并在研究中力求将数学方法引入。我将经济效果学定义为,是对各项社会实践活动进行经济效果计算、分析、评价的理论和方法,以及如何应用它们的科学。

我的经济效果(经济效益)理论的一个特点,是强调个人使用价值(或个人需要的满足)是社会经济效果的基础。我的这一认识在 20 世纪五六十年代的研究中已经基本清晰化和系统化。这种社会经济效果观和当时盛行的将政府目标等同于全社会目标的观念有着不同的理论基础。可以这样说,我后来的经济改革思想和我的这种理念有密切的关系。事实上,这种社会经济效果观(或社会经济效益观)和用政府目标,特别是政府的政治目标取代社会经济效益目标的政策间的矛盾,是引出 20 世纪 70 年代末 80 年代初由我首先提出讨论的我国经济建设中的生产目的问题的一个较深层的根源。在一篇研究当事者的经济效益和全社会的经济效益的论文中，我明确地将政府部门的经济效益和全社会的经济效益区分开来。

我考虑在经济学中运用数学方法时提出的一个思想是，不仅经济学需要利用数学，而且数学很可能会因为经济学而得到发展。我和华罗庚教授曾共同倡导经济学家和数学家合作，并商量好两人合作带研究生，但是因为"文化大革命"的开始，未能实现这个计划。

我在20世纪五六十年代写的关于经济效果的论文，汇集于《论社会主义生产中的经济效果》一书中，该书由人民出版社于1978年出版，1984年出版了增订本。

7. 生产力和生产关系之间的关系

生产力决定生产关系，生产关系适应生产力，这是马克思主义政治经济学理论中被人们所熟知的命题。但是，对于生产力和生产关系之间相互作用的机制，却很少有人研究。由于这方面研究的缺乏，因此难以说明一些重要的历史现象，如人们何以会建构起阻碍生产力发展的制度，也难以对生产力变化后将会对生产关系产生怎样的影响作出较为具体的理论预测。

我认为，社会生产力和生产关系之间存在着有很大伸缩性但又有规律性的对应关系。我将对应关系分成两类，即一一对应、一多或多一对应。我认为，不论是回顾历史还是观察现实，都可以看到，生产力和生产关系之间存在的不是"一一对应"关系，而是"一多对应"和"多一对应"的关系。之所以会出现复杂的对应关系，是因为生产关系的形成和维持，除了受生产力制约外，还受到其他许多因素的影响。不过，强调对应关系的复杂性和弹性，并非认为生产力的任一状态可以和生产关系的任一状态相对应，也就是说，对应是有边界的。

复杂的对应关系会产生生产关系和生产力之间复杂的相互作用。我认为，有必要研究生产关系作用于生产力的机制问题。对此，我提出了一个双渠道结构的理论框架。在我看来，生产关系促进或阻碍生产力是通过生产者个人的积极性和生产组织（分工、协作等）这样两个渠道实现的。我对这样两个渠道的基本作用机制作了进一步研究。比如，我指出在生产者积极性和生产力之间存在这样的链条：生产者积极性—原有生产力（生产力存量）的发挥—物质和精神产品的数量与质量—生产力的发展。生产组织和生产力之间也存在类似的链条，同时还涉及集合的生产力。双渠道划分隐含的一个命题是，特定的生产关系通过不同渠道影响生产力时，其作用方向（促进或抑制）及作用大小可能是有差别的。

在两个渠道中，我更重视研究的似乎是个人的生产积极性。从20世纪50年代起，我就十分重视激发生产者积极性的按劳分配问题的研究。在生产受到严重冲击的"文化大革命"中，我又进一步思考了个人的生产积极性问题，这种研究为70年代末至80年代初由我领导或倡导、支持并积极投入的有关按劳分配、所有制形式结构改革、商品经济等颇有影响的讨论奠定了基础。个人的创造、经营、生产积极性是我评价经济制度优劣的最主要标准，我的以所有制形式结构改革为核心的经济体制改革主张，主要就是以此为基础的。我对发展市场经济的积极主张也与我对生产者、经营者积极性激发的重视有密切联系。

8. 社会主义初级阶段的经济

对社会历史的演进进行理论思考以及对社会发展的阶段进行研究，一直是我的学术兴趣所在。在思考我国改革前的重大政策失误时，我意识到，现实地认识我国社会所处阶段是十分重要的，因此，我开始研究中国当前社会经济的发展阶段问题。我认为，必须清醒地认识到我国社会与马克思主义经典作家所说的生产力高度发展、消灭了商品生产的社会之间的差异。同时我也不赞成认为我国处在向社会主义过渡的阶段的看法，这是因为这一"过渡时期"已经有了明确的界定，按列宁的说法就是"衰亡着的资本主义与生长着的共产主义彼此斗争的时期"，是强调无产阶级专政的时期。我思考的结果是，我国正处在社会主义初级阶段。但是确认"我国正处在社会主义初级阶段"，并不意味着承认原来所追求的那种没有市场经济、没有多种经济成分的社会主义是更高级的阶段。我认为，20世纪50年代的那种看法，并不是在对社会生产力和其他影响社会发展进程的主要因素进行了科学分析的基础上得出的。今后将进入怎样的阶段，必须以现实为基础，进行科学分析后才能知道。

1979年5月苏绍智、冯兰瑞同志的《无产阶级取得政权后的社会发展阶段问题》一文发表后，引起学术界的极大反响。赞成者有之，反对者有之，甚至某些权威人士公开指责他们"否定社会主义"。我认为文章提出了一个很重要的、值得我们研究思考的问题，不应受到蛮不讲理的打击。也就是在他们这篇文章的启发之下，我提出了我国目前还处在社会主义的初级阶段的看法。这种观点很快得到了当时担任国家领导人的胡耀邦和赵紫阳同志的认同，逐步成为我们制定各项重大政策的理论依据。从1981年起，我利用参与起草和讨论中央文件的机会，多次主张将社会主义初级阶段的概念和其基本特征的论述写入中央文件。我的意见发挥了一定的作用。1987年，我在多年研究的基础上，写出了专著《中国社会主义初级阶段的经济》（中国财政经济出版社，1988年）。在该书中，我从经济学的角度探讨了以往对社会主义认识的失误；探讨了中国社会主义初级阶段的社会生产力特征；探讨了现存生产关系对生产力的抑制或促进，以及可能的演变趋势。我在学术上努力将由社会生产力所制约的大的历史演进阶段和在特殊的选择、特殊事件影响下形成的小的阶段有机地联系起来。这本书后来被评为对中国改革开放具有重大影响的十本著作之一。

9. 重视消费经济学的研究

从20世纪80年代初，我就提倡开展消费经济学的研究。对当时有人提出我国"消费早熟"、要"抑需求"的说法，我就表示过不同的意见，认为我国不是"消费早熟"，而是"不熟"，即消费不足，应千方百计扩大内需、鼓励消费。为此我撰写了许多有关消费经济理论的论文，并提出了一些独到的见解。1999年，在我84岁高龄时，我学会了用电脑打字，由此引发了我对消费品理论的新的思考，并在2003年出版了《我的"四种消费品理论"》一书。恩格斯把生活资料概括为三类：生存资料、享受资料、发展与表现自己的资料。我在恩格斯这一论点的基础上，根据现代生产力和社会发展的状况，对消费品进行了分类：第一种是生存资料。所谓生存资料，就是人为了自己的生存必须消费的物质资料和劳务。缺少这种物质资料和劳务，人的生存就会受到威胁。例如，食物、衣着、住房、交通工具、燃料、药物及医疗服务等。第二种是享受资料。作为经济概念的享受资料，就是超过生存需要所消费的生活资料。例如，美食、高级服饰、豪华住房、高级轿车等。还包括精神上的享受，如休闲、旅游、欣赏音乐会、看电影和电视等。第三种是近代交通工具和近代通信工具。近代交通工具主要是火车、汽车、飞机。第四种是近代发展资料。例如，教育、科学研究、现代化的先进的认识工具。电脑是当代最具有代表性的发展资料。这四种消费品对社会生产力发展所起的作用是不一样的。第一种和第二种消费品，生产和消费得越多，社会生产力不但可以维持，而且还可以有所发展。第三种消费品生产和消费得越多，表明生产力发展得越快，同时这种消费品的消费可以为这种消费品起到腾出市场和刺激生产的积极作用。这种消费品具有与前两种消费品很不一样的特点，那就是生产和消费它们要花很多时间，但是在消费它们的同时大大提高了效率，也就是说，同时生产出许许多多可以利用的时间，从而提高了社会生产力。第四种消费品的特点是，它们是很有效地能够直接提高人自身能力的产品。因此这种消费品生产和消费得越多，社会生产力发展得就越快，或者可以说这种消费品的特点是消费这种产品本身就是提高社会生产力的活动。近代，特别是当代，第三种和第四种消费品的生产和消费已提高到了很显赫的位置。随着科学技术日新月异的发展和社会生产力不断提高，这两种消费品地位的提高速度有增无减。而且我认为，这种趋势改变了世界社会生产力发展的规律，即它使世界社会生产力的发展有了新的规律。当社会生产力以前所未有的高速度向前发展时，我们将不得不面对社会发展中的许多新问题和社会发展理论的创新。该书出版后，召开了几次研讨会，许多经济学家对我书中提出的独到见解表示了极大的兴趣，并给予高度的关注和评价。

10. 从中国的现实出发开拓新研究领域

我认为，经济学可以研究的领域是十分广泛的，而我们又面临建设现代化社会的任务，非常需要有着多维度内容的经济科学体系的支持。从这样的考虑出发，我热心倡导和支持开拓新的研究领域，在逐渐积累研究成果的基础上形成新的学科。

例如，我在20世纪80年代初提出，以国土为对象的经济学研究事实上已经在进行，因而可以建立一门国土经济学。这门学科是从经济学的角度对保护、开发和利用国土资源加以研究。我不仅撰写了一些论文，而且亲自带领中国国土经济学研究会考察了甘肃、青海、贵州、江西等省和珠江、乌江流域等地区。我的有关国土经济学研究的一些意见不仅为经济学界所重视，而且也被政府所采纳。

又如，80年代初我提出应该开展经济社会发展战略问题的研究。在这个研究领域，我强调产值目标的局限性，强调对生活质量、环境质量的重视。我在经济发展战略的一般问题研究的基础上，又提出了地区经济发展战略的研究问题。我提出的地区经济发展战略中的两个维度，即全国战略中的地区战略和地区战略中的地区战略，产生了比较重要的影响。我在经济社会发展战略研究方面的著作有《经济社会发展战略》、《战略学与地区战略》等。

我在经济学方面倡导发展的学科还有：生产力经济学、技术经济学、教育经济学、灾害经济学、环境（或生态）经济学、旅游经济学等。为促进这些学科的发展，我写了不少文章，也做了许多组织工作。

在整个学术生涯中，我开拓了许多新的学科领域，尤其在促进中国的自然科学与社会科学联盟方面、在自然辩证法哲学学派的创立与发展方面、在反伪科学方面等。

三、治学的个人经验及心得体会

（一）我的治学求真态度与座右铭

关于治学态度问题，我写了很多条。例如，"求真——治学之根本"。我这里讲的求真，就是追求真理。我们搞社会科学研究的人，就是要经过不懈的探索和追求，去得到真理、拥有真理。"求真，就要坚持严格的科学态度"，"真理属于对具体事物作了具体分析的人"。我有一个座右铭，那就是"独立思考，只服从真理"，它集中体现了我的治学态度。"独立思考"就是不盲从、不附和，不要只是为他人的言论作注解而不去想想自己应该持什么观点和态度。思考的本性就是独立的，不独立就谈不到思考。"只服从真理"讲的是服从什么的问题。能服从一己的利害得失吗？能服从真理以外的某种权威吗？"独立思考，只服从真理"这九个字是就认识而言的，至于行动则还要作其他的考虑。其实思考的本性就是独立的，不独立就谈不上什么思考。之所以加上"独立"二字，就是强调反对盲从。我们常常会受到认识以外的各种其他因素的干扰，因而妨碍了我们对真理的认识和追求。强调只服从真理，就是不要去服从什么权威、去跟风，因而讲违心的话、做违心的事，这是搞科学研究的大忌。

因为自己的独立思考，我常常提出一些具有前瞻性的和独到的见解，却因为不被人理解和接受而受到非议或批评，但我从不后悔，也未动摇过自己的信念。我坚信自己根据实际和科学推断出的结论是正确的，始终坚持自己的主张，不唯书，不唯上，不跟风，不畏人言。

我还写了一条"为了求真莫文过饰非"。由于事物是不断变化和发展的，我们的认识常常跟不上，难免会犯错误。犯了错误不要紧，认识了、改正了就好，最不应该的就是文过饰非，因为这就意味着你失去了坚持真理的勇气，一个真正的学者是不会这么做的。我一生也有过丢脸的事。比如，1958年夏天，有一天下午，当时担任中央科学小组组长的聂荣臻同志带着科学小组的两个成员张劲夫和我，到中南海向毛主席汇报工作。聂荣臻和张劲夫同志谈完后，由我汇报各地在"大跃进"中科技方面的情况。我把各地报送的材料简要作了介绍，其中有一条消息是当天早上收到的山东省委的喜报，我来不及斟酌，也汇报给主席。那份喜报的内容是：某县某公社有一个农民在"大跃进"中破除迷信、解放思想，把一个正在生长的苹果摘下来，对这个苹果的把儿作了特殊的处理，然后插在正在生长的一个南瓜里。经过精心栽培，不仅这个南瓜长得特别大，插在里面的那个苹果也长得特别大。汇报结束后，我越想越觉得这个材料存在明显的弄虚作假，可是自己却不假思索地汇报给了党的最高领导人。自己在大学里是学自然科学的，又长期在党内负责科学管理工作，却犯下了这么幼稚的错误。虽然毛主席和聂荣臻同志都没有批评我，可我后来每每想起这件事，都会脸红。这件丢脸的事，我记了一辈子，时常讲起，讲给别人听，更是讲给我自己听，时常警示自己。发生这件事情后，我有了一个明确的指导思想，那就是我们不仅要重视发展科学事业，而且要重视捍卫科学精神。我认为，把丢脸的事讲出来就如同洗脸一样，讲一次就洗一次，越洗越干净。

（二）我是怎么安排时间进行著作的

我的确是一个闲不住的人，关心的事情很多，热心的事不少，这些确实占了我大量的时间。我只能抓紧一切可以利用的时间写作。我有一个"无时不思、无日不写"的习惯。我可以在任何地方、任何场合很快进入写作状态，不受外界干扰。比如，我可以在飞机上，甚至在汽车上写作。我还可以边主持会议边写作，一心二用。在我的治学方法里就有一条"惜时、创时"：一个人的生命很有限，能够有效地工作、学习的时间更短。作为一个学者，希望能够有比较充裕的时间研究学问。因此，惜时的反义词就是浪费时间。治学的人非常懂得这一点。我在时间问题上是特别抠门的，从不浪费自己的时间。新中国成立后，政治运动很多，特别是"文化大革命"，浪费了我们大量的有效生命，这是没有办法的。"文化大革命"后，我们就只好抓紧时间去弥补损失的时间。除了"惜时"，还要想办法"创时"。

我有一个特殊的收藏爱好，那就是收藏铅笔头。这些铅笔头摊在桌子上，有一大片，花花绿绿很好看。这些铅笔头都是我自己用过的，铅笔头大小差不多，每个都在两厘米左右，大约有2000个。这些铅笔头只是我从1978年到20世纪90年代中期的十几年里使用过的。2001年我过85岁生日时，我的孩子们给我买了一台电脑，我就彻底换笔了。85岁开始学习电脑，这对我来说，无疑是一个新的、艰巨的挑战。我怀着极大的兴趣开始了新的学习。使用汉语拼音输入法，这对于我这样一个老上海人来说，其实是有一定难度的。因为发音不准，常常找不到字，于是我就向自己的女儿和周围的人请教，弄明白后，就死记硬背下来，时间一久，找不到的字越来越少了。我在学习电脑这件事上，真有不畏难的劲头。我的右手食指在战争年代动过手术，无法弯曲，所以只有靠左手帮忙，才能操作鼠标。尽管困难重重，尽管开始时输入字的速度比手写慢得多，我还是坚持下来了。改用电脑写文章好处是很大的：便于写作，便于修改，提高了工作效率；解放了秘书和打字员，她们再也不用费力地去辨认我的"天书"了。这件事还产生了一个很大的副产品，那就是使用电脑启发了我的思考，我写出了《我的"四种消费品理论"》一书。使用电脑唯一的损失是，我的手稿从此绝迹了。

我认为，一个人要取得成功，天赋和机遇固然重要，但勤奋对于每一个成功者来说，是必不可少的。我这个人优点不多，但我承认自己是一个很勤快的人。有人批评我这一点、那一点，但是没有人批评我懒惰。如果说这么多年来我在学术方面有一点点成就的话,我想可能这也是一个重要原因吧。

如今我已经是 90 多岁的高龄了,然而我始终有一颗年轻的、不服老的心。在我 80 岁生日时,我给自己写了一张条幅:"好好学习,天天向上",用以自勉。人老了,身体免不了走下坡路,但在精神上、知识上还是应该走上坡路。在我满 90 周岁时,我向前来祝贺的朋友们讲了一番推心置腹的话:"我认为对于 90 岁的人,保持一种积极的精神状态尤其重要,那就是'身老心不老'。""现在你们恐怕看不见我在为年龄而发愁,因为我一直努力保持一个年轻人的精神状态,而年轻人是不会为他的年龄发愁的。""我当然是一个唯物主义者,但我主张可以幻想。俄国民主主义的先驱者皮萨列夫在谈到幻想和现实之间不一致的问题时写道:'有各种各样的不一致,我的幻想可能赶过事变的自然进程,也可能完全跑到任何事变的自然进程始终达不到的地方。在前一种情形下,幻想是丝毫没有害处的,它甚至能支持和加强劳动者的毅力……'在心不老方面,幻想也是一条,我要的就是这样能支持和加强自己毅力的幻想。""我追求!我坚持!我执著!我成功!"

于光远

2011 年 10 月

目录

丛书弁言 / i
学术自传 / v

第一部
自然辩证法——中国的科学技术哲学学派

第一章　关于时代及马克思主义现代化的思考
关于马克思主义哲学现代化问题　/004
发展作为社会主义建设的科学的马克思主义　/012
大分析、大综合在战略研究中　/026
马克思主义、一般文化与社会主义建设　/032
从社会生产力的角度看时代　/048
对当代世界时代问题的思考　/055
"地球之小"和"地球之大"——提出一个有关21世纪建设的大思路　/060

第二章　自然辩证法学科特点
关于"我国的一个哲学学派"　/065
自然辩证法是一个科学群　/070

关于人的智慧的问题 /074
谈谈马克思主义和自然科学的关系 /077
自然辩证法百科全书·自然 /080

第三章 为我国现代化建设服务
自然辩证法工作者要为社会主义物质文明和精神文明建设服务 /094
运用现代科学的"穷办法" /098
对我国农业的一些新认识 /101
战略学与地区发展战略 /104
全面理解国土资源开发 /110
开展关于"发展是硬道理"的讨论 /112
要重视城市发展规律的研究 /115
力求实现协调发展 /117
有关能源的若干自然辩证法问题 /121

第四章 倡导科学精神，反对伪科学
要灵学，还是要自然辩证法 /133
重读恩格斯《神灵世界中的自然科学》 /146
论科学与伪科学 /154
坚持科学态度——对当前我国《周易》研究的一个恳切的希望 /163
人体特异功能史话 /171

第五章 加强自然科学与社会科学联盟，加强哲学工作者与科技工作者的联盟
我和自然辩证法 /194
规划、联盟、学风和学习问题 /206
紧密结合我国中心工作搞好自然辩证法研究 /209
还要自己制造哲学武器 /212
再讲一点我对自然辩证法工作的看法 /215
促进自然科学与社会科学联盟要做的十件大事 /219

编辑自然辩证法百科全书的设想　/222
关于科学分类的几点看法　/226
最想要说的话　/229
充分意识到肩上的重任　/231

第二部
聪明学、治学方法及其他

最充分地适应新世纪的时代　/235
从聪明学的角度话改革和开放　/238
关于聪明学的几个问题　/242
什么是聪明——聪明学中的一个基本问题　/249
聪明学是一门怎样的学问和它的学科建设　/252
这里有聪明学的道理——关于来自《韩非子》的三个成语　/272
开脑筋和换脑筋　/274
两种制胜之道　/276
胜败乃兵家常事　/280
竞赛中的计算和算计　/282
从来没有浪费过我的力量　/285
耳聋后的智慧　/287
"大聪明"和"小聪明"　/290
使人类成为人类的聪明　/295
从"学聪明日记"到"学聪明杂志"　/298
办一种专门评论聪明与愚蠢的杂志　/300

编后记　/302

第一部
自然辩证法
——中国的科学技术哲学学派

第一章　关于时代及马克思主义现代化的思考

关于马克思主义哲学现代化问题[*]

我是肯定"马克思主义哲学现代化"这个提法的。

大概在1979年或者1980年我就讲过这个看法。当时也听到一些不同的意见,认为如果提马克思主义哲学现代化会不会使人以为现有马克思主义哲学的许多论断就统统过时了,现有的马克思主义哲学著作也就没有多大价值了。当时我就说,这样的看法是一种误会。既然我们提的是马克思主义哲学现代化,就包括承认马克思主义哲学的基本立场、观点、方法并没有过时。恰恰相反,马克思主义哲学现代化的提法是承认马克思主义哲学基础,肯定今后许多马克思主义哲学的论断的发展是在马克思主义基础上的发展。因此我一直认为马克思主义哲学现代化这个提法是站得住脚的。

但是对这个提法专门做一番解释的工作,则一直没有进行。现在我想讲讲这个问题。

一、两种不同性质的"现代化"

现代化,顾名思义当然是一个"时代的概念",它的含义就是赶上时代发展的步伐,而不是相反。

---

[*] 本文原载《现代哲学》,1992年第2期,第47~51页。

现在我国对"现代化"这个词谈得很多。这同党中央提出要在我国实现四个现代化，把我国建设成为现代化的社会主义强国这个历史任务是分不开的。不过在这里提出的"国家的现代化"又是一个国际的概念，它是"时代的概念"同"国际的概念"的统一。

为什么说我国要实现的现代化是"时代的"和"国际的"概念的统一呢？这是因为当代世界上有许多发达国家的经济、文化水平比我们中国高得多。这些国家的水平代表当今时代的水平，而我们就要努力去接近这些国家的水平，在工业、农业、科学技术、国防等方面努力达到他们现在这样的水平，提出要在我国实现现代化的口号，就是这样的意思。因为提这个口号就是要把我国现在的水平和想努力达到的水平同"当代世界"上发达国家的水平作比较，所以在这里"现代化"是一个时代的概念。因为提出这个口号就是要把经济文化很落后的中国同"别的"发达国家作比较，因此在这里，"现代化"又是一个国际的概念。如果中国是世界上最发达的国家之一，中国就不会提出要实现现代化这个历史任务。在当代世界上，像美国这样的国家就不会（事实上也没有）提出要实现现代化这样的口号。

在讲一个落后国家要实现现代化时，"现代化"作为"时代概念"和"国际概念"的统一，还表现在若干年后要实现的现代化会变成要去接近"那个时候"（有可能"那个新的时代"）的发达国家的水平。比如，50年后中国要实现的现代化的目标，肯定要比现在高得多。

现在回过头来讨论马克思主义哲学现代化的问题。这样的问题就同上面我讲的在一个不发达国家提出实现现代化时所说的那个"现代化"，在性质上有所不同。这样的"现代化"同发达国家与不发达国家的差距就没有直接的关系。因为马克思主义哲学是没有国界的，它本身就是一个国际性、世界性的概念。马克思主义哲学现代化的问题，在发达国家中和在不发达国家中同样存在。因此在这种情况下说的"现代化"可能仅仅是一个时代的概念，不再包含国际概念的因素。这种"现代化"概念形成的原因是：唯物主义认识论有一个成果——"认识反映实践、来源于实践"，从而认识总是落后于实践，有时甚至可以落后很多。这种落后就表现在人类社会实践向前发展了，发展到了新的时代，而我们的认识却不能充分地反映这一点。就马克思主义哲学的现状来说，它同时代的要求就明显有很大的距离。这个距离是一定要缩小的,即上面说的那种落后是一定要有所克服的(尽管不可能完全克服)。而克服(也就是缩小)这种落后的途径,就是发挥人在认识过程中的主观能动作用,运用正确的和有效的(也就是聪明的)方法对作为认识对象的社会实践,进行深刻的、艰苦的、大量的研究工作。

我想不妨再多说一些。马克思主义哲学现代化的基本思想就是要求马克思主义的理论不再停留在现在这样的水平上,而是要求一个很大的发展,不是一般的发展,而是发展到能和时代的前进相适应的程度。具体一点说,就是要做到:能够总结直到当代的历史经验;能够吸收直到当代世界上已经取得的文化成果(包括物质生产和精神生产的,包括科学、艺术、技术等许许多多方面的);能够对当代社会、当代世界作出深刻的分析,阐明当代社会、当代世界的根本问题;能够指明当代社会、当代世界的发展趋势和进步人类的努力方向。现代化总有一个目标——克服某个事物与时代对它的要求之间的差距,把某一事物"化"到一个更高的水平上去。当谈论在一个经济、文化比较落后的国家实现现代化时,要克服的差距就是这个国家同当代世界发达国家经济、文化发达程度上的差距。而在讨论马克思主义哲学现代化的时候,我们要克服的差距,便是马克思主义哲学的现状和能够充分反映时代、满足时代要求的那种状况之间的差距,从现状"化"到能够充分反映时代、满足时代对它的要求的那种状况去。

上面我们只是一般地讲了一些关于现代化的概念,接着我想把范围缩小,专门讲一下马克思主义哲学现代化的问题。

二、马克思主义哲学当前要解决的主要问题是什么

早在 1979 年我兼任中国社会科学院马克思列宁主义毛泽东思想研究所(简称马列所)所长的时候,曾经认真地、郑重地提出过这个问题。我这样提出问题的大的背景,当然是这个问题很重要,还有一个小的背景,即我承担这个工作,需要把自己的头脑弄清楚。我自以为对马克思主义的政治经济学和科学社会主义理论当前要解决的主要问题是说得清楚的,可是马克思主义哲学当前要解决的主要问题是什么,我却说不清楚。那时我看到,国内外对马克思的早期著作有着特别大的兴趣,对"异化"、"人道主义"等问题也

有着特别大的兴趣。我承认这些问题对马克思主义哲学是很重要的,可是我又觉得这些似乎不是主要的问题,而且对这些问题研究的难度似乎也不大。可是如果不是那样的问题,又应该是哪些呢?我就说不清楚了。而作为中国社会科学院马列所所长,在部署工作时我又不能不对这个问题有一个见解。所以我就到处请教,求得对这个问题有个结论。

我提出的这个问题,从性质上说也是马克思主义哲学现代化的问题。要问马克思列宁主义哲学"当前"要解决的主要问题是什么,这"当前"两个字就表明,只要解决了这个主要问题,就会使马克思主义哲学现代化大大前进一步。不过当时我没有明确地说出马克思主义哲学现代化这个词语。这个词语是在现在这篇文章中明确使用的。

我提出了这个问题,一直没有得到回答。后来我进一步提出,这个问题的回答能否是"唯物主义和辩证法的彻底化",即把唯物主义和辩证法的彻底化作为当前马克思主义哲学的主要任务,通过这两个"彻底化"来使马克思主义哲学适应时代的要求。我对这个回答并不满意。我提出这个问题之后向同志们请教,仍然没有得到什么反馈。1987年年底我同广州《现代哲学》杂志编辑部的同志谈过一次话,编辑部的同志整理了一个记录,我把记录给一位哲学工作者看,这一次,我才从这位学者那里听到一些评论。那是1988年2月的事情,这位学者对我提出的这个问题的反馈对我是有启发的。

现在我想把1979年提出的问题同马克思主义哲学现代化问题结合在一起讲一点想法。

上面说到的那位学者指出:对"马克思主义哲学当前要解决的主要问题是什么"的含义需要作一些分析。他说这个问题可以有两种理解:一种理解是问马克思主义哲学所要解决的实践方面的主要问题是什么,即马克思主义哲学在应用方面的主要问题是什么。如果这样来理解,他认为我提出的问题不难确定。还有一种理解,也就是我多次讲话中表达出来的,指的是马克思哲学本身的问题,就是在今天这个时代面前,在今天的实践面前,马克思主义哲学现代化要解决的主要问题是什么?他认为即使按照第二种理解,用"彻底化"来回答也是不行的,理由是,辩证法本来就是彻底的辩证法和彻底的唯物主义的一体化,它历来就是彻底的,至于后人在理解和运用时不彻底,那是他们自己的事情,不是马克思主义哲学本身的事情。他认为"彻底化"的提法，充其量只能解决正确地理解马克思主义哲学的本来意义的问题，而不能解决马克思主义哲学现代化的问题，也就是说，"彻底化"的提法，只是"回到马克思"。这样转了一圈又回到了起点，没有前进一步。

我很感谢这位学者的这些评语。我提出的问题得到了第一次反馈，而且是一种在作了分析之后所作出的反馈。这些反馈使我作了进一步的思考。

经过了一番思考，现在我有这样一些想法。

我提出的这个问题当然属于这位学者所说的第二种理解。但是马克思主义哲学当前要解决的主要问题当然同当前我们这个时代的实践中要解决的主要问题是分不开的。比如，当代世界进步人类关心的一个重要问题是，在资本主义和社会主义这两类不同性质的国家中，近期的、远期的历史命运将会是怎样的，从而进步人类在这些国家中应该做出怎样的努力，而马克思主义哲学就要为解决这样的问题提供哲学理论和方法的指导。在这种情况下，哲学本身的进步（我们不妨把这种进步概括为马克思主义的现代化）就成为必须解决的问题。于是"马克思主义哲学本身在当前必须解决的主要问题究竟是什么"这个问题还是摆在那里，必须对它作出回答。

我对自己的那个"彻底化"的回答一向是不满意的，但是我不认为作出那样的回答只是转了一圈回到了起点，没有前进一步。我的理由是："辩证唯物主义是彻底的辩证法和彻底的唯物主义的一体化"只是辩证唯物主义的本质的规定性，只是从马克思主义哲学的基础和它的总体来说是这样的，而不是说，为了使辩证法彻底化和唯物主义彻底化而必须讲的许多重要道理在马克思主义哲学著作中都已经讲清楚了。这样就有一个要做好使得辩证法和唯物主义彻底化的工作的问题。我至今没能全面地举出属于这种性质的问题都有哪些，但是我举过有关规律客观性的例子。至少在这个问题上马克思主义哲学著作就没有讲得很清楚，而解决这个问题至少可以说对社会主义国家中的改革和建设来说是相当重要的。我讲过，在斯大林的《论苏联社会主义经济问题》发表之前，社会主义国家中的许多学者就有"改造价值规律"甚至"消灭价值规律"等提法。这些提法当然是错误的，是违反马克思、恩格斯所阐述的辩证唯物主义原理的。但是因为以后的马克思主义著作对这个问题没有研究，没有就这个问题的明确论断，所以，这个错误的看法，曾经得到广泛的流传，这种长期广泛的流传就同规律的客观性质没有得到充分的阐述有关。斯大林的《论苏联社会主义经济问题》的发表，就使得这方面的认识有所进步，但是至今还存在"要发挥价值规律的作用"或"要限制价值规律的作用"这样的说法。这些说法表示对规律的客观性质的认识是不彻底的，也可以说唯物主义的观点仍没有能贯彻到底。这就是说，我们还需要进行艰苦的努力，通过一个一个有关的哲学成果来使得辩证法和唯物论彻底化。因此如果我们进行了这样的工作，就不能说认识又回到起点，没有任何进步。

在这里我还想指出：善于对当代的科学成就（包括自然科学和社会科学）进行概括，善于对当代社会实践的发展进行哲学的概括，对于辩证法和唯物主义的彻底化来说是绝对必要的。如果不能正确地概括当代的科学成就和社会实践的经验，辩证唯物主义就肯定会丧失自己的生命力。

总之，我觉得"彻底化"并不是一个"回到起点"的回答。

三、如何具体实现马克思主义哲学现代化

我现在认为，马克思主义哲学现代化可以是我提的那个问题的回答，但是我觉得这个回答同辩证法和唯物主义彻底化一样，都过于一般、过于抽象了。这两种表述都属于马克思哲学发展大方向的问题，而我希望作更为具体一些的回答。真理既然是具体的，也就是说，只有比较具体的答案才是比较深刻的。

当然，一般性的回答也是有意义的。这两个回答讲的内容都涉及马克思哲学发展的"大方向"。第一个回答说马克思主义哲学当前要解决的问题是现代化，讲的是马克思主义哲学与时代的关系。只要提出的这个马克思主义哲学现代化的问题成立，就意味着承认现有的马克思主义哲学在很大程度上已经落后于时代了，也可以说已经"老化"了。当然我们绝不是说现在这个样子的马克思主义哲学落后于今天世界上形形色色的时髦而浅薄的哲学。对于许多这样的哲学，我们有充分的理由不予重视。我们说的"落后"是"落后"于时代的发展，即落后于社会实践，落后于科学的发展。第二个回答说马克思主义哲学当前要解决的主要问题是辩证唯物主义的彻底化，讲的是马克思主义哲学现代化是在什么基础上进行的。马克思主义哲学是辩证唯物主义，这个基础是不会过时，也不会"老化"的。恩格斯说，随着自然科学的

每一个划时代的发展,唯物主义就要相应地改变自己的形态。其实何止自然科学的发展,社会科学的发展也要求唯物主义的形态有所改变。但是恩格斯说的是唯物主义的形态的改变,而唯物主义的基础是不变的,变了就不是马克思主义哲学的现代化,而是马克思主义被其他哲学所取代。我认为马克思主义哲学的基础并没有改变的必要。时代的发展证明马克思主义的哲学的基础是正确的,问题是为了使辩证法和唯物主义更彻底还有大量的工作要做,其中最重要的工作,就是去概括科学在当代的发展。

问题又回到如何进一步具体化的问题,或者回到作为第一步,我们要采取怎样的方法来具体实现马克思主义哲学现代化的问题。可是直到现在,我不但对"如何具体地回答马克思主义哲学当前要解决的主要问题是什么"作不出对自己来说比较满意的回答,就是在方法上也作不出自己满意的回答。现在我想到的(也采纳了一些其他同志的意见),只是这样几点不成熟的想法。

一是对当代提出的重要科学问题(包括自然科学的、社会科学的和思维科学的)和取得的重要科学成果,认真地进行哲学的思考。思考的结果即便一下子提不到发展马克思主义哲学的高度,但能够提出一些哲学问题,形成一些看来并不是很重要的哲学观念,也可以说是向马克思主义哲学现代化前进了一步。在取得的成果、提出的问题越来越多的时候,就有可能概括出一些重要的有助于马克思主义哲学现代化的哲学观点、哲学理论。我还认为,许多年来各国的哲学工作者已经提出了不少哲学问题,取得了不少哲学成果,但是缺乏对这些哲学成果的更进一步的研究工作,我们应该做好这样的工作。

二是可以对现在这个样子的马克思主义哲学作一番"否定性"的工作,即对某些流行的、但实际不站住脚的观点进行批评。这种否定性的工作,包括纯哲学的,也包括各科学领域中那些带有哲理性的问题。应该看到,在做否定性工作的同时,也一定会产生肯定性的成果。同时在否定了某种观点之后,我们也可以从这种否定中找出必须对那些观点进行否定的更为深刻的理由。弄清这样的理由就是一种肯定性的成果。在否定性的工作中还会遇到一种情况,那就是把本来并不是一般规律性的东西说成是一般规律性。这种情况常常产生于科学的不发达。在注意吸收了新的科学成果之后,就有可能缩小马克思主义哲学与现代科学的距离。

三是鼓励大胆地提出新的哲学观点。我们当代要反对一种真正的胡思乱想，即在对现代科学缺乏真正的了解、对哲学研究缺乏基本训练的情况下主观地去构造某种哲学体系。这样的工作的危害，我认为是应该引起注意的。但是也有一些人，依他的知识准备和哲学修养是可以大胆地进行哲学思考，形成一些哲学观点的，但是缺乏勇气，因此没有能取得应有的成就。对于这样的人，我主张不应该求全责备，而希望他们能大胆形成自己的观点。希望他们提高对科学性的了解，用严格的科学态度来治学，经常考虑自己研究工作的弱点，努力作更深入的研究，在批判自己已经形成的观点中不断前进。

总之，我认为，马克思主义哲学的现代化是一个艰苦的和不断进行认识的过程，而且是广大马克思主义哲学工作者共同努力的过程。这方面的工作已经有了一定的基础。我觉得有可能在不很长的时间内，在这个方面取得使人不得不予以重视的进步。

发展作为社会主义建设的科学的马克思主义[*]

我认为，适应马克思逝世后世界历史发展的需要，有必要明确地提出"作为社会主义建设的科学的马克思主义"这样一个概念，并且要求它得到更好的发展。1950年斯大林在《马克思主义与语言学问题》中曾写道："马克思主义是关于自然和社会的发展规律的科学，是关于被压迫和被剥削群众革命的科学，是关于社会主义在一切国家中胜利的科学，是关于共产主义社会建设的科学。"在这里，斯大林的着眼点虽然只是给马克思主义下定义，只是指出它的基本内容与历史功用，但是也应该认为他已经明确指出马克思主义包括"作为共产主义建设的科学"这一方面。在这篇文章中，我主张把斯大林这个马克思主义定义中的第一、第二和第三条直接有关指导社会主义革命、引导社会主义革命走向胜利的内容结合在一起，视做马克思主义的一个组成部分——"作为社会主义革命的科学的马克思主义"；同时又把斯大林的这个马克思主义定义中的第一和第四条中直接有关指导社会主义建设、引导社会主义建设取得成功的内容结合在一起，视做马克思主义中的另一个组成部分——"作为社会主义建设的科学的马克思主义"。我认为，虽然"作为社会主义革命的科学的马克思主义"与"作为社会主义建设的科学的

---

* 本文写于1983年，是为纪念马克思逝世100周年而作，原载《一个哲学学派正在中国兴起》，江西科学技术出版社，1996年，第138～154页。

马克思主义"不能截然分开，但是它们终究有不同的内容，因此把两者并列并把它们看做马克思创立的科学社会主义学说的两个组成部分在逻辑上是成立的，而且可以把后者看做马克思所创立的科学社会主义在发展中增加的新的内容，或在这个发展中增加的新的组成部分。

我对作为社会主义建设的科学的马克思主义所要研究的对象、它在社会主义建设中的地位和作用以及发展它的途径和方法等方面提出了一些看法。其中主要的观点是：①作为社会主义建设的科学的马克思主义，一方面研究社会主义的本质的规定和这个制度建立以后社会进一步发展的客观规律性；另一方面研究为了把社会主义建设事业推向前进，在制定经济社会发展战略、制定各项经济社会基本政策、制订经济社会发展计划并组织战略、政策、计划的实施中应该遵循的社会主义原则。②由于在社会主义制度下有可能并且也应该有计划地发展各种社会主义的社会关系以促进社会生产力的发展和人民生活的提高（这一点在资本主义制度下是根本做不到的），因此社会主义建设必须依靠马克思主义。③发展作为社会主义建设的马克思主义也是有效地向青年和广大劳动群众进行马克思主义教育所必需的。④总结社会主义的历史经验并把它提高到理论高度，是发展作为社会主义建设的科学的马克思主义最主要的方法。我对这个问题的研究还是初步的，仅仅属于提出问题的性质。

一

马克思逝世后的 100 年中，世界历史最大的发展是社会主义制度在一部分国家中建立了起来并在建设中取得了胜利。这是马克思创立的科学社会主义学说赢得了一代又一代最优秀、最进步的分子的拥戴，掌握了越来越广大的劳动群众，变成越来越强大的物质力量的结果。在今天纪念世界历史上最伟大的人物逝世 100 周年的时候，我们可以自豪地说，历史上从来没有任何一种社会学说，能够同马克思的科学社会主义那样，由于它的伟大科学力量，在这样的 100 年中使得整个世界按照它所预言和预期的方向，发生了如此巨大的深刻的变化。

马克思主义最显著的特点之一是，它不是一种自我封闭的系统。它既是自古以来人类创造的优秀文化的总汇，又是当代广大劳动者为社会进步、人类解放而从事的社会实践的总结。马克思主义永远是时代的结晶。马克思主义永远要以最充分适应时代的新的科学成就，用自己的新的观点、新的理论来丰富自己，指导人们去开创人类历史的新局面。作为社会主义建设的科学的马克思主义的发展，就是适应当前时代前进的一个重大的进步。

回顾历史，在马克思主义创立的时候，它是指导无产阶级进行社会主义革命的科学。无产阶级要战胜它的阶级敌人，就要使自己成为比资产阶级更为强大的物质力量。这就要求无产阶级提高觉悟，团结起来，有斗争的决心和勇气，并且善于掌握斗争的策略，善于组织斗争的行动。马克思抱定了不只是解释世界而且要改变世界这样的目的而建立起来的科学社会主义，起了帮助无产阶级，使它们能够完成其历史使命的作用。近一个半世纪中社会主义革命斗争的胜利，就是在这样的作为社会主义革命的科学的马克思主义的作用下取得的。现在，社会主义革命的任务还没有在世界范围内完成，作为社会主义革命的科学的马克思主义将继续发挥它的巨大作用，它仍在继续发展中。全世界的马克思主义者正在研究全世界和本国出现的新情况、新问题，研究争取在自己的国家乃至全世界取得社会主义革命胜利的纲领、策略和组织。而在已经建立起社会主义制度、正在进行社会主义建设的国家中，时代要求发展作为社会主义建设的科学的马克思主义，要求在马克思所创立的科学社会主义中补充和增加这一方面的新内容。

关于社会主义建设中的理论问题，在马克思、恩格斯的著作中已有不少论述。在这些著作中，有许多论述对于我们的研究至今还有重大的指导意义。关于社会主义建设问题的科学研究的第一块基石，就是科学社会主义的创始人奠立的。但是，在社会主义制度成为现实以前，由于缺乏资料，不可能也不应该去作具体的研究。马克思和恩格斯不愿使自己陷入空想，因此他们只是对当时现实的资本主义进行了深入的分析，从中看出社会主义建设中的某些特征，而拒绝作缺乏根据的关于未来社会的猜测和描绘。在马克思逝世之后，当资本主义发展到垄断阶段而某些国家中的社会主义革命的胜利日益迫近的时候，列宁根据当时资本主义垄断阶段的新材料，对未来社会主义社会阶段的经济和政治问题的解决，提出了一些比较具体的设想。但是作为社会主义建设的科学的马克思主义比较快地发展起来，只能是在社会主义制度出现之后的事。从列宁开始的世界各国马克思主义者在这方面所进行的研究是大量的，应该说在这方面的成就也是巨大的。现在社会主义制度在世界上已经出现 60 多年，我们中华人民共和国也已经成立了 30 多年，已经有极为丰富的经验材料在等待着我们去作进一步的理论上的概括。在社会主义建设中也有许许多多问题等待着我们进一步从理论上去解决。因此，今天我国马克思主义者理论活动的中心，应该是去努力发展作为社会主义建设的马克思主义，在这方面作出自己的贡献。

二

作为社会主义建设的科学的马克思主义的对象、任务和方法是什么，它都包括哪些组成部分，本身就是一个需要经过深入研究进一步明确的问题。可以肯定它的内容极为丰富，但总括起来不外乎是发现历史发展的客观规律性和寻找与确定社会主义建设顺利进行的途径这样两个方面。

在对历史发展的客观规律性的研究中，举例来说，应该包括对社会主义的本质的规律性或社会主义本性的研究。历史的经验表明，尽管对社会主义已有许多论述，但是在实际生活中仍旧会发生种种对社会主义本性认识不那么清楚的现象。例如，关于社会主义建设的目的究竟是什么？在社会主义制度下存在一些怎样的人与人之间的矛盾？什么是社会主义建设的动力？如何正确看待马克思主义的物质利益原则？在社会主义制度下个人积极性、创造性的发挥需要怎样的条件？在社会主义制度下人与人之间同志式的互助合作与竞争是否可以并存？在社会主义制度下人们的行动哪些是符合社会主义本性的，哪些不是？对社会主义制度下的计划性应该怎样理解？在社会主义制度下的民主和集中、自由和纪律应该是一种什么状况？社会主义的优越性的发挥需要一些怎样的条件……所有这些，都是与对社会主义的本性的认识有关的问题，都要求得到透彻的解决，而现在对这些问题的研究应该说还是不够系统、不够深刻的。

在对历史发展的客观规律性的研究中，举例来说，还应该包括在社会主义制度下生产力与生产关系之间的相互关系的研究。在一个国家社会主义建设的某个时期，社会上有可能并存社会主义的与某种非社会主义的多种经济成分，而在社会主义经济中又有可能并存多种社会主义的经济形式。各占一定比重的多种社会主义经济形式与多种经济成分，以一定的相互关系相结合，构成这个时期这一国家一定的生产关系的总和。这种生产关系的总和，与当时的社会生产力的相互关系，应该是作为社会主义建设的科学的马克思主义的一个重要的研究对象。这种研究的着眼点是，这样的生产关系能否对生产力发展起最好的促进作用。这种研究可以是针对某国某时的具体情况而进行的，也可以从中探讨关于这个问题的一般性的结论。关于经济基础和上层建筑相互关系的研究与这类似，也应该包括在这个方面里。

在对历史发展客观规律性的研究中，举例来说，还应该包括社会主义建设的前景、社会主义发展阶段的研究。关于社会主义革命胜利后社会如何发展的问题，马克思的著作中曾经讲过，其会经历：①从资本主义到共产主义的过渡时期；②共产主义的初级阶段；③共产主义的高级阶段。马克思的这个论断，经过历史的检验，是客观的真理。它对社会主义建设起到重要的指导作用。我们今天还应该根据几十年社会主义建设中得到的资料，作出比较具体的论断。我们也不愿陷入空想，但是，对现实进行分析，从中看出未来发展的趋势则是马克思主义科学的一项任务。

在对历史发展的客观规律性的研究中，还应该研究社会主义发展的民族特点问题。比如，我们就要根据我国特殊的国情，研究在中国社会主义发展的客观进程中，有一些怎样的特点。

对于客观规律性的研究工作做得越深刻，在寻找社会主义建设得以顺利进行的途径时就越有比较充分的科学根据。我们知道，在"作为社会主义革命的科学的马克思主义"中，也包括主观方面的研究，这就是说，其中包括对社会主义革命的战略和策略，以及组织问题的研究。在"作为社会主义建设的科学的马克思主义"中，也包括社会主义经济社会发展战略的研究、各项社会主义基本的经济社会政策的研究、社会主义经济社会发展计划的研究，以及社会主义经济社会生活的组织与管理的研究等方面。通过这些研究，关于社会主义历史发展中的客观规律性的研究就同社会主义建设的实际活动结合了起来，这一方面的研究的重要性是应该得到充分重视的。

既然对作为社会主义建设的科学的马克思主义这个主观方面进行研究，就会带有更多民族的特色。因为我们是在一个国家里进行社会主义建设，我们就要选择一条适合本国社会主义建设的道路。用毛泽东同志的话说，就是要解决马克思主义的一般原理和本国的具体实际相结合的问题。在今天我们就要去寻找中国式的社会主义现代化建设的道路。当然作为社会主义建设的科学的马克思主义对这些方面的研究只包括有关的基本原则问题，而不包括其中的许多细节问题、技术问题。

为科学社会主义学说补充关于社会主义建设方面的新内容，也要像马克思对资本主义和列宁对资本主义垄断阶段所作的那样，以辩证唯物主义和历史唯物主义的哲学为指导，对一个社会经济形态——社会主义的社会经济形态进行深入具体的分析。只有这样，才能对上面提出的许许多多问题作出系统的回答。辩证唯物主义和历史唯物主义的原理是普遍适用的哲学原理，但是马克思主义的哲学思想也是要向前发展的，这就是说为了适应社会主义建设的需要，应该适应当前时代的要求而有所发展。同时以社会主义的经济关系、政治关系及其他社会关系为对象的马克思主义的经济学、政治学与社会学等社会科学，则应该包括在"作为社会主义建设的科学的马克思主义"之内而很好地建立和发展。作为社会主义建设的科学的马克思主义不是一门科学，而是一个科学的体系。

作为社会主义建设的科学的马克思主义和作为社会主义革命的科学的马克思主义，两者是不能截然分开的。这是因为：第一，在争取社会主义革命胜利和争取社会主义建设成功中，许多道理是相同的。比如，在革命和建设中，活动的主体都是无产阶级和它的同盟者，活动中的领导都是共产党，马克思主义的许多一般原理对于两者都是适用的。第二，社会主义建设本身就是社会主义革命的继续，要把握社会主义建设中的许多问题，就必须用这种连续性的观点去分析。比如，社会主义国家所有制经济的形成和它在社会主义经济体系中的地位，就同无产阶级用革命手段去摧毁资产阶级国家机器，并用无产阶级的国家机器剥夺资本家这样的革命运动是分不开的。第三，社会主义国家的建设工作同为争取社会主义革命胜利的国家的斗争有着相互支持的关系。我们还可以举出两者不能截然分开的其他方面的原因。总之，社会主义建设与社会主义革命之间各种不可截然分开的关系，决定了作为社会主义革命和社会主义建设的科学是同一的马克思主义的两方面的内容。不过这两方面毕竟有各自的对象、任务和方法，有各自不同的内容，我们今天仍有提出发展作为社会主义建设的科学的马克思主义的必要。

三

在社会主义建设中除了要依靠一般的科学，尤其要依靠马克思主义的科学。我们知道，社会主义建设与社会主义革命有一个很不相同的地方。社会主义革命的任务是破坏一个旧世界，在革命中虽然也需要一般科学的知识，如在作战中要运用一般的军事知识，其中包括某些自然科学的知识，但是那时，对一般科学知识的运用，终究是有限的。而在社会主义建设中人们要进行经济的与文化的、物质的与精神的、政治的与军事的等许多方面的建设工作，要解决各式各样的社会问题，关心各式各样的社会生活，而且要与世界各国发生各方面的关系。社会主义建设工作的范围十分广泛，工作的内容十分复杂，而对工作的要求又十分细致。在这些工作中常常需要运用一般的科学知识。比如，在生产中，需要自然科学的知识，而自然科学不属于马克思主义的范围。除了自然科学的知识外，管理科学中有一部分也属于一般科学的范围。

我们还要看到，社会主义制度的建立，如在我们中国，虽然已经有了30多年的历史，但是与资本主义制度相比，时间毕竟短得多；管理企业、管理政府的经验，总的说来，无产阶级也比资产阶级要少；企业领导人和国家机关工作人员的文化教育程度一般来说也还比较低。这主要是因为在革命胜利之前，我国的经济、文化非常落后。因此，在运用一般科学知识方面，在今天有一个向发达的资本主义国家学习的问题。

但是，我们应该着重指出，社会主义建设中必须依靠马克思主义的科学，必须依靠作为社会主义建设的科学的马克思主义。这件事具有极大的重要性，绝不允许因为社会主义建设需要一般的科学知识就减弱了对马克思主义科学的重视。现在这种不重视马克思主义的倾向是存在的，所以有必要讲清楚这个问题。

社会主义制度的建立，在人类历史发展中有着重大的意义。对这个意义的足够的认识，同我们正在讨论的问题是有密切关系的。用恩格斯的话说，社会主义制度的建立，是"在社会关系方面把人从其余的动物中提升出来"①，使人"最终地脱离了动物界"，使人"成为自己的社会结合的主人"。他说"只是从这时起，人们才完全自觉地自己创造自己的历史"②。社会主义制度建立的伟大历史意义，是人类产生之后没有其他的历史事件可以与之相比拟的。

在这里所说的人"成为自己的社会结合的主人"这句话的意思，就是"人们自己的社会行动的规律，这些直到现在都如同异己的、统治着人们的自然规律一样而与人们相对立的规律，那时（今天我们可以把这个词改成'现在'这个词）就将被人们熟练地运用起来"。这就是说，无产阶级不但在社会主义革命中依靠马克思发现的生产关系适合生产力发展阶段和上层建筑与经济基础相适应的规律，粉碎了资产阶级的国家机器，代之以无产阶级的国家机器，推翻资本主义生产关系的统治，代之以社会主义生产关系的统治，而且无产阶级在社会主义革命取得胜利、社会主义制度建立起来之后，仍然继续依靠这样的规律来使社会主义的生产关系继续完善化，对社会主义经济体制、社会主义的政治体制等进行必要的改革，依靠这样的规律来确定制定有关处理各种社会关系的各项经济社会基本政策的社会主义原则，并且根据不断变化的具体情况作出具体的规定。在社会主义制度下可以依靠马克思主义的科学做到这些，对于社会主义建设事业的胜利发展具有决定意义。

由于在社会主义条件下可以而且必须依靠马克思主义的科学这个问题非常重要，因此，在这里我们想再讲一个社会主义国家在制订计划、执行计划工作中的问题。我们知道，在我们的经济社会发展计划中，国民经济发展计划，尤其是工业、农业产品的生产计划占有突出的地位。在制订社会产品的生产计划时需要掌握各种技术的、经济的数据，计算各种物资消耗与产品之间的比例关系，求得它们之间的平衡。在做这样的工作的时候，运用一般的科学知识（包括一般的生产知识、一般的自然科学和数学的知识）是很必要的。但是，我们的计划，绝不仅限于去计算这种比例关系。我们的计划，不是简单的生产计划或物资平衡计划，而是社会主义的经济社会发展计划，即在

---

① 《马克思恩格斯选集》第3卷，第458页。
② 《马克思恩格斯选集》第3卷，第323页。

计划中，甚至即使在经济工作中也要正确地处理各种社会关系，同时还要有计划地解决各种社会问题，有计划地发展社会主义的社会生活和发展社会主义的社会关系。这样在计划中，运用马克思主义科学就成为更加必要的事情了。

在社会主义制度下可以有计划地发展，是社会主义区别于资本主义的一个特点。在讨论到社会主义的这个特点也是优点的时候，经济学家们讲的通常是在社会主义制度下可以用计划来调节生产，因而可以做到保持经常的按比例的发展。其实这只是问题的一个方面，而且不是问题的最重要的方面。做社会关系的主人，自己创造自己的历史，这样一个特点把自觉地保持国民经济按比例地发展包括在内而又不限于这一点。只有把计划工作的范围扩大到有计划地发展社会主义的社会生活和社会关系，扩大到不仅建设物质文明而且也建设社会主义精神文明时（事实上我们现在就是这样做的，但是在理论上、在观念上还有待于进一步明确），社会主义制度下的计划性与资本主义制度下的"计划性"之间的区别才能得到充分的说明。

马克思主义者从来都承认在资本主义制度下是可以有一定范围和一定意义下的"计划性"的。"个别工厂中生产的组织性"也就是"在个别工厂里组织起来的有计划的分工"。但是，这种计划性只是同社会化生产的组织和一般科学的运用相联系，只是社会化生产的组织和一般科学的产物。而与资本主义私有制相联系，作为资本主义私有制的产物的，便是社会生产中的无政府状态。"个别工厂中生产的组织性和整个社会生产的无政府状态之间的对立"，本来就是"社会化生产和资本主义占有之间矛盾"的一个表现形式。而社会主义制度下的计划性，是建立在资本主义制度下固有的社会化生产与资本主义占有之间矛盾的解决的基础之上的计划性。它与资本主义制度下的计划性有根本的区别。比如，在资本主义制度下，根本不可能有计划地运用生产关系适合生产力发展阶段的规律来促进生产力发展。如果要这么做，资产阶级就必须主动地抛弃已经成为社会化大生产桎梏的资本主义制度本身，这样资产阶级也就不成其为资产阶级了。这当然是做不到的。像生产关系同社会生产力发展阶段相适应的规律，对于正在进行着社会主义革命的无产阶级来说，是自己手中运用自如、用来达到自己目的的工具；而对于资产阶级来说，完全是强加在他们头上的客观的异己力量。而在社会主义制度建立起来以后，我们更可以依靠马克思主义的科学有计划、有步骤地来解决各种社会关系方面的问题，促进社会生产力的发展和提高人民的物质和精神生活。这是社会主义社会向前发展的强大的促进力量。在社会主义建设中不重视这一点是完全错误的。

把上面所说的作一个小结，那就是在资本主义制度下，资产阶级是不愿意也不可能运用马克思主义的科学的，而我们社会主义的建设者则能够依靠马克思主义来建设社会主义。这是社会主义制度优越于资本主义制度与其他一切社会制度的一个最重要的点。

四

我们还必须从加强社会主义教育的方面来考察发展作为社会主义建设的科学的马克思主义的问题。

在社会主义制度下，劳动者作为新社会的主人，他们的社会主义觉悟有了很大的提高。但是，在新的历史条件下，接触到许多新情况，遇到新的矛盾，就会有许多新的思想上的问题要求得到解决。每个劳动者的头脑中都有一个他究竟应该怎样做才符合社会主义建设的要求的问题，也有一个如何来判断在社会主义建设中出现的各种现象的好坏和是非的问题。许许多多问题是在社会主义革命时期所没有产生过的，而且随着社会主义建设事业的向前推进，新的问题还会不断产生。

解决社会主义建设中劳动者（其中包括在各种岗位上负有领导责任的干部）的思想问题十分重要。因为只有普遍提高劳动者对社会主义的认识，才能从思想觉悟方面提高他们的社会主义积极性，尽其所能地为社会主义事业付出自己辛勤的劳动；才能很好地解决个人利益和社会集体利益、局部利益与整体利益的矛盾，使得各个人都朝着一个共同的方向使劲，使得各个人的意志汇合在一个总的意志当中，各个人的力量汇合成一个总的力量来发生作用，以达到最后历史发展的结果如大家所希望的那样；才能关心如何正确处理社会主义建设中发生的许多问题，提出各式各样的建议，以便充分地集中大家的智慧，使得各项社会主义建设事业做得更好。

我们看到在社会主义建设中有些思想问题，是可以用已有的马克思主义的科学结论来解决的。这样的一类问题的产生，是由于一批一批青年在成长中没有受到足够的马克思主义的教育。老一代已经熟悉了的许多真理，许多青年却不知道或者体会得很不深刻。老一代已经很清楚的事，对许多青年来说可能初次接触到，还没有很好地思考过，或者在认识上还有许多糊涂看法。这样一类问题的发生，也是由于有一些现在早已不再是青年的人，他们从来就没有受到比较好的马克思主义的教育，因此他们头脑中一直存在着许多问题没有解决，他们也许已经熟悉了一些关于社会主义建设的口号，但是并不知道提出这些口号的道理。针对这样的情况，即使是众所周知的真理，也还有到他们中间去讲的必要。正如斯大林说过的那样：有系统地重复所谓众所周知的真理，耐心地解释这些真理，是对这些同志进行马克思主义教育的最好的办法之一。

　　但是，我们必须认识到，只是这样做对于解决在新的历史条件下出现的思想认识问题是很不够的，甚至可以说是解决不了当前劳动者头脑中存在着的主要的问题的。许多问题在书本上虽然讲到，但讲得很抽象、很一般，而现实生活中提出的问题比书本上能解决的要具体得多和复杂得多。重复众所周知的真理，在这种情况下就起不到多大的作用。今天我国在许多单位包括在学校中，思想教育显得没有力量，很大程度上就是由于教育内容和社会主义建设的实际生活联系得不好，没有能够针对实际生活中的问题去讲马克思主义。

　　对于这种情况，不应只去责备做政治思想工作的同志，因为在他们自己的头脑中也存在着不少问题没有解决。有一些问题甚至在马克思主义的理论工作者那里也没有取得比较充分的研究成果，即对于他们自己来说也还是个问题，还没有明确的肯定的答案。因此，加强理论研究，发展作为社会主义建设的科学的马克思主义，就成为今天做好马克思主义教育工作的一个前提条件。当然从教育观点来看问题，在做好关于作为社会主义建设的科学的马克思主义的研究工作的同时，还必须做好对它的普及工作，而要做好普及工作，还要进一步进行研究。只有做到了"深入"，才能"浅出"，因为要"浅出"就要对道理融会贯通。同时，"深入"了也未必一定能够"浅出"。"浅出"还有另外一套学问，希望有更多的人掌握好这套学问。

五

由于历史环境的不同，发展作为社会主义建设的科学的马克思主义的工作的条件与工作的方法，也会与发展作为社会主义革命的科学的马克思主义时的情况有所不同。

由于社会主义建设是在以马克思主义为指导思想的共产党的领导下进行的，所以，发展作为社会主义建设的科学的马克思主义的主要方法，是总结我们自己实践的经验。总结自己实践的经验与总结不是自己实践的经验相比，优点是掌握的材料充分，易于了解实践过程中最主要的、最本质的东西，易于了解实践过程中人们主观世界方面的情况，如活动的动机是什么，当时是如何考虑问题、作出决策的，等等；但也可能有一些缺点，那就是往往因为涉及当事人的利害关系而不能很客观地分析问题，以作出不顾情面的判断。对历史经验的总结，一定要把人的实践活动放在当时当地具体的历史环境之中进行具体的分析，同时又要从这种具体的分析中概括出一般性的结论。一般来说，研究社会主义建设中的问题同研究其他问题时，总是先分别研究各个方面的问题，进行分析，然后综合起来，从整体上来把握事物之间的联系和事物整体的运动。而且，为了发展作为社会主义建设的科学的马克思主义而对历史的经验进行总结，和仅仅为了解决当前某一方面的实际工作而进行总结是不完全相同的。它要求这种总结达到真正理论的高度，就要求站得更高，考察更长久和更宽范围的历史经验，对历史经验作更进一步的科学抽象，并把得出的结论系统化，用严格的逻辑顺序叙述出来。

总结经验需要投入的劳动量是极大的。事实上，在社会主义条件下，各行各业中的实际工作者也都经常做这样的工作。他们在工作中进行研究，总结工作中的经验，起着把经验朝着理论的方向提升的作用。他们所做的工作，使得理论工作者可以接触到大量的半成品，因而比一切都从原始的材料出发，不知道要节省多少劳动。这是发展作为社会主义建设的科学的马克思主义的一个十分有利的条件。而且在社会主义条件下，为了发展作为社会主义建设的科学的马克思主义，可以运用集体的力量来进行，虽然这种工作范围很宽，内容复杂，要求又具体细致，但只要组织得好，仍可能得到较快的进展。

在这里有必要指出,在为发展社会主义建设的科学的马克思主义而必须进行的理论工作中,应该包括以当代资本主义为对象的研究。这是因为根据现有社会主义制度下所取得的经验资料去发展作为社会主义建设的科学的马克思主义有一个困难的地方,那就是大多数社会主义国家在革命取得胜利之前,在经济上和文化上是比较落后,甚至是很落后的,因此根据这样的国家的经验而作出的判断会有它的局限性。例如,我们现在还不知道当发达的资本主义国家在社会主义革命胜利后建立起来的社会主义生产关系的形式会是怎样的,在这样的国家里进行的社会主义建设又会是什么样子。在根据现有的社会主义建设的历史经验去研究作为社会主义建设的科学的马克思主义时要注意这样一种情况,特别是在作出认为可以普遍适用的结论时,要注意到这种情况。现在,我们缺乏在原先发达的资本主义国家取得社会主义革命的胜利、进行社会主义建设的经验,这是无可奈何的事情。但是,如果我们能够加强对当代垄断资本主义的研究,对于我们为发展"作为社会主义建设的科学的马克思主义"所做的研究工作是会有帮助的。既然马克思、恩格斯和列宁从对当时资本主义的研究中可以作出许多关于未来社会主义建设的科学的论断,那么,我们为什么不能从对当代资本主义的研究中努力取得某些重要的科学结论来印证、来补正、来充实仅仅从研究社会主义建设的历史经验中得出的结论之不足呢?

为了发展作为社会主义建设的科学的马克思主义,不仅需要根据历史经验对实践中和理论探讨中提出的问题逐个进行研究,也要在哲学社会科学有关的领域中进行学科建设工作。我们要运用马克思主义的科学方法去研究一般科学。我们相信这对于一般科学的研究会起到很好的作用。但是,我们并不因此就把一般的科学归入马克思主义科学范围之内,而以社会主义制度下各种社会关系为对象的各门社会科学,是应该被看成作为社会主义建设的科学的马克思主义范围之内的科学部门的。我们一定要把它们的发展看做"作为社会主义建设的科学的马克思主义"的发展。

列宁在 1913 年的一篇文章中明确地指出马克思主义的三个来源。他写道:"马克思的学说是人类在 19 世纪所创造的优秀成果——德国的哲学、英国的政治经济学和法国的社会主义的当然的继承者。"[①] 这是就马克思主义的学说的创立来说的。马克思主义学说创立起来之后，在它的发展过程中还必须吸收各方面的优秀成果。这好像一条大江，它是由若干条水流汇合而成的，而在大江向下奔流的过程中，还要接纳来自其他溪流的水。马克思主义就是这样的一条大江，而列宁指出的那三个来源就是它的上游的几条河流，而在马克思主义的发展过程中就要继续接纳来自各方的水源。由于作为社会主义建设的科学的马克思主义，它涉及的范围很宽，在它的发展中需要从许多方面汲取它所需要的东西，其中包括一般科学与非马克思主义的社会科学中的有用成分。我们应该做好这种接纳吸收的工作。

当然在马克思主义的发展过程中，接纳来自各方面的文化成果与大江接纳水源有一个不同的地方，那就是一定要经过批判与改造。作为马克思主义三个来源的德意志古典哲学、英国古典政治经济学、法国空想社会主义，都是经过马克思、恩格斯严格的批判，加以改造才能成为马克思主义和它的三个组成部分的来源。这三个组成部分以及马克思主义的其他方面的论述构成统一的马克思主义的科学体系，在它以后的发展中更应该是这样。而且由于马克思主义的科学已经完整地建立起来了，我们已经有了明确的观察自然界和人类历史的基本观点和基本方法，从各方面批判地吸收对发展马克思主义有用的东西这样的工作就容易得多。不过，我们仍旧要以十分严肃的态度来进行这种工作。在这样的工作中抱轻率的态度，不论是采取轻率地否定的虚无主义的态度，或者采取轻率地肯定、不加批判的态度，都是不允许的。

以上是我的一些粗浅的想法，趁纪念马克思逝世 100 周年的机会提出来向同志们请教。

[①] 《列宁选集》第 2 卷，第 441、442 页。

大分析、大综合在战略研究中*

在制定我国经济社会发展战略——包括总战略和各子战略时，需要研究许许多多的问题。但是，战略既然是全国性的谋划，为制定战略所提供的材料（包括素材和研究成果）就应该是有关全局的，而不是次要的和枝节的。而战略研究本身则是按照它自己的目的和要求，对这些材料进行研究，形成某种战略思想，前进一步制定出一个完整的战略。在这里有必要使用"分析和综合"这个人类认识的强有力的手段。

分析就是在思维中把对象分解为各个组成部分。

综合就是在分析的基础上，把事物的各个方面在思维中结合成一个统一的整体。

分析和综合在辩证法中是对立统一的。

我们所讨论的经济社会发展战略是对庞大和复杂的事物——中国这样一个社会主义国家的具体情况进行全面研究后得出的结果。这里说的具体情况包括我国的现状，也包括我国的历史。从现状来说，包括我国内部的情况，也包括我国的国际环境。针对战略研究，我想提出战略研究方法中的一个问题，那就是要作"大分析"和"大综合"。

在"分析"前面加上一个"大"字，意思是指由于我们正在进行分析的

---

* 本文原载《一个哲学学派正在中国兴起》，江西科学技术出版社，1996年，第287～293页。

对象是一个"大"整体，因此我们就一定要从许多个侧面去对这个对象进行分析，而且一定要进行多层次分析，只有这样才能把这个对象的各个组成部分弄清楚。在"综合"前面也加上一个"大"字，指的是"大分析"带来的综合。在进行这种综合时，也就必须把从许多个侧面分析出来的结果，把一层一层分析出来的结果综合上去，最后达到一个对大的整体的完整的认识。

从1981年2月举行第一次中国社会主义经济社会发展战略座谈会算起，我国各方面的学者和实际工作者在一起研究中国经济社会发展战略已经有四年多了。现在全国各省、自治区、直辖市以及许多城市，甚至有的县都在研究战略问题。从这三年战略研究的情况来看，我们一边讨论，一边研究方法，多少摸索出一些研究我国经济社会发展的战略方法。但是从现在我国战略研究的情况来说，应该承认在战略研究中大分析这一点做得是很不够的，至今没有把经济社会发展战略究竟包括怎样的子战略和孙子战略讲清楚；至今没有提供一个比较完整的分层次的战略系统表；至今没有从理论上把决定经济社会发展战略的诸要素全面地列举出来；写不出一个经济发展战略研究的分析性大纲，以致在为研究战略问题提供资料时常常分不清楚哪些是具有战略意义的资料，哪些是次要的、枝节的或很一般性的资料。而且我认为我们也还没有很好地解决为何在战略研究中进行"大综合"的问题。

下面主要就我国国内的社会生活的研究来给"大分析"下一个粗略的定义。

在第一个层次上，可把一国的社会生活分做如下两方面：①"经济生活"与"经济以外的社会生活"。还有一种分法同这种基本上是一致的，那就是"物质生活"与"精神生活"。在这里我是站在非物质即精神，非精神即物质的立场上的。②"全国的社会生活"与"全国所属的某个地区的社会生活"，在这里对社会生活还未作分析，而在所认识的对象的范围各有限制。

第二个层次可以这样来分：①把经济生活进一步分为"生产生活"和"经济生活中的非生产活动"。经济生活中的非生产活动比一般的非生产活动的范围要狭窄，它可以看做"消费生活"的同义语。在这里我们说的生产，不是经济学中常说的"直接生产"，也不是包括直接生产、交换、分配、消费在内的整个社会再生产，而是直接生产加上为直接生产服务的各种经济活动。与这种生产相对应的就是消费加上为消费服务的各种经济活动。②经济生活还可以通过另外的方法进一步分为"宏观的经济生活"与"微观的经济生活",而"微观的经济生活"又可以划分为企业内部的经济生活与个体户家庭内部的经济生活。

对非经济的社会生活——精神生活进行分析可以用多种方法来进行,在这里我们设想这样几种方法:①把精神生活分为"个人的精神生活"与"人与人之间的精神生活关系"。前者包括个人精神上的需要的满足、精神上的享受、精神上的发展;后者包括各式各样的理论关系。②把精神生活按照精神现象分类可以分为政治生活、文化生活(科学、教育、艺术等生活)、社交生活等。

现在进入第三个层次的分析,第一、第二层次的分析与战略研究是离得比较远的,但是为了系统地说明战略研究中的"大分析",有必要这样一层一层地分析下去。从第三个层次之后就同我们现实的战略研究比较接近了。

首先是对生产的研究,它的范围大体上就同平时人们讲的经济发展战略的范围相近。

生产活动可以理解为生产中人与自然的关系和生产中人与人的关系这样两个方面。在这里我们没有采取把生产分解为生产力和生产关系的办法,这样的分析方法不能把生产的要素都讲完。因为在生产中,人与自然的关系里还有自然这个因素,而在生产力的概念中不包括自然这个因素。同时生产中的人不仅仅是生产力中的人和生产关系中的人,人是整个生产的主人,是生产的发动者、指挥者、管理者,人的这种作用似乎也不好作为生产力的一个要素收入生产力这个概念之中。

生产中人与自然的关系也可以从人和自然这两个方面来看。而且我们的分析对象既然是在生产中的人和自然的关系,所以除了对生产中的人和自然要很好地进行分析外,还要去研究人和自然之间的关系。

在进一步分析生产中人与自然关系中的人和自然两方面的同时,还要看到人也不是一个单纯的人。这里说的人不是单纯的人,而是有一定的生产知识、劳动技能,用一定形式组织起来的,拥有一定的用来与自然界作斗争、改造自然界的各种生产工具的人。这里所说的人是生产中的人,人在战略研究中将多次出现。这里讲的生产中的人,是生产中人与自然之间关系中的矛盾的主导方面,是生产中的主体,也是生产力中最重要的因素。在经济生活的消费中，人则是消费者。在经济生活外的其他社会生活中，人又处在另外的地位。

从生产中的人是具有一定的生活知识、劳动技能的人来分析，知识、技能以及使人获得知识、技能的科学研究和教育等，就成为生产中的重要因素，这一部分生产的要素，在现代社会中起着十分巨大的作用，在经济社会发展战略中具有很重要的地位。

从生产中的人是用一定形式组织起来的人来分析，生产组织形式的合理性、生产组织的严密程度、生产中个人活动的统一性及灵活性，即对生产组织问题的分解，对于研究生产中人的作用问题就有很重要的意义。

在进一步分析生产中人和自然的关系时，我们可以把自然分为未经人类社会加工的天然的自然和经过人类社会加工的人工的自然。进入生产的天然的自然，除已经被人类加过工的外，其含义大体上和"土地"一词概念相同。

在进一步分析生产中的自然时，也可以把自然分为对生产起积极作用的自然（这样的自然在日常语言中得到"资源"这个名称）和对生产起消极作用的自然。对生产起消极作用的自然大都是天然的自然，因人工的自然是按照对人类有好处的目的加工而成的，一般来说对生产是会起积极作用的，但也不排除出现例外。

未经人类加工的天然的自然对生产的积极作用还常作为劳动对象——生产中所使用的物料或者能源物料以及非物料的能源而出现。作为有利于生产的劳动条件也是它对生产起积极作用的一个方式，天然的自然物也能以劳动手段对生产起积极作用。如果用太阳能来发电，我们还可以把太阳能看做人类使用太阳能发电设备去进行加工的对象，但是用太阳能直接去干燥某种东西、晒出盐、晒衣服等，它就只能被看成起了劳动手段的作用。

未经人类加工的自然，有时对生产起妨碍甚至破坏的作用。这种天然的自然是带有普遍性的，平常的雨淋日晒都可以使劳动者不能从事生产或不能正常从事生产，或增加生产中体力的支出。这就是为什么常常要用人工的自然来和天然的自然作斗争的一个原因。有了人工的自然物，可以防止天然的自然的妨碍甚至破坏的作用，但有时也不能防止造成大的损失，这就是平常所说的自然灾害。

作为资源的天然的资源又可以分为再生性的，也就是无限的，以及非再生性的，也就是有限的。自然资源的这种分类，对于研究自然资源的战略问题有很重要的意义。

再生性资源还可以分为无条件再生的、能比较快地再生的、有条件才能再生的与比较迟缓地再生的。第一年用去的水在不超过年降水量的前提下可以因第二年的降雨而获得再生，它是一年再生性的资源。被砍伐的森林就要看森林被砍伐后是否造成森林难以恢复的困难来确定其属于哪种。在这种情况下，资源的再生产就不是无条件的。同时森林的恢复需要很长的时间，这样的分析对于研究资源战略也是必要的。

经过劳动加工的自然界，在生产中所起的作用一般来说都是积极的。它可以是劳动对象（不是从整个人类社会来说而是从某一个部门、某一个生产单位来说）经过劳动加工又用做原料的产品；它也可以是劳动对象，如厂房、道路照明设备、取暖或防暑设备等，都属于人工的自然物。

生产中的人工自然物，既然是人工的产物，也就是人的劳动的结晶，生产者的生产知识、劳动技能就结晶在这些人工自然物里，它们是科学技术物化的形态，特别是作为生产工具的人工自然物，马克思把它们称为时代的标志。

科学技术要在生产中起作用，首先就要物化在某种物质上，否则它们是不能在现实生产中产生作用的。科学技术的作用很大，但经过分析我们可以了解到，并不因为其在战略研究中的作用大，就一定出现在高层次上。高层次上出现的战略要素，范围虽广，但因太一般，反而不能成为战略重点，即不能成为对整个经济社会产生极大作用的东西。科学技术出现在不算高的层次上，但在现代化生产中起着决定的作用。

要想搞清楚大分析方法，大综合也要研究。大分析是分层次的，大综合也分层次，而且有分析的必要。两个领域要综合，开始是边缘的问题、交叉的问题需要研究。综合不是拼凑，而是掌握事物本身内在的本质的联系，一层一层来掌握。没有分析的基础就不能综合，没有综合，分析就没有依据。综合要有指导思想，为什么要综合？综合要达到什么目的？综合中有什么问题？综合中突出什么问题？战略问题中强调什么？这些问题都要进行研究。

这就是我们所考虑的一个理论问题,叫做大分析、大综合。中国自然辩证法研究会是一个综合性组织,至少是自然与社会的综合。自然辩证法要发挥思想的指导作用,发挥哲学的特点,在战略思想的研究中大分析、大综合。

马克思主义、一般文化与社会主义建设*

本文题目里的一般文化，是指对我们社会主义建设有用的文化。其实，马克思主义也是文化。列宁曾经讲过，马克思主义是人类历史文化的总汇、总计、总合、总结。既然马克思主义也是文化，为什么还要把马克思主义提出来呢？因为马克思主义重要，有必要把它突出出来。指导我们思想的理论基础是马克思主义。我们的国家是党领导的国家，也是按照马克思主义的指导进行建设的国家。毛主席讲，我们中国这样的大国，得有一个马克思主义作为指导思想来统一我们的行动，否则，我们的建设是不可能顺利发展的。所以在文化中要把马克思主义突出出来。至于一般文化，就无所谓马克思主义或非马克思主义，只要对我们社会主义建设有用的都需要。比如说水利建设的水工学，这不能算马克思主义，但没有它行不行？不行。所以这个题目就变成这么个别扭的题目，叫"马克思主义、一般文化与社会主义建设"。

一、关于文化的定义和层次问题

最近这个时期，我谈得最多的是文化。去年年初，我在上海交通大学讲

---

* 本文根据作者1986年3月4日在广西壮族自治区区直机关和全国水利经济研究会年会上讲话的录音整理而成，原载《广西社会科学》，1986年第2期，第1～20页。

到提高全民族的文化素质问题。后来上海就展开了文化战略问题的讨论，并有很大的计划。广州市召开了一次战略座谈会，我讲了广州有必要讨论文化战略问题。我们今天是需要把文化问题突出出来了。

什么叫文化？"文化"是大家用得最多的一个词。但许多学者都觉得是一个比较难以下定义的词。文化，一般来说有三个层次，但从中国的情况看，可以说有四个层次。第一个层次，是文化的基本定义：文化就是人类历史进步的创造物。人类历史是进步的，进步中就有创造，这种创造就是文化，所以文化就是人类历史进步的创造物。这种说法准确不准确，学者们会有多种不同的看法。我们人类的历史中有许多创造，这些创造都标志着进步。过去没有机器，现在有机器了，这都是文化的进步。创造物是跟天然物对照而言的。珠江不是文化，珠江是天然物，但珠江上修的水坝、水利工程就是文化，有人问：运河是不是文化？运河是文化，它体现了文化。文化是人类进步的创造物。所谓进步，就是说它具有进步的内容。至于那些不属于进步的，而属于愚昧的、倒退的、野蛮的、腐朽的、消极的，就不属于我们所说的一般文化的概念。总之，有进步的内容，才能称得起文化。这实际就包含着我们所讲的精神文明和物质文明，它们都属于文化的范围。所以我把社会主义的发展分为四个阶段，开头是马克思、恩格斯创造和论证科学社会主义的学说。有了这个学说就宣传这个学说，就有越来越多的人，特别是进步的知识分子、工人，接受这个学说，于是学说就开始变成革命运动，有了争取社会主义革命胜利的运动。运动在一定条件下胜利了，就建立起社会主义制度。有了制度就开始建设社会主义，进行精神建设和物质建设，这就是文化。所以我们的科学社会主义发展经历了四个阶段：学说→运动→制度→文化。当然不是有了运动就没有学说了，而是有了运动，学说还在发展。有了制度，也还有运动，但不是争取社会主义革命的运动，而是社会主义建设的运动了。这是最广义的文化，是第一个层次。

第二个层次，我们单讲精神，就相当于精神文明的范围。精神文明表现在什么地方？当然也表现在物质上，你看到这个扩音器，就想到这是个文化。没有精神怎么会有扩音器出现呢？它把人的文化进步体现到物质上了。但它不是物质本身。它的范围就很广了，包括科学、教育、文艺等多种多样的文化。比如，吃东西有饮食文化、烹饪文化、酒文化、烟文化、茶叶文化等，都有文化问题。穿的戴的、有衣着文化、服式文化；住的有建筑文化；治病的有医疗文化；玩的有娱乐文化，等等。在社会生活和人伦之中也有文化，如在一个宾馆里住就有服务文化。这是第二个层次的文化。再讲小一点，就是科、教、文。这个范围是"十二大"报告讲的。科学、教育、文艺、体育、卫生，这是属于文化部门的。这是第三个层次。第四个层次就是文化部管的文化了，它把科教又分出去了。这就是四个层次的文化。今天讲的主要是第二个层次的文化，即马克思主义、一般文化。这样讲就有两个方面的问题：一个是社会主义建设中就包含文化建设。现在不是精神文明和物质文明两手抓吗？社会主义建设就包含这两个方面，这就是物质文明和精神文明的关系问题、文化和经济的关系问题。文化建设包括在社会主义建设范围之内，这是第一个内容。第二个内容，就是包括在社会主义建设内的文化与包括在社会主义建设里的其他东西，如经济等的相互关系。这个相互关系极为重要，我们要充分认识文化对经济和其他东西的巨大促进作用。

长时间以来，我们对矛盾之间的相互联系问题注意不够，而比较注意研究主要矛盾和次要矛盾问题。其实主要矛盾和次要矛盾的关系问题在辩证法中是不重要的。黑格尔讲辩证法没有讲主要、次要的问题，马克思和恩格斯把黑格尔的唯心主义辩证法颠倒过来之后，也不着重讲这个问题，列宁没有强调这个问题，斯大林讲辩证唯物主义、讲辩证法四个特征时也没有谈这个问题。苏联的教科书大都不讲这个问题，都没有它的地位，只有爱伦堡和希罗柯夫的辩证唯物论才有这个说法。所以主要、次要的问题在辩证法中是个不重要的问题，没有多少地位。但这个问题给我们中国却留下了很深的印象，原因就是1936年毛主席在中国人民抗日军事政治大学（简称抗大）作辩证唯物论的讲课时，正好是我党历史上的一个转折关头，即从以阶级斗争为主要矛盾转为以民族斗争为主要矛盾。那时党提出抗日民族统一战线，我们有许多干部不接受，因此这个主要矛盾和次要矛盾的提法帮助了毛主席，他运用这个东西说服了许多党内同志，所以给我们留下了一个很深刻的印象。之后，我们就过分地重视了主要、次要的问题，而相对地忽视了矛盾的相互联系、相互促进的关系。而事物的相互联系、相互促进，这是从黑格尔、马克思、恩格斯，一直到斯大林，都十分重视的问题，有很重要的地位。斯大林辩证法中的四个特征的第一条，就是讲事物间的相互联系。现在我们不大注意这个联系，而比较注意主要和次要，把它们的关系看成最重要的关系，这是不对的。比如，精神文明和物质文明，哪个是主要的，哪个是次要的？其实，最主要的关系是它们之间的相互促进问题，而不是讲哪个是主要，哪个是次要的问题。我们现在的思想方法，在讨论战略时，过分强调什么是主要的。见这个是主要的，那个就是次要的，这种思想方法不科学，拿经济和文化来说，绝不能说文化是次要的，它们的相互关系才是重要的。精神文明建设要有物质文明做基础，而物质文明建设又需要精神文明去发挥它的反作用。它们之间的关系不应讲主要次要，而应着重论证它们的相互联系、相互渗透、相互促进的作用。现在，在我们的工作中，文化工作是一条短腿，所以我认为，文化问题不提到一个高度来认识，我们的建设会受到很大的阻碍。现在有些问题弄不清楚，其原因就是科学文化还没有发展到这一步。有许多问题上面作了很好的决定，但贯彻不下去，原因是什么？因为干部的文化水平不够，对复杂的问题理解不了，结果把事情搞得很简单。

文化问题，现在党中央很强调，问题是如何去落实。十二届三中全会决议里有一句话，我把它叫做"一个不论三个都"，即不论老中青干部，总的说来，都缺乏现代化建设的新知识、新经验，都要重新认识自己，都要重新学习。这是什么性质的工作呢？文化工作，这件事情，我是不厌其烦地讲的，因为这个问题确实太重要了。高级干部要学习，中级干部要学习，初级干部也要学习。这个问题实在太重要了！有一次陆定一同志对我说：解放初期要我管教育工作和意识形态，可我就没有提出让所有不够大学程度的干部都要学到大学程度。如果1948年、1949年就提这个问题，今天的情况就大不相同了，也许就可以避免"文化大革命"这场灾难。现在人们都老了，有的同志已经六七十岁，再要学习也不行了，你说怎么办？陆定一同志讲的这件事情给我的印象非常深刻。从民主革命胜利到新中国成立是个转折关头，现在搞现代化建设又是一个转折关头。十二届三中全会提出的"一个不论三个都"，就是文化问题。只注意经济，不注意这个问题不行。现在越来越多的人注意了这个问题，所以"十二大"报告把教育和科学列为今后的战略重点。

1982年广东顺德召开科学工作会议，我当时在佛山，因有事要离开广东，就请佛山的同志向会议带去两个问题。一个是：因为教育和科学很重要，所以把教育和科学列为战略重点,这样对不对?还有一个是:在"十二大"以前和以后,我们对待教育和科学的态度应该有怎样的转变?我们在工作上应当有怎样的转变才符合"十二大"的要求?我说完这两个题目就走了,后来我在别的地方听到有人讲,因为教育和科学很重要,所以把它列为战略重点。如果是这样的答案,我认为不能给他及格。因为这个答案中包含了这样的意思:只要是重要的,就可以列为战略重点。轻工业没有列为战略重点,那么轻工业就不重要了?商业没有列为重点,水利没有列为重点,商业、水利都不重要了?这个逻辑是错误的。科学和教育工作对今天完成我们的战略目标具有关键性的意义,所以列为战略重点。只有这样的回答才可以算是正确的答案。

文化问题要提到一个什么样的高度才算符合十二届三中全会决议里讲的"一个不论三个都"的要求呢?它要求我们不是一般地重视学习,而是要特别重视,必须把它提到一个应有的高度来认识。这个问题,胡耀邦同志这次在南宁(指1986年2月)又讲了,邓小平同志也讲了。我们每个人都要重新认识自己,每个人都应有个计划。因为文化问题涉及的方面很广,所以我把一般文化同马克思主义放在一起来谈,因为它们都同我们的社会主义建设有着密切的联系。

二、关于马克思主义 ABC 问题

什么是马克思主义?为什么要问个"什么是"?这表示我们这么些年有许多问题还谈得不清楚,因此许多事都有个"什么是"、都有个 ABC 问题。另外,也表示我们现在研究问题要深一点。对什么是马克思主义,也并不是没有不同意见的。马克思主义是个学说?是个科学部门?是个意识形态?说法很多。怎么算做马克思主义?什么是马克思主义?也有争论。最近我得到一个结论:我是个马克思主义的宽派。关于马克思主义者的定义有两种:第一种,一个人说他自己是马克思主义者,他的讲话是尊重马克思、恩格斯的,并且承认自己是马克思这个学说的信徒,同时别人也没有否认他,在这种情况下,就可以说他是马克思主义者,但只能叫做经验上的马克思主义者,不管是西方的还是东方的,只要他自己是承认马克思主义的,都应承认他是经验上的马克思主义者。第二种,就是理论上的马克思主义者。总之对某一个人，尽管大家对他有不同的看法，但不能随随便便否认人家是马克思主义者。你否定了，人家也不承认，像布哈林，他的儿子提出要平反，意大利共产党接受了他的请求，许多马克思主义者都认为布哈林是个马克思主义者。如果从经验上的马克思主义来判断，就应承认他是马克思主义者，因为他一生都说他是马克思主义者，都没有说他是反对马克思主义的。至于理论上他是不是，大家可以讨论，可以有不同的意见和看法。

马克思主义既是一种社会学说，又是一个庞大的哲学社会科学体系，又是一种意识形态。有的科学，如物理学，也是一种科学，但它不是意识形态，也不是一种社会学说。马克思主义最本质的东西就是它是一种社会学说。我们的传统讲法，是把马克思主义的三个组成部分并列起来。我不赞成这种做法。这三个组成部分不是并列、无机的。应该说，马克思主义作为社会学说就是科学社会主义，从这个意义上讲，马克思主义就等于科学社会主义。马克思主义就是用哲学的方法去研究当代社会，这就形成社会科学，研究经济就成为经济学。所以马克思主义就是科学社会主义，就是社会主义革命和社会主义建设的学说。如果用马克思主义的哲学去研究物理学，用自然辩证法去研究物理学，能不能得出马克思主义呢？得不出来。自然辩证法研究物理还是物理学，研究水利还是水利学。水利学、物理学、化学等，都不是马克思主义，它是一般文化、一般科学。根据马克思主义学说，资本主义必然要被社会主义所代替，谁如果不相信这一条，那就不是马克思主义者。马克思主义得出这个结论是不容易的，它是对整个人类历史和文化进行研究之后才得出来的。三个组成部分并不是三个学科，它们之间只有一个逻辑关系。用哲学研究资本主义社会然后得出结论，资本主义必然要灭亡；用哲学研究社会主义，得出结论，社会主义必然要发展，社会主义必然要改革。这就是"用什么"、"去研究什么"、"得出什么"。马克思主义的三个组成部分不是并列的，恩格斯在《反杜林论》的手稿里就体现了这个思想，只是没有发表。马克思主义又不是一般的社会学说，一般的社会学说是没有一个庞大的科学体系作它的基础的。马克思主义涉及许多的科学部门，所以它又是一个庞大的理论体系，这个体系在无产阶级取得政权以后更加发展了。马克思主义除了哲学之外，还有马克思主义的经济学、法学、政治学、社会学、文化学等，但是它不包括物理学、化学、水利学。当然，也不是所有的经济学都是马克思主义的，有些经济学就不是马克思主义的，它只是一般文化、一般科学的部分。比如，技术经济，里面大部分是非马克思主义的内容，但我主张要有马克思主义的一部分内容。很多学科是既有马克思主义科学，又有一般科学内容在内的，所以马克思主义的确是一个庞大的科学部门，内容非常广泛。我们学习马克思主义，除了学习它的基本原理之外，还要学习根据马克思主义基本原理发展起来的许许多多的科学内容。总之，马克思主义是非常丰富的，不能理解为简简单单的几条就完了。

马克思主义又是一种社会意识形态。什么叫社会意识形态呢？在我的哲学文集《哲学论文演讲和笔记》中，有一篇文章是讲这个问题的。社会意识形态有两种解释：社会的意识形态，或社会意识的形态。一个人有心理活动就有意识，感情也是一种意识形态。不管怎么说，马克思主义是一种社会的意识形态，不是一般的心理活动，而是社会的心理活动。马克思主义是一种理性方面的意识形态。比方说文学艺术，它本身不是马克思主义，它是个形象思维，不是理性科学，但是艺术观、艺术理论、美的理论、艺术的社会作用的理论，则是马克思主义的研究范围。道德不是科学，是规范，但是道德的观念、道德的学说、艺术观、价值观、道德观等，都是属于马克思主义研究范围。马克思主义的内容大体可以分成三类：基本原理；普遍原理；个别论断。什么叫基本原理？就是你承认它是马克思主义的那些基本的东西，如果你否认它，就不是马克思主义了。什么叫普遍原理？普遍原理是同特殊原理、个别原理相对而言的。普遍原理有不同的层次，对于适合殖民地普遍应用的原理，不等于在资本主义下是普遍的；在垄断资本主义下是普遍的，不等于在一般资本主义下是普遍的；在社会主义下是普遍的，不等于在整个人类社会都是普遍的。基本原理必然是普遍原理，但普遍原理不一定都是基本原理，普遍原理和基本原理是有区别的。

三、关于加强马克思主义理论研究问题

要把马克思主义的普遍原理同中国的具体实际结合好，就要加强马克思主义理论的研究工作。这个问题，在社会主义革命时期和现在不完全一样。在社会主义革命时期，马克思主义的普遍原理基本上是现成的，列宁的"两

个策略"把这个问题基本上讲清楚了,我们所做的是把马克思主义的现成的普遍原理在中国加以运用,加上中国的特点。而今天,关于社会主义建设的普遍原理则没有现成的。我们今天就有一个在社会主义建设当中去发展马克思主义普遍原理的问题。这个原理不光在中国有用,对其他进行社会主义建设的国家也有用,我们要把它找出来。比如说,社会主义经济仍然是一种商品经济,这是一个普遍原理,不仅对中国有用,对全世界都有用。但对社会主义来说是不是一种商品经济,这个问题被争论了很久。马克思、恩格斯在这方面没有发表过意见。有人说,马克思讲社会主义不是商品经济。我不同意这个看法。马克思没有讲这个问题,马克思讲的是资本主义之后一般的共产主义特征,没有讲共产主义初级阶段是不是商品经济。这个问题,从苏联十月革命以后就有争论,就有不同的看法。布哈林也讲了他的意见。我们的三中全会有一个明确的看法,就是社会主义经济仍是一种商品经济。社会主义的基本特征是什么?这个问题,在我编的《社会主义经济建设常识读本》中写了一个公式:社会主义=生产资料归社会所有+(按劳分配+社会主义商品生产)。把商品生产作为社会主义的一个基本特征,这是普遍原理。今天我们遇到的问题,是既要发展普遍原理,又要把普遍原理同我们中国的具体实际结合起来。这是两个任务,不是一个任务。所以理论界的任务比以前更重了,难度更大了。马克思主义现在面临着在社会主义的发展中来发展它的普遍原理的任务,要发展作为社会主义建设的科学的马克思主义。马克思主义就是科学社会主义,科学社会主义应有它的上篇和下篇。上篇是关于社会主义革命的科学,这一篇也还要丰富,因为世界上还有许多国家的社会主义革命没有取得胜利。下篇是一个社会主义国家进入社会主义建设时期以后,如何建设社会主义,这个理论和学说,我们社会主义国家的马克思主义者要去研究,要把这个下篇写好,这是我们责无旁贷的。至于社会主义革命的理论,当然也要去研究,如英国怎么革命,法国怎么革命,日本怎么革命,但这应主要靠英国、法国、日本的马克思主义者去研究。对别国的一些问题,我们常常没有很好研究就发表意见,这是不对的,他们毕竟比我们知道得多。对于社会主义建设方面我们比他们了解,因为我们社会主义建设已经搞了这么多年。我们要在社会主义建设中去发展马克思主义的科学。但我们现在的一些马克思主义的书,如政治经济学,就比较薄弱。我们是社会主义建设的主人，当然希望能从书本里找到我们建设的理论，可是到现在为止，我们的经济学教科书仍然是讲批判资本主义的多，讲搞建设的少。因此，人家就不大愿意读了。政治经济学教科书里对社会主义建设写得很少，相反地，人们就从资产阶级经济学家的书中去找一点。资产阶级经济学家的书是给资本家出谋划策的，但有些东西对我们也有点用。所以必须改造我们政治经济学教科书的写法，使它能为我们的建设提供更多的宝贵意见。这个任务非常重要。我们现在到处可以遇到这方面的研究不足的问题，包括物价问题、金融问题、财政问题、投资问题等一系列问题。1981年的大连会议上，我提出要研究我们社会主义的投资和通货理论，我们到底能用多少钱，钞票到底能发多少，怎样用才没有危险，怎样用就有危险，我觉得这些问题都还没有搞清楚。很可能就是由于我们的经济学家对这些问题没有研究清楚，就使得我们的政府成为一个保守主义的政府。因为不清楚，就束手束脚，不敢迈步，只好保守。

　　这些年来，我们有些问题还没有解决好，如物价问题。现在人们都关心物价，你关心物价却不能改变物价；如果人们关心怎么取得收入，这种精神状态就会不一样了，因为收入我可以努力。当然收入要同劳动很好地挂钩。像意大利实行的那种办法，工资随物价上涨，物价涨10％，工资自动涨10％。可我不敢做，不知做了后果会如何？如果采取这个办法，也许物价像脱缰的野马，造成工资和物价轮番上涨。这个问题不好办。我们的政府报告中经常写，物价基本稳定，我已几次提出不要写这句话，但从政府来讲，确实是做了许多工作的，应该报告一下，可是老百姓不满意。因为你说物价基本稳定，可是我工资是完全稳定呀！实行浮动工资制吧，物价上涨，工资也上涨，我也不敢提这种建议，因为如果工资和物价轮番上涨怎么办？这个问题太复杂啦！再如货币投放，就是从银行里拿出钞票来投放的问题，到底拿多少算多，拿多少算少？我们也讲不出个道理来。钞票多了物价就上涨，这个道理对不对？也不见得完全对。为什么大家最关心"菜篮子"价格？为什么有的地方上涨，有的地方下降，有的上涨得多，有的上涨得少，而钞票发的都是一样多？我问那些专门研究这个问题的专家：有没有一个专门研究钞票数和"菜篮子"价格的实际报告？我想看一看，我现在不明白。但现在没有这个报告。所以我主张讨论"菜篮子"价格和钞票的关系。我现在对宏观经济有很多不懂的地方，我从来不讲经济形势，因为我不懂，讲不了。

上面这些问题，说明研究马克思主义的经济学非常重要。概括起来可以有四个需要：需要马克思主义来指导我们的各项改革，这是第一；需要马克思主义来指导我们各项事业的经营管理，这是第二；需要马克思主义来指导我们老百姓每个人的生活，这是第三；需要马克思主义来指导我们党的建设、政府的建设和各种社会团体的建设，这是第四。现在就是要把这些问题研究清楚。我对我们社会科学院一线的同志说，如果我们社会科学院不能在马克思主义的研究上作出贡献，我们就要承担历史责任！现在讲社会科学要为纠正不正之风服务，但社会科学只是为这一点服务吗？社会科学要为整个建设服务。这事做不好，马克思主义的威信就要受影响。的确，如果马克思主义没有一点作为，马克思主义的威信是不能提高的。现在不少人对马克思主义冷淡，不能怪别人，首先要怪我们这些搞理论工作的同志对马克思主义研究还拿不出东西来，叫人家怎么信呢？

四、用马克思主义指导我们的经济改革

现在我国正在进行经济体制的改革，但改革离不开马克思主义。比如，现在许多人只注意讲价值规律，而价格却研究得很少。现在要研究的倒是价格规律。到底价格是怎么定的？它的根据是什么？价格的规律是什么？现在我们有许多问题只讲政策，没有讲规律。讲计划生育政策，没有讲计划生育的规律；人口规律不清楚，只有人口政策。对价格，一讲就是价格符合价值，是这样吗？价格规律是什么？规律是不以人们的意志为转移的。价格总是反映价值，但价格从来就和价值不一致，历史上就没有完全一致过。在小商品生产的条件下，价格总是根据供求关系围绕价值上下波动。到自由资本主义时代，价格是在生产价格的上下波动，已经不是价值了，而是生产价格，它是价值的一种变形。你要研究价格规律，就要研究价值规律的变形问题，即价值怎样转变为生产价格。垄断资本主义时呢，价格是围绕垄断价格波动的。我们在政治经济学教科书里从来就不谈垄断资本主义条件下的价格规律。我们社会主义的价格更接近于垄断资本主义下的价格。这个产品如果只有这一家，是垄断的，这个价格怎么定呢？生产价格是平均利润加成本，

可现在没有平均利润，因此就是垄断。但是你价格太高了，消费者不买或者少买，结果也赚不了更多的钱；价格低了，更赚不了钱。因此一般来说，就用微积分的办法去求得一个极大值作为规定价格的一个依据。因为资本主义是追逐利润的，要是几家同时经营，就有竞争，还有国际竞争，所以垄断资本主义的价格问题不是像自由资本主义那样以生产价格为基础的。这个问题非常复杂。比方说，土地产品，是不是都按价值来买卖呢？如果是按价值来买卖，统统都要赔本，就没人种地了，因为它的个别价值多呀。所以土地产品是根据那种最劣等的、最不产生效益的那种投资来定的，不是按价值来定的，也就是说，它是按最坏的土地、最大的成本来定的。这就是土地产品的价格。森林价格又不一样，因为农产品没有原始农产品，而森林有原始森林，即没有经过劳动的森林，这加入到竞争中去又复杂了。所以对价格要符合价值的说法，我从来不赞成。这话是没有用的，历史上从来没有过，我们现在也不能这么做。

再说货币理论。在社会主义制度下，货币是什么作用呢？第一，货币在经济中起着组织社会主义生产的作用；第二，货币还起着分配社会财富的作用；第三，货币起着管理社会主义经济的作用。所以货币有三个作用：一个是组织作用，一个是分配作用，还有一个是管理作用。现在我们讲投资都得要钱，常常是构成投资的因素都在那儿，也有人，也有原料，但缺少钱来组织一下。货币的三个作用，如何来利用，这就是社会主义的货币理论、社会主义的通货理论所要研究的问题。所以作为社会主义建设的科学的马克思主义，还要发展社会主义的各个科学部门，需要我们组织很大的力量来研究。这是理论研究，而要把理论研究变成实际的研究，理论要解决实际问题，还要结合具体材料，要对我们社会主义的经济作具体分析，掌握具体材料。但现在我们的材料既不准确又不充分，这样的统计资料怎么能作为现代化经济管理的根据呢？我觉得难极了。比如，我要提高某种商品的价格，但提高之后全社会会有什么样的反应呢？我事先要知道。这样的事情又不能做实验，怎么知道呢？就得做测算，做模型试验。物价是货币的分配问题，涉及彼此间的利益关系，如农产品、化肥的价格增加了，别的不动，农民的收入就要减少，农产品价格增加了，消费者就要有意见。所以物价是个现实的直接的人与人之间的利益关系问题，要解决这个具体问题，就要知道某一个变化产生的后果。我们的物价研究如果能够像我国香港和澳门的跑马场那样就好了,下一个赌注后,分配我就知道了。我要一号马,把1万块钱放进去了,电视荧光屏马上就变,二号马分多少,三号马分多少。物价问题也能提出一个模式来,那就好办了。加一个价,结果如何,谁加多少,谁损失多少,哪个地方需要弥补。对价格问题,我倒觉得不研究价值规律也可以。我写过一篇文章——《把价格放在最先,把价值放在最后》,意思就是少讲点价值规律,多研究点价格问题,这是我的意见。价值规律有个概念在那里就行了,因为它不解决实际问题。现在许多经济学家,包括年轻的,也有年纪大的,都不大用马克思的那个价值论了,所以要研究价格问题。但要研究价格问题,我们的知识力量还差得很远,因此我主张在北京搞一个统计中心。世界上的国家差不多都是1万个人中就有1个人在中央统计局工作。照这个比例,我们应该有10万人搞统计工作,我说是在北京而不是在全国,不要10万人,要5万人也行,就是建立一个统计与经济分析的中心,它包括统计局、统计研究所、统计学院、经济分析中心、计算中心等。要不,我们的材料反映得太不灵敏了,如果按这个材料作结论,懂得科学的人是不放心的。老是靠过去下决心怎么做就怎么做的办法,没有预见是不行的。

改革是我们社会主义革命完成之后的又一次大变革,包括经济体制改革、政治体制改革、社会体制改革、文化体制改革,这是非常复杂的。我一直认为20世纪完成改革是不可能的,我们只能求得进步。这么大的改革,这么大的国家,一二十年就能完成?差得远!这是在社会主义时期的,在党的领导下的,从上而下和从下而上结合的改革,这是一个改变我们社会主义整个面貌的改革。这个改革是世界性的,没有一个社会主义国家能够避免。我有一篇文章叫《从中国历史看改革》,讲到我们的改革,每年求得一些进步就很不错,哪怕一个细小的进步,都可以给我们国家带来很大的效益。比如,农村联产责任制,从理论上来说只是一个很小的问题,但就是这么一个小改革,给我们带来的效益却很大。所以当整个改革完成时,成果就是一个很难以估量的效益了。

社会主义建设时期的党要起什么作用?应该怎样建设?这个问题也必须回答。现在许多问题是混乱的,比方有一个说法,我看到一个考厂长的标准单,上面说从党委领导下的厂长负责制改变为厂长负责制以后,党委的领导作用就转变为保证监督了。这个答案,要我评分就给他零分。怎么基层党委的这个领导作用就转变了呢?保证监督作用也是领导作用的一个表现。你厂长必须按照党的政策办事,这不是领导作用是什么?党委领导的厂长负责制改为厂长负责制,取消的不是党委的领导,而是党委的包办。包办并不等于领导,上面这个答案就把包办当成了领导。现在对党的领导这个问题是比较混乱的。关于党员富的问题,党员自己富,又关心别人富,这当然应受到表扬。按照我的说法,在社会主义建设时期,党员作为一个政治上的先进分子,也应同时成为经济上、文化上的先进分子。在战争时期,党员的模范作用,就是冲锋在前、退却在后、一不怕苦、二不怕死。社会主义时期的表率作用,就是要起执行党的政策的表率作用,不能离开十一届三中全会精神、十二届三中全会精神。坚持社会主义、坚持马克思主义、坚持无产阶级专政,坚持党的领导,离不开两个三中全会的精神。因为四个坚持具体表现在党中央的决定之中。党员怎么做?有最低的标准,有一个经常的每个人都要努力的标准,还有一个表率即怎么在建设中起作用的问题。这些问题都要研究。我主编的《社会主义经济建设常识读本》在第六部分就要写"党的领导是社会主义经济建设胜利的保证"。这些就是社会主义建设中马克思主义科学应起的作用问题。

五、努力学习和掌握一般文化

一般文化,我觉得很重要。马克思主义是文化中的一部分,是人类文化的结晶,但不等于全部文化。马克思主义只给你提出一个方向,只给你指出如何处理这些社会上的利益关系问题,不是解决你的所有问题。按照分量来说,一般文化要比马克思文化多得多,但马克思主义科学是起指导作用的,是指导我们的研究方法的。然而,仅有马克思主义也不够,还要有许许多多的其他文化知识,没有这些文化知识,就不能为社会作出贡献。没有这些知识,光有马克思主义知识,做一般领导工作可以,做一般宣传工作也可以,但做技术工作就不行。我没当过兵、打过仗,假如人家让我当个连长,让我上前线,即使我的觉悟再高,也可能会把我这个马克思主义者的命送掉。不但让我送命,也会让许多人送命。因为我不懂得什么时候该冲锋,什么时候该待在壕沟里，什么时候退却，总之根本不懂指挥。这是军事战术技术知识，不是马克思主义知识。如果我们只懂得马克思主义，只会讲马克思主义的话，那我们的工作就做不下来。做宣传工作的人会写文章，但写作能力并不是马克思主义；你会讲话，但你讲话的才能也不是马克思主义。我们接触到的一般文化是非常多的，而一般文化可以帮助每个人来掌握马克思主义。画家会画画，音乐家会唱歌，勘探专家会勘探，搞设计的会设计……各行各业都有广泛的文化知识。有些东西不是资产阶级的，而是资本主义和社会主义共同的东西。应该说在这方面我们还是比较不够的。因为我们文化水平低，许多一般的道理，许多一般的方法（资本主义有时也是用这个方法）我们都不懂，那就需要学习。我们说要重新学习现代化的新知识、新经验，其中就包括很多这类的新知识、新文化。一般文化包括许多方面，从小学、中学到大学，许多知识不是马克思主义的，但是没有这些文化的人也不能学好马克思主义。因为没有文化，不懂得科学知识，尽管他能接受马克思主义，或者对马克思主义有感情，但许多道理他是不能够理解的。因此，数学、物理、化学、语文知识，包括中文、外文这些一般的文化知识，我们今天缺少哪一种都不能前进，都会受到很大的局限。比方外语，你不会就只能让别人翻译。再如数学，现在都讲计算，我们对事物的分析不能光讲定性，还要讲定量的计算，做到心中有数。我们现在很多问题就没有很好地算一算，算一算对我们的思想认识很有好处。我是主张全体干部都要做一道题：假定发达国家每人每年的产值是1万美元，发展速度是2%，再假定我们中国每人每年的产值是400美元，增长速度是8%，那么到哪一年我们同世界的差距会扩大？到哪一年不会扩大？哪一年能够赶上？这个题很简单，初中程度的人都可以算。算这道题有什么好处？它可以帮助我们认识我国同发达国家的差距，总有一年可以追上它。我们算一算就心中有数。这种数学题目很简单，我们过去就没有这个数，也不看世界资料，就光知道我们今年增加多少就不错啦。这种算术对我们落后地区和发达地区之间的比较也很有好处。比如，广西和江苏之间，广西是多少？江苏是多少？不过我们之间是相互支援罢了。这种算术叫做"政治算术"。有一本古典的经济学著作，就叫做"政治算术"。我们现在的脑子里头要有比较多的数量概念，因为现代的经济问题没有数量概念不行，但数量概念也不能光是一个简单的产值之类的东西，要有各个方面的数量概念。

当然，知识还有一个结构问题。各行各业都有一个知识结构问题，如教育，现在我们的教育不是从所需要的人才的知识结构出发来考虑开什么课程，而是根据某一个现成的教育大纲、教育计划来培养学生的。需要什么样的人才，这很复杂。现在有许多人才问题，国外还没有提到，但我们也必须培养。比方说我主张培养一种生态设计师，专门研究你那里的合理生态是什么。经济学可以专门培养一批经济利益协调师，帮助订合同的双方协调他们之间的利益。各行各业都有知识结构问题，都需要有自己的培养计划。所以讲一般文化，那内容就多了，包含你会不会喝茶，中国的茶叶就缺少有名的茶师。要培养这样的人，可以出钱让他喝遍全世界的茶，把他的茶威树起来。这个人说中国的茶好，那我们的茶叶就有好销路。烹饪的就要培养出烹饪师来。总之，要培养各式各样的人才，以适应各种各样的需要。所以这一般文化的范围太宽了，一个人是做不到的。我们建设社会主义，需要马克思主义，也需要一般的知识。我最近有个建议，提出建立这样一个干部学习制度，叫做"一月一书一心得"。什么意思呢？就是由行政领导一个月发给你一本书，学习完，写一个心得。我们不但要会看书，而且要会写书，写书要根据本地区、本部门的需要来写，每本不超过两万字。我到内蒙古赤峰，我出了16个题目给他们，要求每个题目都写出一篇东西来，如《草原与放牧》就是一本书，也就是一两万字，另一本书叫《农牧结合》，再如《畜牧业现代化》、《储藏与加工》等，这就可以推动一般文化的学习。我们现在没有一个全面的文化学习的高涨局面是不行的，而提高文化需要的投资是太多了，但按照这个书来算，每本也就是一两角钱，但它的推动作用却很大。在文化学习中，我是反对死记硬背的，出的题目都是思考的题目，如讲土地的合理利用，我就让他写写你本村土地的合理利用情况怎么样。这件事我是在向各地鼓吹鼓吹，准备把这个问题仔细地考虑一下，在全国可以先搞出一点母本来。有了母本，结合到你那个地方，你就可把本地方的内容加进去。比如，对亚热带山区开发的丛书，湖南改一改变成湖南的，江西改一改变成江西的，广西改一改变成广西的，这就成为结合本地区特点的子本。

文化部最近出了个《中国文化报》，我给他们的第一期写了一篇文章，题目是"精神文明建设的要领在于建设"。我引了物理学家的一句话：上帝厌恶真空。所以在物理学研究中要抽出完全的真空是做不到的,总要跑进去点空气。物理世界没有真空,心灵世界也没有真空。精神文明建设靠禁止是解决不了问题的,你不许那些坏东西到人们的脑子里去,如果你没有建设,没有好的东西代替它,也许会有许多更坏的东西进去,所以一定要搞好建设。我特别爱讲武侠小说的问题,爱看武侠小说的人,过去他没有钱买书,水平又那么低,但他开始看小说了,这就是一个很大的进步,这叫做美的觉醒。我们应该组织武侠小说研究会、武侠小说编写组,写出既适合他们水平又有教育意义的书来,不要那些庸俗低级的东西。对于不同层次的文化需要,我就给予他不同层次的东西,这是一种积极的态度。所以精神文明建设的要领在于建设,禁止只能是一个辅助的手段,没有另外的东西满足他们的需要,那是不行的。我们今天讲的文化也是一种建设,要把这种建设搞上去,对于我们的经济建设来说,我认为这是一项最为重要的工作。工业建设我们讲以内涵为主,整个社会、一个地区,特别是落后一点的地区,怎么能够发展呢?最主要的问题是什么呢?依我看,是文化。为什么?因为文化建设比较容易上得去。你搞一个工程要多少钱?办一所学校又要多少钱?如果文化搞上去了,智力提高了,一件事情做对头了,那要节省投资多少钱,这叫做以智取胜,这是落后地区取胜的最重要的一种手段。我们中国的 10 亿人口能够有今天,靠的是什么?最先是什么?还不是"五四运动"、"文化运动"?没有"五四运动"不会有今天。现在要搞社会主义建设,也要把文化建设作为全社会的内涵来建设,用它来改造我们的精神面貌,解决建设问题。所以我给湖南出主意时,我说你搞一个出奇制胜的战略:抓出版业,把整个文化水平提高,主要不是为了赚钱。江苏海安把农业工程作为自己出奇制胜的战略。他们一个县没多少工业,但群众的生活非常好,就是靠搞畜牧业。现在贵州黔东南地区的每个县派人到海安县学习,回来就起了很大作用。所以这个文化问题很重要,你文化上不能翻身,马克思主义理论就不能有深的研究,花同样多的钱,效果很小;文化提高了,花同样多的钱,效果就会大,就有可能往前赶。这一时期我讲的题目都是关于科学、教育、文化方面的,所以今天就选择了上面讲的这个题目。

从社会生产力的角度看时代*

一、从社会经济制度和从社会生产力两个角度看时代

1996年5月3日,我在中国太平洋学会召开的"太平洋与中国国际研讨会上"作了题为"文明的亚洲和亚洲的文明"的发言。这个发言超越会议的主题,讲了一个从社会经济制度的角度看时代的问题。这个发言有两个部分:"书面发言提要"及"口头说明和补充"。在"书面发言"中,我一开头就宣布"我们来这里讨论的是时代性的问题",紧接着是提出问题"什么是当前时代的质的规定性"。然后从19世纪说起,概括叙述近200年世界历史的演变:19世纪是古典的资本主义在征服世界的道路上取得辉煌胜利的时代,也是它的内部矛盾进一步显露出来,从而使作为学说的社会主义兴起的时代。

19世纪末出现了自由资本主义向垄断资本主义、私人资本主义向社会资本主义转变的趋势,这种趋势也是资本主义向社会主义前进的趋势。

20世纪的前半个世纪是战争与革命的时期,也是社会主义从学说、运动发展成为我们这个星球上的一种制度的时期,结果是资本主义国家与社会主

---

* 本文原载《自然辩证法研究》,2001年第17卷第9期,第1~3、7页。

义国家并存。

20世纪的后半个世纪，我想称之为世界历史大调整时期（或时代），这是我对当前时代问题的回答。

这种调整不是一次完成的……调整时期不会短，可能整个21世纪都属于这个调整时期。

调整时期过后的资本主义国家不再是调整时期开始时的资本主义国家，那时的社会主义国家也不再是调整时期开始时的社会主义国家，国际关系格局也不再是调整时期开始时的格局。

历史走进和走出这个时期，总的说来意味着人类历史的一种前进。

在从社会经济制度的角度看时代的同时，还可以有一个从社会生产力的角度来看时代的问题。历史唯物主义的原理是社会生产力决定社会生产关系，社会生产力和生产关系的统一体决定社会生产方式，社会经济基础决定社会政治和法的上层建筑及社会意识形态，可是这种决定不是机械的。这种"决定"是"根本上的决定"，是"归根到底的决定"，是"最终的决定"。从这两个角度来看的时代并不一定同步。比如，当前在社会生产力方面已经出现知识经济（也就是信息经济）这样的新事物，社会生产力方面出现的这样的新事物，生命力很强，可以预期它会大大地发展起来。这样的属于社会生产力方面的新事物，并不要求立刻改变原有生产关系，建立新的社会生产关系。这样的属于社会生产力的新事物，即使在知识经济最发达的美国，它离占据统治地位也还差得很远，但是不能低估知识经济的时代意义。因此除了在这个由中国自然辩证法研究会和上海自然辩证法研究会召开的关于讨论时代问题的会议上，我向会议提供一篇主要讨论从社会经济制度角度看时代问题的《时代问题笔记》外，现在我想再写这样一篇。

二、我的社会生产力的新概念

在这里，我想把我的关于社会生产力的基本观点说一说。也许你们听说过，在我国经济学家中间，在对"社会生产力是由哪几个要素结合而成的"这个问题上，长期存在着针锋相对的两种观点的争论。一种观点认为"社会生产力是由生产者、生产手段（或生产工具）和劳动对象三要素结合而成的"。这种观点被称为"三要素说"，大多数经济学家持这样的观点。还有一种观点认为"社会生产力是由生产者和生产工具两种要素结合而成的"。我是坚决主张这种"二要素说"的。两种观点争论了许多年，并没有人来作结论。我主张"二要素说"的理由是讲社会生产力，首先要明确社会生产力的含义。我认为社会生产力是人类社会在与自然（更准确地说是"天然的自然"）作斗争的过程中的能力的水平。这个概念的意思就是整个社会为一方，即整个社会是生产的主体，而整个自然为另一方，即整个自然是生产的客体（即对象），而生产活动就是主体和客体发生关系。生产主体——社会，它是活生生的人，社会在生产中的行为，是要改变自然的现状，社会是生产中主动的一方。而生产客体——自然（尽管自然界包括生物，但它们不是人，它们没什么有意识、有目的的行为）在生产中是受动的一方。自然，在生产（人进行改变它的现状）中，是以一种"保守"的力量，或者可以说用"困难"（这困难并不是有意识、有目的地制造出来的）来"对抗"自己的现状的被改变。因为自然扮演这样的角色，在生产主体方面就有能力或者有能力的水平问题。社会生产力的概念就是这么产生的。

在这里我想纠正一些流行的错误观点，即社会生产力不是局部生产过程中的生产率。所谓局部生产过程，可以是生产者不是整个社会，而是社会的某一个部分，也可以是生产活动的客体不是天然的自然。这种局部的生产，有其他的生产作为前提。把这种生产率与社会生产力混同，是造成许多思想混乱的一个原因。还有，社会生产力的主体虽然是全社会，但是它也不等同于全社会的生产效果，因为作为人类征服自然的能力的水平（这就是我们说的社会生产力）同这样的能力发挥的结果，是不能看做同一个东西的。我们可以想一想，假如以农业为主体的社会，在农业生产中，某一年风调雨顺，丰收了，不能说这个社会的生产力一下子提高了。如果第二年遇到天灾，也不能说这个社会的社会生产力就突然下降。因此不能把作为劳动对象的自然，视做社会生产力的要素。

我的社会生产力构成的"二要素说"的论点和论据大概说来就是这样。

之后我又多次完善我的观点，最后从原先我的"二要素说"中发展成为我的社会生产力的"一要素说"。我的这个近几年才形成的社会生产力的

"一要素说"的意思是社会生产力的要素只有一个。我认识到自己原先所主张的"二要素说"中，把生产者说成是生产力的一个要素，是对生产者的地位和作用缺乏必要的分析的。今天看来，生产者有一个基本的作用，它是整个社会的生产的主体，它是发动社会生产赋予社会生产以目的性的。社会生产力就是作为生产主体的生产者自己所拥有的与自然打交道的能力的水平，或者说社会生产力就是生产者所拥有的东西，或者生产者就是社会生产力的拥有者，它们怎么会成为自己所拥有的东西的一个要素呢？

这样的考虑只解决作为社会主体的生产者不能是社会生产力的一个要素的问题。这是从生产者的地位来说的，在这里他的意志起作用，但是在生产中活生生的人的体力是起作用的。这体力是社会进行生产中的物质力量，它可以成为社会所拥有的社会生产力的要素，而且人的数量多，拥有的体力就多。以前我把生产者视做社会生产力的要素之一，就是没有把社会所拥有的人的体力同作为生产主体的人区分开来，如果我把社会劳动力或有劳动能力的人口，视做社会生产力的一个要素，那就比较恰当了。

把作为生产主体的人，同生产者所拥有的体力区分开来之后，就可以把体力也视做作为生产主体的生产者所拥有的东西，视做生产者所拥有的生产手段或生产工具，这样我得出了社会生产力的"一要素说"的结论。

再进一步我认为还可以把人拥有的生产手段分为物质的手段和精神的手段两个方面。人的体力是属于物质的生产手段。不要低估人的体力，体力在生产中永远是不可少的。哪怕只是"点击"，也要用体力，发声也是要用体力的。不费吹灰之力，这吹灰之力的"力"也是体力。粗工是以体力为主的劳动力，在今天也还是需要粗工的。知识是人所拥有的精神手段，精神手段在人的生产活动中也是不可少的，原始人的生产活动也要有知识。人所拥有的生产手段自古以来都分这两个方面，所以社会生产力的这"一要素说"要作这样的分析才符合事实。

"一要素说"中生产手段有物质的和精神的，两者始终是结合在一起的。精神的东西，要融合在物质的东西之中，才能对物质的东西发生作用，才能存在。

我认为我的社会生产力的新概念，为研究从社会生产力的角度来看时代问题提供了一个理论框架。

三、知识经济是社会生产力领域的新事物

我接受"知识经济"这个名词的概念,而且高度评价发现这个新事物的意义。经济合作与发展组织(OECD)在这件事中起了重要的作用,但是我不赞成 OECD 给知识经济下的那个定义:"知识经济是以知识为基础的经济",因为任何经济都是以物质为基础的,不能以非物质的知识作为它的基础。究竟给知识经济下怎样的定义,我还说不出一个确定的意见,也许可以说是"知识含量特别高的经济",但"特别高"欠确定,这个定义也不理想。

我也不赞成把"知识经济"和"资源经济"对立起来,这同我不赞成说"知识经济是以知识为基础的经济"的道理是相通的。我认为生产归根到底是改变物质世界的某些现状,物质的东西只有用物质的东西才能改变。而且物质世界的某些改变,甚至需要用很大数量的物料和能量才能做到,这样的唯物主义的原理是不应该忘记的。

经济行为中的知识含量的大小是很难用数字来表示的。上面我们讲过,即使在原始人进行的原始的生产中,也存在知识的要素,即在 社会生产力的唯一要素——生产手段中(生产手段和生产工具本来是一个词,在德文中是 mittel,在英文中是 means,都是"中间物"的意思,"手段"是这个西方语言的日译中用)物质手段和精神手段两者始终结合在一起。作为精神手段,它必须有物质的东西作为它的载体,而精神的手段在被结合到物质手段之中时,它便使物质手段如虎添翼,可以更有力地作用于作为对象的外界的物质世界,才可以改变物质世界的现状。在作为社会生产力的唯一要素的生产手段中,含有知识而且所含有的知识存量的规定性,是必然的,对所含的知识存量的大小也可以作出某种比较。比如,现代社会中银行家的经济行为中的知识含量与原始人的原始生产中的知识含量相比,肯定要大得多,对这一点不会有人怀疑。世界上难以表现量的大小的事情本来就很多,但是人们有一种需要,想用数字来表示这种量的大小,否则许多话不好说,好多研究工作不好进行,所以我在《知识经济中的哲学和社会科学问题》一文中也提到统计学的问题。

在关于知识经济统计中也有比较容易的地方,那就是我们可以从社会产

品中分出一种"知识产品"。知识产品有两种,一种是载有知识的物料,如光碟、书籍等,它们是很容易用"数"来表示的。还有一种产品是物化在人的身体上的,如教育的产品是受教育者本身得到提高。研究工作的产品的价值在没有物化为物质产品时,统计工作的困难也难以解决。知识产品的成果,如果间接地运用到一般生产中,起着提高了其他生产的效率的作用。这部分的效果是非常重要的,但是在统计学中却很难表示出来。

回过头来我想讲这样一个道理:我虽然不赞成把知识经济和资源经济对立起来,但是在这里需要指出,知识经济的发展可以大大节约物质资源的消耗。比方光碟的制作可以节约大量纸张的消耗,这就是知识和资源可以起互相替代的作用。知识和信息本质是一回事,它需要物质作为载体,但是这载体在理论上可以很小很小。因为知识或者信息,不过是"区别",它的基础是"是"还是"不是",用电子学的语言就是"开"和"关",或者用英文"off"和"on",在电子学里"on"、"off"的转变需要的能量可以很小很小,它只受技术的限制。现在不是在讲纳米技术吗?推广之后需要的物质载体就会变得更小。千分之一米叫微米,千分之一微米就叫纳米,千分之一纳米叫皮米……我说不好技术的信息载体最小的极限数是什么,总之很小很小就是了。知识经济可以起四两拨千斤的作用。

还有一点,知识产品的消费,可以同时起提高社会生产力的作用。一般的消费可以再生产劳动力,而知识产品的消费,可以起提高生产组织和个人的能力,发展社会生产力的作用。这一点意义非常重要。

结论是知识经济、信息经济的确是社会生产力领域里的新事物。

四、迎接从社会生产力角度来看的新时代

从上文可以看出,不应漠视知识经济(信息经济)的时代意义,这样的道理似乎可以不再写了。现在的问题是知识经济(信息经济)什么时候能居统治地位,人类社会什么时候进入知识经济(信息经济)的时代。这里又回到知识经济与非知识经济——我们姑且称之为"传统经济"的界限怎么划分的问题,回到统计学的问题上来。这个问题可以不必着急,我们只要掌握知识经济作为社会生产力新事物的意义,采取正确的步骤,积极发展知识经济

就是了。

　　同时我们不能忘记历史唯物主义的基本原理，从社会经济制度的角度和从社会生产力的角度来看时代，两者是不能割裂的。上面我们指出两者并不一定同步，为的是不要等社会经济制度的变革，只要有可能就发展知识经济；现在我又指出两者不能割裂，是为了不失时机地用更适合于知识经济发展的社会经济制度来促进知识经济的发展。我们的理论研究工作也应该推进这一发展。

对当代世界时代问题的思考*

新华社交给我的关于迎接党的"十六大"的采访提纲中有一句话:"党的全国代表大会不仅是党内的大事,也是全国政治生活中的一件大事。纵观党成立以来的历次全国代表大会,莫不对中国革命和建设产生重大而深刻的影响。"这句话不那么准确。因为有个别的党的全国代表大会产生的影响不大(如"五大"),还有一些党的全国代表大会,它的影响是消极的(如"九大"、"十大")。而且各次党的全国代表大会的影响需要具体分析,不宜只使用同样的语言来形容,还要表明它们各自的特殊规定性,甚至同一届代表大会,"八大"一次会议与二次会议的意义就完全不同。但是总的说来,那个采访提纲中的这句话无疑是正确的,即绝大多数的党的全国代表大会"莫不对中国革命和建设产生重大而深刻的影响"。这次的"十六大",是很重要的会议,不仅中国共产党党内,就是党外人士,也对之十分关注,而且这次会议不仅为我国,也为世界各国所瞩目。

我在1999年就考虑过一个问题,认为"十六大"应该对当前世界时代问题作出科学的论述。我这么认为,是基于两个方面的原因。

第一个方面是:①世界历史发展到现代,孤立的国家基本上已不再存在,很明显地存在一个"全世界统一的时代"的概念。特别在今天我们这个

---

* 本文原载《宁波党校学报》,2003年第2期,第5~7页。

星球，人们已经用"地球村"去称呼它，尽管在这"统一的时代"的概念里，包括具有相当大差异的不同国家。②从20世纪90年代起，世界格局就已经发生了划时代的变化，这种变化早在六七十年代就开始酝酿，90年代发生地壳变动，现余震不息，变化还在进行之中。因此在今天应该特别重视对时代问题不断深化的研究和准确的表述。③在我们中国不能不受当今时代的影响和制约。④中国是世界上的一个大国，而且处在越来越强盛之中。中国之于时代不仅是受影响的客体，还是对之产生影响的重要的主体。拥有13亿人口的中华人民共和国，在时代问题上是有自己不少的发言权的。而党的全国代表大会，是中国在时代的问题上向世界发出自己的声音的最为合适的时机。

第二个方面是，马克思主义者拒绝任何唯心主义的影响，在要发挥自己的意志的主观能动作用（一个人的意志又受这个人的思想意识的指引）之前，必须充分尊重不以自己的意志为转移的客观事实和客观规律。也就是说党在考虑自己应该做些什么之前，必须先弄清楚它究竟是怎样，它会怎样变化发展。共产党的纲领首先要写清楚，就是世界的客观状况和发展规律。在讲清楚这一点之后，作出行动上的决定就好办了。好办，不等于不动脑筋，想出好主意。想出了好主意，也算一功。但是把时代问题研究得尽可能透彻是前提的前提。

我完全知道时代问题研究的难度。什么是马克思主义？马克思主义的基础不就是对当代世界、当代社会，进行历史的现实的研究，掌握当代世界、当代社会将向何处发展，从而作出相应的行动上的科学结论的社会学说吗？简言之，马克思主义就是研究时代问题的科学。当今马克思主义者需要解决历史上出现的崭新的问题，当然是又大又难的问题。而且事情很明显，解决这样的问题的思想上的准备还很不够。因此我并不指望短期内能够"解决"它，但是我还在1999年提出了这个问题，我考虑到这是一个推进这个工作的时机。如果能够在那时候定下这个目标，抓紧进行这样的工作，从那时起到"十六大"的召开，还有3年的时间，如果学术界能够动起来，作一番努力，在这个问题上多少能够前进一大步。我把问题提出后，有些同志与我有同感。在这两三年中，我们也作过一些努力。在第一篇文章发表后，我本人又写了若干篇文章，同时其他的学者也在这方面写过若干篇文章。但是总的说来，这方面的工作还处在发动和组织的阶段，思想还没有集中起来，研究也还没有展开，因此收到的效果不大，现在还编不出一本高水平的文集。

在写第一篇文章时，我用的题目是"要充分适应我们的时代"。"最充分地适应我们的时代"这 11 字不是我的，而是恩格斯的，但是在《马克思恩格斯全集》中没有这句话。它是我在中国社会科学院担任副院长兼马列所所长时，在原苏联作家写的一本描写恩格斯的小说《人们称他将军》中看到的。在看这本书时，我觉得这话说得特别好，因而记下来了，把它作为我文章的主要思想和题目。①

当时我认为这本小说属于原苏联的被人称做"文献小说"的小说，我相信这话是恩格斯说的。1999 年我的那篇文章是写明这一点并非借重恩格斯，而是不好掠美。不过在写那篇文章时，这本小说找不到了，直到最近才发现我没有丢掉。因此，现在我可以把这句话的前言后语补引一下。

恩格斯这话是他参加 1848 年革命战争时，有一晚在一个营的宿营地与其指挥官躺着谈话时说的。那个指挥官对恩格斯说："我当然读过您的一些文章，有的我同意，也有的我不同意。现在倒是有一件事使我感兴趣。您首先是一个哲学家，可您这个哲学家却冒失地卷入了政治的漩涡。而哲学和政治两者之间却毫无共同之处。前者是个人超凡的直观，是一片静谧，后者则是千百万人的事业、行动、变幻莫测的欲望。"恩格斯回答说："不，您错了。一切哲学家始终是自己时代的产儿，自己人民的儿子。他们的哲学思想是靠祖国人民最富有营养和最珍贵的琼浆玉液培养出来的，是这种汁液的结晶……"恩格斯接着说："只有那种最充分地适应自己的时代，最充分地适应本世纪关于世界科学概念的哲学，才能称之为真正的哲学。时代变了，哲学体系自然也随着变化。"我文章题目上的那几个字的上下文就是这样。恩格斯那时所讲的话，从字面来看似乎限于哲学，实际上讲的是马克思和他创立的理论和纲领。因为我喜欢那几个字，就把它记住了。

---

① 20 世纪 80 年代我看到"最充分地适应自己的时代"这句话之后，查了一下黑格尔的《哲学史演讲录》，查到书中有这样的句子："每一哲学都是时代的哲学，它是精神发展的全部锁链里面的一环，因此，它只是满足那适合于它的时代的要求或兴趣。每一哲学在全部过程里适应特殊的发展阶段，有它一定的地位，在这地位上有它的真实意义和价值。"

那么我们的时代到底是一个怎样的时代，在 1995 年我提出"现在我们处在世界历史大调整的时代"这个命题之后，在那样的观点的基础上，经过 8 年的思考，又有些发展和修改。到今天——2002 年 11 月，我的思想非常简略地说，就是关于时代的质的规定性，包括生产力、经济基础、政治和法的上层建筑等各个方面。其中作为我们的时代特征的生产力是什么，最费斟酌。

在生产力方面，我的看法有过两次变化。现在的观点是，在我们的时代，生产力似乎可以用"（现代化的交通与通信）+（现代的知识产品）的生产和消费，已具有标志意义"这一句来表述。不过对这样的表述我并不满意。

在生产关系方面，我认为首先应该从理论上纠正流行的关于整个社会发展史的看法和说法，即认为人类社会发展是由原始共产主义社会经过私有制社会最后发展成为共产主义社会，社会主义社会不是私有社会。我认为整个人类社会是从"没有财产和没有财产观念的社会"，发展到"私有公有并存的社会"，最后发展到"没有财产、在现实生活中也没有财产观念的社会"。第一发展是"私有财产的起源"。私有财产产生了，未私有的那被占有的部分，就反射成公有，开始了"私有公有并存的社会"。

"私有公有并存的社会"中的各种社会形态，是以具有不同的质的规定性的私有和公有财产，或者各种不同的财产组合在一起的不同状况相区分的。

社会主义社会也是公有、私有并存的社会。当今世界上的社会主义社会还是它与资本主义并存、彼此发生关系的社会。现实的资本主义社会与现实的社会主义社会，可以适应同样水平的生产力，可以从前者转为后者（社会主义革命），也可以从后者转为前者（资本主义复辟）。

20 世纪发生的大变动，是原苏联和东欧的社会从原来的社会主义的转向，这种转向获得"转型"的名称。历史还在演变，资本主义社会也还处在大调整中。

在政治和法的上层建筑方面，20 世纪在几个资本主义国家里发生了赤裸裸的资本家寡头政治与实行民主的另外几个资本主义国家的对抗，并且发生世界范围的战争，而他们却自称"纳粹"（"国家社会主义"一词的缩写）。在社会主义国家则有斯大林的个人迷信、中国的"文化大革命"。在当前有

"9·11"的恐怖,中国有长达 20 多年的"三伪一所谓"① 及其最后的产儿"法轮功"。在我们的时代与这样的反面力量的斗争,应该怎样概括,问题还没有解决。

至于意识形态方面我就从略了。

总之,只有密切追踪世界历史上发生的具有时代意义的事件,善于研究分析,才能掌握我们的时代,从而做到最充分地适应我们的时代,坚持中国特色社会主义道路。

---

① 指伪科学、伪人体科学、伪气功和"所谓人体特异功能"。

"地球之小"和"地球之大"
——提出一个有关21世纪建设的大思路*

在21世纪即将来临,我们聚集在一起研讨我国现代化建设时,我首先想回顾和概括一下20世纪世界文明的发展。

我认为20世纪最突出的成就有两条:一是自然科学与技术的发展;二是我称之为现代市场经济文化的发展。我主张我们这个研究会找一位同志制作一张表,列举世纪初和世纪末各方面科技水平的情况,并加以一一比较,这样100年科技的巨大进步就可以一目了然。至于市场经济的两个口号——社会主义市场经济和现代市场经济我都提得比较早,我把前者视做社会经济制度,把后者视做与社会制度没有关系的文化。

在概括20世纪的巨大进步时,我还不得不提到20世纪下半叶的作为第二次世界大战的产物的革命与社会主义,从学说和运动到我们这个星球上某一个地区出现的制度和文化,以及这个世纪后半叶的世界历史大调整。它们是20世纪文明得以迅速发展的重要社会制度方面的条件。

在20世纪中,人文精神的领域,如文学、艺术、学术、道德、教育等,也有很大的进步,但是这方面的进步与上述科学技术与市场经济文化水平的

---

* 本文写于1996年5月16日,为在"自然辩证法与21世纪建设学术研讨会"上的发言提纲,原载《一个哲学学派正在中国兴起》,江西科学技术出版社,1996年,第1~5页。

进步不相称。在这里有一个精神文明的进步要与物质文明的进步相适应的问题，有一个精神文明的进步要与市场经济的发展相适应的问题。20世纪世界进入历史大调整时期，精神文明也需要有所调整，当然这方面的进步会迟一些是可以理解的，但是它的影响会更深远。尤其是教育，"百年树人"，教育方面的得失不是很快就能表现出来的。人本身的进步是整个社会进步中最为重要的。我预计，在未来的100年中，科学技术的进步比20世纪还要快得多。同时可以预想和希望在21世纪文化精神领域会有一个突飞猛进。

在考虑21世纪建设时，我有一个思路，而且应该说是"大思路"，那就是既要强调"地球之小"，又要强调"地球之大"。

"地球之小"这个思路是在20世纪中期开始强调的。人们常常强调地球的资源是有限的，地球作为人类生存和发展的条件是可以被我们自己破坏的。地球是个别的事物，当然是有限的，而人类始终是地球上的居民，与地球共存亡，也就是我们只有一个地球。在这里我认为地球的概念应该包括地球的卫星月亮、人造卫星及一切从地球上发射出去的把活人带进太空又把活人带回来的那样一个空间——这样一个空间大体上就同太阳系空间的概念基本一致。在超出这样的空间和范围之外，即使当一名临时户口的居民也是做不到的。在地球上可以发出能离开太阳起始速度的光箭，也有可能从太阳外发出信息到地球，甚至可以使这样的太空舱返回地面，但这样的空间不是人可以居住的地方。至于说到资源，除了太阳发出的能是地球上的人类取之不尽、用之不竭的能源外，其余的几乎全部来自地球自身。因此，不论是人类的居住空间，还是人可以利用的能量和物质资料的资源，都是有限的。从这个"地球之小"的观点出发，我们得出，必须保护我们的地球，保护我们人类得以生存和发展的根本条件（其中包括保护臭氧层和防止温室效应的严重恶化等方面）。对此我们万万不能掉以轻心。

这一方面的问题在20世纪中期我们认识到了，提出来了，也已经采取了许多有效的措施。尽管如此，我还是认为我们在环境和资源保护方面做得不够，远远没有达到令人满意的程度，即环境恶化的趋势还没有从根本上扭转，特别在我们中国更是如此。这是在21世纪还要继续强调、加倍努力的事情。

我现在特别想提出的是，除了要讲"地球之小"之外，还要讲一个"地球之大"的问题。我们要看到，由于我们的科学技术还很不发达，人类掌握的、可以为人们所利用的能量和各种物质手段的不足，人类能够利用的地球上的空间——技术圈，只占地球体积的若干亿分之一。在我们的技术圈能够进一步扩大时，我们的资源也就可以大大扩大。在这里我们仍然可以说"地球上的资源是有限的"这样一句话，但就不像现在人们常常赋予的意思（如说按照现在的开发速度，石油还能开发多少年，煤炭还能开发多少年，有色金属、无色金属还能开发多少年等），而是另外的一种意思了。我们在看到"地球之小"的同时，还要看到地球上还有非常多的资源还没有开发。比如说，我们可以讲这样一句话，海水是今天我们可以开发的最大矿产，而且这种矿产开采起来非常容易，我们不妨进行一番计算，地球海水中包含的各种金属有多少吨，其中含铀多少吨，含重氢多少吨，问题是有没有足够的能量把它们提取出来。也就是说，用能量去生产更多的能量、用物质资料去生产出更多的物质资料这笔交易能否进行，这一问题并没有在比较大的范围内得到解决，交易中的盈亏问题要很好地计算和思考。海底矿产资源，首先是大陆架和浅海，海底地下资源也是一个极大的数字。海洋生物资源的利用现在达到的程度也还很低。海洋开发在21世纪将占越来越重要的地位。

这当然不是说陆地上的资源潜力就很小。比如，我们可以问一下，陆地上的水力资源已被开发与未被开发的比例如何。这个比例说出来也会大大改变人们对能源的传统观念。世界上像瑞士那样对水力资源运用得很好的国家并不是很多的，这种清洁的能够不断使用的能源，至今也还远远没有得到充分地利用，而在这方面的科学技术已经不存在着困难，只是生产力水平的限制和主观上的认识不够。

现在还存在着把煤炭、石油、天然气等可以用做化工原料的物质资料作为燃料去燃烧这种浪费的状况，而且还在继续进行。这个问题在21世纪应该有所改进，利用可控核聚变来发电的技术等在21世纪应该可以解决了吧。

还有地下矿产资源的开发问题。现在人类钻探技术达到的深度平均说来还很浅，比现在要深得多的钻探技术还有待于发展，因而利用地下矿产，包括地热利用等，也很不足。

这一切都要用数字来说明问题。有些数字并不难得到，只是今天我没有来得及去作准备。

因此我认为，对地球既要有一个大保护（当然也要努力从许许多多的小保护做起），也要有一个大开发（当然也要从许许多多的小开发做起）。在大开发中要注意对可能造成的环境破坏作充分的研究，以防止对环境的破坏，在这里就非常需要科学技术的发展。在大开发中，科学技术是第一生产力的命题的意义才能充分地显现出来。我们要充分认识大开发之难，但难并不意味着不去考虑，而是要研究难的产生和能够克服难的方法。何时何地在何种条件下该知难而进或知难而退等，由对难的知之切、知之深来决定，但绝不是在难的面前无所作为。

第二章　自然辩证法学科特点

关于"我国的一个哲学学派"*

在讲《我的"四种消费品理论"》时,我想写一篇文章,介绍在我们这个国家中的一个哲学学派。关于这件事,我写过不少。1996年12月江西科学技术出版社还出版过我写的长达48万字的《一个哲学学派正在中国兴起》一书,但是今天我还是想再写这样一篇。我想写在最后的文字,应该可以讲得最清楚。

对这个哲学学派,我曾经说过这样的一句话:我们这个学派,是属于马克思主义哲学学派的;是马克思主义学派当中重视自然辩证法的一个学派;在自然辩证法学派当中,是特别重视"人工的自然"和"社会的自然"的一个学派。

读者可以看出我这句话最后的落脚点是"特别重视'人工的自然'和'社会的自然'"。我的原意就是如此。现在我想进一步说的是,虽然我的原意没有变,但是有一个缺点:过分突出了它特别重视"人工的自然"和"天然的自然"这一点。因此我想讲得更全面、更准确些。

现在我想采用这样的说法:一方面,坚持特别重视"人工的自然"和"天然的自然"这一点;另一方面,强调马克思主义哲学的基础——辩证唯物主义,它的一个重要的组成部分——自然辩证法和特别重视"人工的自

---

* 本文原载《自然辩证法研究》,2004年第20卷第2期,第1~3页。

然"和"天然的自然"这一点的三个层次的统一。强调它们的三位一体,具体说来,有以下三点。

第一,我注意到,发展辩证唯物论依赖于自然科学的发展,20世纪中自然科学的发展,对辩证唯物论的发展有重要意义,甚至可以说,改变了局部的辩证唯物主义的面貌。比如,光没有静止质量的发现,改变了哲学中物质的概念,而这一点讲的最早的不是别人,而是列宁。爱因斯坦的狭义和广义相对论的科学成果,也改变了我们对时间和空间的传统观念。还有一些哲学问题,如果我们满足于"不成问题"也就罢了,但是如果能够把事物运动变化发展的科学机制弄得清楚、明白,对有关的学科问题的了解就不是那种"空洞的抽象",而是走向具体了。有这样一个问题:一个人的意志如何在实际生活中发生作用。比如,我这只手为什么能够举起来,这里就有"我要举起来"这个意志的形成;就有我的意志怎样向我的手下命令;就有我的手怎样接受我意志的命令。这个问题我已经想了很久,我等待自然科学的有关成果已经40多年了,直到现在还没等到。如果我们满足于"不成问题"的说法,即这是精神变物质,这也不失为值得注意的哲学思想。但是,我还是不能满意。我还在等待我想了解的上面所说的几个问题的答案。我相信自然科学在这方面的发展,也会大大丰富哲学的内容。这是关于实践论的基本问题(注意这里说的实践论,不是大家熟悉的毛泽东的一篇哲学论文的题目,而是同认识论并列的一个哲学的基本领域。甚至有哲学家说,哲学就是认识论。现在我提出的问题是,是否有这样一个与认识论相并列的实践论存在。或者,找到一个把这样的实践论融合到认识论的途径)。

第二,我们这个学派不仅要向深的方向发展,还要向广的方向发展;不仅重视哲学的基础问题,还要注意它的应用,注意它对实践的指导意义。

在这里我要讲我们应该特别重视对"人工的自然"和"天然的自然"的研究。现在我就对自己关于"人工的自然"与"社会的自然"的思想的发展和演变作一些回顾。

当初我提出"人工的自然",并把它同"天然的自然"相对待,不是随随便便的。我主张把这个与"天然的自然"相对而言的"人工的自然",作为我国对自然辩证法这个学科的研究方向之一。而且这件事的提出时间很早,可以追溯到20世纪50年代末,那时这样的观点我已经酝酿成熟。而且我正在考虑成立中国自然辩证法研究会的问题。当时在外地几个城市已先成立了自然辩证法研究会，首先是哈尔滨，这是因为我与老友——当时的哈尔滨工业大学校长李昌讲了这个想法，我们谈得很投机，他也积极主张这个研究会尽快在哈尔滨成立。于是就在 1961 年，在哈尔滨工业大学举行了这个会议。也就在这时候，我同李昌就与"天然的自然"相对而言的"人工的自然"的问题交换意见，他对我的看法表示赞成。这个时间可以看做我们提出"人工的自然"、"社会的自然"的起点（除了哈尔滨的自然辩证法研究会外，还成立了上海和广州的自然辩证法研究会。但是这两个研究会和我们现在讲的"人工的自然"和"社会的自然"无关）。

但是在 20 世纪 60 年代初，我只使用"人工的自然"来同"天然的自然"相对待。后来我比较多地使用"社会的自然"来同"天然的自然"相对待。在这之后，"人工的自然"这个概念名词也还用，但是用得没有像过去那么多了。这是因为"社会的自然"这个概念的外延，大于"人工的自然"。比如，受到人的影响而产生的"天然的自然"的被破坏，这被破坏后的局部的自然，就不再是"天然的自然"，可以说是"社会的自然"，因为它不是人工制造出来的。由于"社会的自然"可以把"人工的自然"包括在内，因此对"人工的自然"的问题的讨论，可以放在对"社会的自然"的讨论之中进行，而反过来说是不行的。自从我使用"社会的自然"这个概念名词之后，与"天然的自然"相对而言的"人工的自然"，我用得就没有像以前那么多了。

在我提出与"天然的自然"相对而言的"人工的自然"后，我的一个研究生柳树滋写了一本关于"人工的自然"的书，并出版了。还有一个研究生殷登祥出国学习了一趟，回国后开过几次 STS 的年会。STS 是 science、technology、society 三个词的缩写，意思就是科学—技术—社会。这个提法其实同我的"人工的自然"、"社会的自然"有很相近的地方。他们做的事情启发我去想，最初我提出"人工的自然"这个概念的时候，没有想到后来所讲到的那样丰富的内容，也没有想到其中包括很大的学问。同时我也没有想同什么人争发明权，我也没有特别的兴趣去研究外国研究这方面问题的历史和现状，甚至最初我也没有说这是我们的一个哲学学派。最初我们重视这些问题是很自然的，因为我们国家现在正进行经济社会建设，我们大家觉得，作为中国的自然辩证法的研究者应该对国家的建设作出更多的贡献。我国自然辩证法工作者，也同各方面的建设工作有很多的联系。我自己除了研究自然辩证法之外，也特别关心经济学和其他的社会科学。我们的工作范围比较宽。记得有一年，我和李惠国同志访问德国，在法兰克福大学见到法兰克福学派的代表人物，在我向他介绍了我们国家自然辩证法的研究工作之后，这位学者伸出大拇指说：我们的哲学工作者只是在大学研究所里工作，不像你们深入社会、深入各个领域（对这次谈话，要找个机会共同回忆一下）。

以后，我们这个学派的观念才越来越强。关于这个学派，我说过的话和做过的事，前面已经讲了。在这里我认为需要补充的就是"社会的自然"，仅仅是并不为人所期望的、又不是人力所能阻止其形成或出现的自然现象或自然物，如大气中的臭氧层的破坏，但是这样的自然现象和自然物不多，即"社会的自然"的外延，虽然大于"人工的自然"，但是大得很有限。而从内涵来说，"人工的自然"就非常丰富，不论从认识还是实践的角度来说，都有特别重要的价值。

写了一大篇，才讲到我为什么要写这篇文章。这篇文章是放在《我的"四种消费理论"》这本书里的。四种消费品都不是"天然的自然"，都是"人工的自然"，而不是一般的"社会的自然"。作为"人工的自然"，它们又是最重要的。我觉得这本《我的"四种消费品理论"》是一本经济学的著作，作为经济学的著作，其中也用了上面我说的我们的哲学派的观点来分析其中的某些消费品的论述。比如，在那本书中，我讲交通工具的时候指出，交通工具由两个部分组成，一个是容人的交通工具，一个是容交通工具的交通工具。我举例说，坐着人的汽车和火车是容纳人的交通工具，公路和铁路就是容交通工具的交通工具；客轮是容人的交通工具，海洋和河道就是容交通工具的交通工具；客机是容人的交通工具，而空气就是容交通工具的交通工具。这样一种分析就是我们这个学派对"人工的自然"的分析方法。在这本《我的"四种消费品理论"》当中，我有一个发现，所有的交通工具中容人的交通工具是有动力的，或者说，使这种交通工具在空间运动的动力是在这种容人的交通工具当中的。但是，现在世界上产生了悬浮列车，悬浮列车的列车是容人的交通工具，它在运动时和地面有几个厘米的空间。这空间中的空气也属于容交通工具的交通工具。但是，悬浮列车是在特殊的道路上行驶的，这道路底下是一个一个的小马达。悬浮列车之所以能够悬浮和悬浮列车之所以能够前进，它的动力主要是在这条道路下面。在悬浮列车的列车上面，也是有动力的，但是主要的是在下面，是在容交通工具的交通工具里面。直到现在，世界上除了悬浮列车的道路，还没有能够推动容人的交通工具前进的容交通工具的交通工具。这样的分析，悬浮列车的发明和制造者恐怕没有想到。我不知道他们怎么会产生这样的主意，我想产生这样的主意的人是很聪明的人。可是，现在我还不知道他们有的是怎样的一种聪明。我希望他们看到我的文章之后，能够促使他们将产生这种主意的过程写成文章告诉大家。进一步我还讲，世界上会不会有第二种类型的容交通工具的交通工具是有动力的。

这本《我的"四种消费品理论"》作为经济学著作，将收录到我的《政治经济学社会主义部分探索（七）》一书中，在那里不放入我现在写的这篇文章。但是，现在知识产权出版社出版的这本书中，我想加上这篇文章，因为它主要是给对我们这个学派的观点有兴趣的人看的。这是放入我那本《我的"四种消费品理论"》中的主要的一篇。

自然辩证法是一个科学群*

自然辩证法是不是一门学科？我看，可以形成一门学科。自然科学中的哲学问题都有自己的研究范围、研究领域。如果把自然科学说得非常清楚才算一门学科，那就要求高了。这要有一个过程，不应这么苛刻。我认为现在学科范围的确定，开始可以放宽一些考虑，包括不属于我们自然辩证法的也可以放宽一些考虑，自然辩证法也包括一个科学群。前些时候，我讲过，社会学包括一个科学群。今天看，科学群就是包括许多科学的大口袋。哲学在今天看来也还是个科学群。哲学在古代就是一个口袋，若干学科都包含在它的名义之下，后来许多学科分出去，直到今天，哲学本身也还包括了其他一些学科在内。科学和哲学的分化是不断进行的，许多自然科学就从哲学中分离出去的，还有一些科学部门没有从哲学中完全分离出去。哲学像一个母体，一些学科从里面分离出来，形成了独立的学科，如物理、化学、生物学等。但是，有些学科，特别是社会科学方面的许多学科并没有完全从哲学中分离出去。那么一门学科在哲学的母胎里待一段时间，是不是有好处呢？在它的发展过程中肯定是有好处的。现在我们的自然辩证法也可以是一个母胎，有些学科可以在这个母胎中待一段时间，这并没有什么坏处。

自然辩证法有自己的研究对象，一方面它有一个主体，即有主要的研究

---

* 本文原载《一个哲学学派正在中国兴起》，江西科学技术出版社，1996年，第203～207页。

范围、主要的内容，这就是自然科学中的哲学问题；另一方面它也包含着其他一些科学部门，构成一个科学群。世界上就是有这么一些人，他们的主要研究工作、研究领域，就是研究自然科学中的哲学问题。我们把研究自然科学中的哲学问题称为自然辩证法，这是因为我们是马克思主义的信徒。至于说这么一个研究领域，现在已经发展到了什么阶段，是不是成熟，是不是已经形成了一个体系，那是另外一个问题。这门学科能否成立，要看它是否有自己的研究对象，是否有比较明确的研究领域和研究方法，但是这不等于说一定要等这些条件都成熟了，才能成为一个学科。这个问题大家还可以进一步研究。一个学科，如果它还不成熟，就很难形成一个体系。这样的例子是很多的，如政治经济学社会主义部分。政治经济学社会主义部分从斯大林的《苏联社会主义经济问题》一书算起，也有30多年了，但是它并没有形成体系，可是我们不能说它不是一门学科。除了主体以外，还有许多东西暂时可以放到我们自然辩证法的口袋里，不要怕人家说我们侵占了人家的地盘，说我们这个学科的手伸得太长了。我们可以研究的东西很多，如科学学、未来学、宗教学，还有科学史、技术史都可以放到我们的视野之内，暂时成为研究对象。自然辩证法是个很复杂的问题，是块硬骨头，很难啃，但是再难也得攻，靠集体的力量来攻。当然我们还要多找一些水平高、有造诣的科学工作者来参加这一工作。我们自然辩证法工作者要和科学家结成联盟。现在我们是有点"单相思"，我们想和人家结成联盟，人家不那么热心，在这一方面我们要下点工夫。有些工作现在就可以着手来搞，我们能不能集中一些人，和自然科学家合作编一本书，书名就叫做"自然科学中的哲学问题"。在这本书里可以提几百个问题，各个领域的问题都可以提。有些问题可以我们自己来写，熟悉什么就写什么，能写多少就写多少，有些问题可以请科学家来写。每个题目写2000~3000字，100个问题有20万~30万字，500个问题就是150万字。大家来考虑，看能出多少个题目，自然科学中到底有多少哲学问题值得研究。面可以考虑得广泛一点，里面有科学问题，也有哲学问题，哲学家感兴趣的科学问题也可以算做哲学问题。我们可以通过多种形式来促进这个学科的发展，每次开会都可以提出一些问题来研究、探讨，请科学工作者一起来解决。我们要有雄心壮志，我们要坚持下去，一步一个脚印地来搞，我们这个学科是很有希望的，完全有条件走在世界各国的前面。

当然，我们的工作不是没有困难。正因为有困难，所以不能放松。现在，马克思主义本身有许多严重的任务要解决，社会历史领域也有许多重大的课题要我们去解决。20 世纪初如果没有列宁对帝国主义进行的创造性的研究，十月革命以后，马克思主义在全世界就不可能有那么高的威信。同样，我们今天不发展马列主义、毛泽东思想，就不可能坚持马列主义、毛泽东思想。社会科学、历史问题是这样，自然科学也是这样。现在是考验我们自己的时候。有些科学家的确不那么相信你讲的那一套，他有许多成果，他感到你那一套对他的作用不大。恩格斯在《自然辩证法》一书中，对于科学工作者看不起哲学的情况作了大量的论述，证明科学工作者不懂得哲学就要吃亏。当然，吃亏归吃亏，他还是有成绩的，因为他那个学科不断地在发展，没有你，它也在发展。所以，要使他们能够自觉地运用唯物辩证法，就需要做不少工作。当然，在许多科学家当中，确实也有不少人，特别是水平越高的人，就越能体会到哲学思维对科学研究的作用。李四光同志早在新中国成立初期就同我商量要搞自然辩证法研究，主张建立自然辩证法研究会。不久前去世的童第周同志也很注意自然科学中的哲学问题。我们的有利条件也不少，我们要充分利用我们的有利条件。首先，在全世界像我们的政府和学术领导机关这样重视自然辩证法研究的，是不多的。但是在这个问题上不可能轻易取胜，正如叶剑英所说的，要苦战，才能过关。我们已经有了一支队伍，大家对这项工作都很热心，都想把工作搞好。我们现在队伍已经不算小了，恐怕不宜再扩大了，现在要巩固、提高，要找到一个合适的方法来进行工作。我们需要做的事很多，要一步一步来做。第一件事情是搞一个研究班子，组织一些科学工作者一起来工作，先提出问题，然后进行研究，写出论文，先从具体的科学问题开始，逐步提高哲学水平。第二件事情是改进我们的刊物。我们的刊物有改进的必要，如何改进大家可以商量。我认为，这个刊物不妨保持科学群那种架势。每篇文章要有点哲理，编辑部要把每篇文章的哲理标出来，加以评论。除此之外，刊物上要多介绍一些国外的科学思想。现在我们确实有一个介绍国外的问题，国外有什么新的学科、新的科学思想都可以介绍，有能力的还可以作一点评论。第三件事情是有计划地做好资料工作。我们应该组织一条龙，从进口书刊到翻译出版，一竿子到底，主要是搞基础、搞资料、搞翻译，材料多了，资料丰富了，才能更好地进行研究。请同志们考虑,我们能不能编一本《自然辩证法百科辞书》,将来也可以把这些条目分散到大百科全书里去。无论是上面讲到的《自然科学里的哲学问题》,还是《自然辩证法百科辞书》,都可化整为零,写一条就是一条,写一个问题就是一个问题。化整为零,只要有人去组织,就会出成果,不完整也没有关系。关于培养队伍,现在已经招了不少研究生,恐怕不宜再扩大了。我主张,研究生和我们自己都要多学一点自然科学。自然辩证法专业工作者每一个人在工作中都要搞一个计划,多少年之后使自己有一个双重的身份:自然辩证法工作者和自然科学某一专业的研究者。此外,学校的教学方法是否也作一些改革,要尽量减少教学工作中的一些无效的劳动。所有这些问题大家可以进一步讨论一下,争取把我们的工作搞得更好一些。

关于人的智慧的问题*

我代表中国社会科学院欢迎柏耶尔教授、冯克教授和亨利希教授光临会议,为我们作学术报告。我们中国的马克思主义者和中国的社会科学工作者,很重视一切历史留给我们的文化遗产,重视历史遗留给我们的哲学财富,重视作为马克思主义来源之一的德国古典哲学,这里就包括了康德哲学、黑格尔哲学以及费尔巴哈哲学等。

我很赞成恩格斯在《自然辩证法》一书中的一段话,即"理论思维仅仅是一种天赋的能力。这种能力必须加以发展和锻炼,而为了进行这种锻炼,除了学习以往的哲学,直到现在还没有别的手段"①。不仅在恩格斯讲这番话时没有别的手段,而且直到现在,直到20世纪的今天,也还没有别的手段。不过有一点要说明,学习以往的哲学,不仅是指学习以往专门的哲学著作,还有以往的一切科学著作,一切社会实践中人们的哲学思想,都应该包括在内。当然,哲学家的哲学思想应该说是最为重要的。我们正是按照这样的指导思想,研究中国的哲学思想,研究欧洲的、世界的哲学思想,其中当然包括研究康德和黑格尔哲学思想。

---

* 本文写于1981年9月9日,原载《一个哲学学派正在中国兴起》,江西科学技术出版社,1996年,第181~183页。

① 恩格斯:《自然辩证法》,人民出版社,1971年,第27页。

昨天晚上，贺麟教授、王玖兴教授还有其他一些同志和我一起同柏耶尔、冯克和亨利希三位教授共进了一次愉快的晚餐，做了一番有趣的交谈。在餐桌上我们谈到了人的智慧问题。柏耶尔、冯克和亨利希教授向我提出了一些问题，我没来得及作充分的回答，现在趁这一机会我再说几句。这是昨晚的约定，同时我认为这些问题与这次大会也有关系。

首先，我认为作为人，他的智慧是从有人类以来就有的，其标志就是人使用工具，就是人具有通过间接活动来实现自己目的的智慧。关于这一点我想引用黑格尔的两段话，第一段话引自《小逻辑》，即"理性何等强大，就何等狡猾。理性的狡猾总是在于它的间接活动，这种间接活动让对象按照它们本身的性质相互影响，互相作用，它自己并不直接参与这个过程，而只是实现自己的目的"①。这里黑格尔说的是他的理性。我在这里用唯物主义的观点把他讲的理性解释成为有理性的人。马克思在论述劳动工具的意义和作用时，把黑格尔的这段话作为一个注释引用在《资本论》中。黑格尔的另一段话在《历史哲学》一书中，这段话是："人为了自己的需要，通过实践和外部自然界发生关系；他借助自然界来满足自己的需要，征服自然界，同时起着中间人的作用。问题在于：自然界对象是强有力的，它们进行种种的反抗。为了征服它们，人在它们中间加进另外一些自然界的对象，这样，人就使自然界反对自然界本身，并为了达到这个目的而发明工具。"② 这些讲的都是关于人制造工具、使用工具，懂得通过间接活动来实现自己目的的事。

作为人的智慧，它的本质，就是人与其他动物相区别的本质。作为发展起来的人的智慧，它的本质是社会的发展，是社会的经济、文化、政治和哲学的发展的本质。用马克思主义者习惯的话来说，它的本质是生产力与生产关系、经济基础与上层建筑的发展的本质。作为发展起来的人的智慧，它的本质也就是人类社会实践的发展的本质。发展起来的人的智慧就是这个时代的人与那个时代的人的区别，以后时代的人与以前时代的人的区别的那个本质。这里就有一个社会实践的发展如何转化为人的智慧的发展的问题，就有一个外在的东西不断地向内在的东西转化的问题。我认为，人类智慧发展的

---

① 马克思：《资本论》，第1卷，第203页。
② 列宁：《列宁全集》，第38卷，第348页。

历史是这样，个体发展的历史也是这样。从人生下来的第一天起，他就开始了和外界的接触，就开始了智慧发展的过程。我相信外界的刺激从人一出生就会影响人的智慧的发展。在幼儿时期，一个人的自我意识还未形成，头脑中还没有"我"的概念，当然谈不到发挥主观能动作用，从事社会实践。这时候他只能接受外界给予的刺激，但这种刺激也在影响他的智慧的发展，而当他成长到有明晰的自我意识，从事社会实践之后，在他自己的社会实践中所接触到的外界的东西将不断地转化为内在的东西，随之而来的就是个体的人的智慧的发展。人类的智慧也是这样不断发展的。所以，我也赞成恩格斯的这样一个观点，即思想的科学也和其他科学一样，是一种历史的科学。我们研究哲学，研究哲学史的意义的基本认识就是如此。我们的理论思维不应该建立在随便哪种哲学的基础上，而是要建立在通晓世界思维的历史和成就的那种哲学的基础上。这样就对我们哲学工作者提出了一个任务，那就是通晓人类的思想史和哲学史，就是掌握思想史的一切重要成就。我们要通晓中国各个民族的哲学史，当然，我们也要通晓欧洲的甚至世界的思想史和哲学史。我相信在座的我的同行们和来自欧洲的我的同行们也许会同意我的观点。

谈谈马克思主义和自然科学的关系*

编写一部中华人民共和国大百科全书，要有中国的特色，要以马克思主义为指导思想。每一卷百科全书都应该考虑这个问题。编写《自然辩证法百科全书》也应当这样，我们马克思主义者，在条目编写中注意这方面的问题就有可能对其他各卷体现这个思想起点作用。

在我们讨论《自然辩证法百科全书》的编写问题时，我想讲一讲马克思主义和自然科学的关系问题。

我们知道马克思主义的本质规定性就是科学社会主义。马克思主义的三个组成部分是哲学、对社会的科学研究、科学社会主义。对社会的研究中对经济的研究是基础，因而列宁突出地只讲了政治经济学。这三者之间有内在联系。辩证唯物主义和历史唯物主义的哲学是起点，它是世界观和方法论。马克思主义者在它的指导下去研究现实社会中生产力和生产关系的矛盾，经济基础和上层建筑间的矛盾。因此，对现实社会的研究（首先是政治经济学）就成为中间的环节。科学社会主义就是建立在这种对社会的研究基础之上的最后得出的结论。科学社会主义是马克思主义理论的终结，当然是表现本质性的东西。因此，可以简单明了地说马克思主义就是科学社会主义。

---

* 本文写于1983年5月13日，原载《一个哲学学派正在中国兴起》，江西科学技术出版社，1996年，第207~210页。

我认为马克思主义的科学社会主义可以分为上、下编，上编是用马克思主义哲学研究资本主义社会中的问题得出的作为社会主义革命的科学的马克思主义，下编是用马克思主义哲学研究社会主义社会中的问题得出的作为社会主义建设的科学的马克思主义。考察自然科学在马克思主义中的地位问题时，和科学社会主义分为上下两编的观点是不能分开的。

在科学社会主义的上编中，自然科学只是作为马克思主义哲学的材料和根据来与马克思主义发生联系。在下编中，情况就不一样。社会主义革命是为了建设一个新世界而破坏一个旧世界，社会主义建设则是不断推陈出新，建设物质文明和相应的精神文明。在这里面有许多自然科学方面的问题就会同社会问题密切结合在一起成为马克思主义研究的对象。在下编中我们是用马克思主义的哲学去研究社会主义制度下所出现的问题，得出在新的历史条件下必须作出的科学社会主义的结论。例如，在社会主义社会不能不研究生态问题，而生态问题的研究就要自然科学与社会科学相结合地来进行。对生态问题、工业问题、农业问题、城市问题、农村问题等的研究，就属于科学社会主义的下编的科学基础的范围。所以自然科学在科学社会主义的下编的地位就起了变化，它不仅在马克思主义三个组成部分的第一个组成部分——哲学中起作用，在第二个组成部分——对社会主义社会的研究中也起作用。这时候自然科学中一部分同社会科学密切结合在一起的那些两大科学部门交叉的学科，就成为科学社会主义下编的重要内容。而对自然辩证法的研究也就包含两个方面，一是维护和发展辩证唯物主义哲学，二是加强科学社会主义的科学基础。

自然辩证法是一个科学体系。过去我讲的自然辩证法是个科学群，现在我想前进一步说它是一个科学体系，是马克思主义科学体系下面的一个体系。这个体系主要包括两个部分：首先是自然界的辩证法，就是作为主体的自然界运动变化发展的辩证法。这部分要展开，就要从什么是自然界来考虑。我们知道，作为总体的自然界，从某种意义上来说也是包括社会在内的。这个作为总体的自然界既包括天然自然界，也包括人自身和人工自然界。第一个部分天然的自然界，就是人没有甚至是人不能对其发生影响的，人对它还没有什么作为，或者人根本不可能有所为的那个自然界。人本身也是自然物，人类的产生也是天然的过程，是不以人的意志为转移的，人的生老病死也是不以人的意志为转移的。作为总体的自然界中分出第二个部分，那是因为人在自然界中有其特殊的地位，是因为我们的科学研究是以人为中心来进行的。对人的研究除了研究人类的形成、变化等以外，还要把人作为征服自然、改造自然的主体（这里说的自然就成为人类征服、改造的对象），把人当做生活主体来研究。

人工自然界则既包括人活动的结果，也包括人征服和改造自然的手段。

同自然界的辩证法并列的就是改造自然界的辩证法，也就是技术辩证法。因为改造自然就要用技术。这里讲的是自然技术，不包括社会技术，我们这部《自然辩证法百科全书》的框架草稿中有自然技术这部分的内容，但是，在这个草稿中只列了工业、农业，还应当增加矿业、建筑、城市、乡村、运输、邮电等许多方面，看来也需要作点补充。我们这部《自然辩证法百科全书》的条目框架，涉及自然辩证法的整个理论体系、知识体系。有关的各种问题，都需要很好地考虑一下。这部百科全书要有我们自己的创造，我们写百科全书就是要发展自然辩证法的科学体系，我们要在干当中学习和研究，要在干当中求得发展。

自然辩证法百科全书·自然*

在本条目的释文中，同时对以下有关术语和概念作了解释和说明，不再分列专条。它们是：①自然界。在这里把它和自然视为同义词。②自然物。它与自然、自然界的区别是用它来表示个别的和特殊的东西，而自然、自然界指的是整体。③第一义的自然，简单记做自然Ⅰ。④第二义的自然，简单记做自然Ⅱ。⑤天然的自然。⑥社会的自然。这6个术语，在本条目释文中得到充分的论述。⑦自然观。由于本条目释文将介绍自然辩证法的自然观，对其他历史上有过的自然观多少也会涉及，也不再另列专条了。同时在此释文中也将对⑧"人与自然"或"社会与自然"的关系，作比较详细的阐述。最后，这个条目的释文也对⑨中国自然辩证法学派对它的研究对象的把握这个问题承担着提供说明的使命。

作为"自然辩证法"这一哲学领域研究对象的"自然"，由于其高度的一般性和抽象性这一哲学范围，同整个自然科学的对象或者所有自然科学部门的共同对象是一致的。自然科学各部门的建立依据的是由它们研究自然的某个部分、某个侧面决定的。自然科学各部门之间的联系也是由自然的统一性所决定。而这些科学部门的研究成果又使人们对其研究对象的认识更加

---

* 本文写于1991年，原载《一个哲学学派正在中国兴起》，江西科学技术出版社，1996年，第210~225页。

明确、更加具体、更加深刻了。作为整个自然科学部门对象的"自然",就是自然科学各部门研究对象的总和。关于"自然"这个概念就是从自然科学各部门对其对象的认识中概括出来的。

许多哲学家,不论属于唯物主义阵营还是属于唯心主义阵营,都把自然视同物质或存在,并把它看做精神或思维的对立物。例如,20世纪初俄国的"经验批判论"者就宣称,自己主张反对所谓"外部世界实在性的'形而上学',认为理性、思维、意识是第一性的而自然是第二性的"。与他们相反,唯物主义则坚持"物质、自然界、存在、物理的东西是第一性的,而精神、意识、感觉、心理的东西,是第二性的"(列宁:《唯物论与经验批判论》),作为整个自然科学——也是自然辩证法研究——称之为自然的东西,就是在自然科学各部门的研究中展示出来的有无限多样性的、属于客观世界范畴的第一性的东西。

但是究竟怎样的科学部门属于自然科学,这又同自然这个概念所包括的范围有关。

能不能把自然视做物质、存在的同义语?有些哲学家和辞书的作者认为应该对这个问题给以肯定的回答。苏联《哲学百科全书》(1967年版)和《大百科全书》(1974年版)都这样认为:"最广义的自然界即自身表现为无限多样的整个存在。在这个意义上自然界这个概念可以作宇宙、物质、存在、客观实在性的同义语。"

显然这种看法来自对列宁著作理解得不够准确。列宁在《唯物论与经验批判论》一书中提出了"什么是物质"这样一个问题,并且回答说:"对于物质和精神认识论的这两个最后的概念,除了指明哪一个是第一性的以外,要给予任何其他的定义实质上是不可能的。"因为所谓下定义就是"把特定的概念包含在另一个更广大的概念之中"。"而在认识论所能说明的概念中没有比物质和精神、存在和思维更为广大的概念,因此只有采用指明何者是第一性、何者是第二性的办法来回答'什么是物质'的问题。"列宁还说,"物质的概念……除了不依赖于人的意识所反映的客观实在外,在认识论上并不意味别的什么"。按照列宁这种分析问题的方法,在物质存在的概念中应该把社会生产关系包含在内,它们是决定社会意识的"社会存在"。但是社会生产关系明显地不能包括在自然这个概念之中。列宁把自然和物质、存在等并列并不意味它们是同义词，只是表明它们同样是第一性的东西。

看来应该把自然这个概念理解为其范围小于物质、存在的东西，才有可能使什么是自然的问题得以回答。

由于自然包含在一个比它广大的概念——物质、存在之中，它就有可能用通常给一个东西下定义的方法去定义，那就是指明它是一种怎样的物质、一种怎样的存在。

为了对自然这个概念给予说明，有必要根据当代自然科学研究的成果对自然界所具有的无限多样性和自然界的发展作一番最简单的介绍。

整个自然界有极为复杂的多层次的结构。例如，现代科学已经认识的最低层次是基本粒子和构成宇宙介质的各种相互作用、各种"场"。但是这里所说最低的层次绝不是真正"最低"的。宇宙大也是无限，小也是无限。"最低"的层次也还是可以分开的。"最低"的层次同最高的层次是相通的。比这更高一层次的是由一定种类的基本粒子构成的原子核和由原子核和核内基本粒子（电子）构成的原子；其次是由原子构成的分子，由大量分子集合而成的物体；最后是由极其大量的质量和能量的各种层次的东西集合在一起的星体，和由许许多多星体联系在一起的"宇宙岛"。在许许多多的星球中包括适宜于生物在上面诞生和发展的类似地球那样的行星。在我们的地球上具有生命得以产生的条件。在地球上可以形成分子，并且从简单的分子向越来越复杂的高分子发展，从一般的无机物分子向有机化合物分子发展，最后发展到许多有机化合物的高分子结合在一起，产生出具有新陈代谢和自我复制能力的生物。生物又有一个进化的过程：从低等生物向高等生物的发展，最后在动物界的灵长类动物中发展出人这样一种特殊的动物。自然界的层次是非常多的，发展的过程也经过极为复杂的过程，经过许许多多的发展阶段。同时在每一个层次、每一个发展阶段中又有极其复杂的多样性。

由此可见，自然同物质、存在一样，对精神、思维来说是第一性的东西，而且具有无限的多样性。在这种无限多样性的自然物中也包括有"人"这种特殊的自然物。

人是自然物，它是自然发展的最高产物，也具备自然物的基本性质。人是动物，它同其他动物一样具备一切动物的共同特征。人也是"物理的东西"，由基本粒子、原子、分子构成，有特定的质量和能量等。但是人毕竟不是一般的自然物，它是有思维的，是结成社会、进行社会活动的动物。人同时具有社会的属性。人是自然物这样一个事实使得在说明自然这个概念时必须回答若干重要的问题。

其中一个最为重要的问题是人在其中生活的社会关系是否属于自然这个概念范围之内？社会关系是多种多样的，有精神的社会关系，它是第二性的东西，肯定不包括在自然这个概念之中；也有物质上的社会关系，上面我们讲过，它也不包括在自然这个概念之中。社会关系是社会科学而不是自然科学研究的对象。既然具有社会属性的人是自然物，社会关系也就作为人的属性同自然这个概念发生了某种联系，但是即使是第一性的物质上的社会关系，也还不能单独进入自然这个概念之中。因此对"人类社会是否包含在自然这个概念之中"这个问题的回答就取决于对"人类社会"这四个字作何理解。如果人类社会被理解为结成社会的人类，那么回答是肯定的；如果人类社会被理解为人类所结成的社会关系，那么人类社会便不包括在自然这个概念之中。

能不能把对自然进行具体考察后形成的关于自然的概念再作一番抽象，用一句话来概括自然究竟是一种怎样的存在、怎样的物质。比方说，能不能把自然视同"物理的东西"、"物理世界"。的确，一切自然物都是物理的东西，非物理的东西的自然物是没有的，但是不能说一切自然物都仅仅是"物理的东西"，自然界就仅仅是"物理世界"，自然物的范围比"物理的东西"的范围宽，这样，"物理的东西"又如何下定义的问题仍然要解决。看来用一句话来概括自然是一种怎样的存在的困难是难以克服的。这是因为自然这个概念是非常广大的，对自然这个概念很难用一句话来概括，只能通过指出它是一种物质、一种存在，以及通过自然科学对自然的描绘和分析显示自然的无限多样性来给人一个完整的认识。

这样得出的自然的概念是第一义的自然（简单记做"自然Ⅰ"），它是从认识论的角度和宇宙观的角度，从它与其他物质、存在相区别的角度，从社会关系不属于自然这个概念的角度，从自然科学和社会科学各有各的对象和自然科学各部门对象总和这样的角度来考察的关于自然的概念。对"什么是自然"这个问题的认识，也就同坚持辩证唯物主义的认识论密切联系在一起，同辩证唯物主义的自然观密切联系在一起了。

辩证唯物主义的自然观同宗教的自然观和各种各样的唯心主义的或形而上学的自然观不同，它坚持按照自然界的本来面貌去认识自然界，坚决反对种种"超自然"的观念。辩证唯物主义的自然观不给自然和自然发展历史添加任何随意的东西，而完全依靠科学的成就。

还有一个第二义的自然（简单记做自然Ⅱ）的概念，那就是从人类社会在实践中与自己发生关系的角度来考察的自然。第二义的自然与第一义的自然，并不是广义的自然和狭义的自然的关系。自然的概念并无广狭二义。自然的概念本来就是很广大的概念，再广义就成了物质，存在这种最广大的概念，狭窄了，就不是自然这样的概念，而第二义的自然是从另外的角度来考察的自然。

第一义的自然，只有它在被人类认识时，才同人发生关系。唯物主义者必须承认在地球上出现人类以前，第一义的自然早就存在了，只是没有人去认识它。在第一义的自然中只有一点是在人类出现以前所没有的，那就是在第一义的自然中包括人这种自然物，但是在第一义的自然中不包括人这种自然物完全无损于这个自然的概念的成立。而且当人们去想象在人类起源前的自然时，头脑中的这个第一义的自然就是不包括人这种自然物的自然。而第二义的自然，在人类出现之前，是根本不存在的。没有人类社会当然也就不会有作为人类社会对立物的第二义的自然（由于宇宙的无限性，可以推断在无限的宇宙中必定有无限多的天体，在它上面具备类似人类这样最高等的生物得以产生发展的条件。对于这种类似人类的生物来说，在那些天体上也会有第二义的自然。但是对于那样的天体我们一无所知，因而根本不可能也不应该对之作任何的论述）。

在我们这个星球上，大约在100万年以前出现了人类。人类出现后，就会在实践中同一切对人类产生影响的自然界发生关系。在这种关系中人类社会是主体，而对人类会产生影响的自然则表现为人的环境，环境总是与主体相对而言的。这个主体必须是生物，而环境则可以是生物也可以是非生物，一般来说总是生物与非生物的综合体。作为自主的生物可以是个体也可以是不同种群构成的群落，生物与环境的关系便是生态。现在我们讲的是以人类社会为主体的与受人类社会影响的自然之间的生态关系。围绕着人类，对这个主体所产生影响的环境可以完全是社会环境的东西，这时候的环境便可以被称为自然环境。这样的环境要有这两种性质的东西，便可以被称为"自然·社会"环境。在这种情况下我们可以把自然环境和社会环境在观念上区分开来。现在我们讨论的这种关系就是以人类社会为主体的与围绕着他们的自然环境之间的关系。这种关系中的自然就是第二义的自然。第二义的自然，就是人在实践中与之发生关系的自然环境。它是对人类实践发生影响的一切自然条件的总和。

第二义的自然之所以能够成为第二义的自然，是因为它本来属于第一义的自然，否则它就总是自然，也就不可能成为第二义的自然。同时这本来第一义的自然，必须与实践中的人发生了关系之后，才能获得第二义自然的意义。这就是说在与人类社会发生关系之后，它多了一个第二义自然的身份。可是在这种关系中作为主体的人在发生关系之前和之后却一直保持原来的身份，没有任何的改变。这样的一种分析说明第一义和第二义的自然并不是截然分开的，第一义的自然是第二义自然的基础。

人类社会与自然Ⅱ之间的关系有如下的一些情况。

1）人只是从自然Ⅱ中取得现成的资料。这里说的资料首先是生存资料，如人类采集某些野生植物的果实来果腹或者找到现成的洞穴作为栖息的地方。同时人们也可能从自然Ⅱ中取得某些现成的生产资料，如捡到的石块、木棍等。这时的人类非常脆弱，经常无可奈何地蒙受自然Ⅱ对他们造成的伤害。人类与自然环境发生的这种关系并非人类所特有，在某些高等动物中也可以看到这种情况。处于正在形成人类过程中的人和刚形成为人的远古时期，这种人和自然Ⅱ的关系占据主要的地位。在这种情况下，人的处境是很悲惨的。

2）创造并使用工具之后，人类社会同自然Ⅱ之间的关系发生了本质的变化：从被动地适应自然，可怜巴巴地接受自然Ⅱ的布施，从自然Ⅱ那里取得一些现成的生活资料并无可奈何地忍受自然Ⅱ对自己的伤害，变为主动地运用工具对自然Ⅱ进行力所能及的斗争，通过劳动取得自己需要的生存资料、享受资料和发展与表现自己的资料，或多或少地做到减少自然Ⅱ对自己的伤害。人之所以能够制造工具，这是整个自然Ⅰ发展的结果。在创造工具后，人与自然Ⅱ之间的关系之所以发生如此重大的变化，是因为这时候人在自己同自然Ⅱ之间加进了另外的自然物Ⅰ，使自然物Ⅰ反对自然物Ⅱ。于是人就可以得到以前没有得到过的利益，并且大大提高了人在同自然Ⅱ斗争中自己的地位。这加入到人类和自然Ⅱ中间去的东西就是工具。人的出现在自然Ⅰ的发展史上是一个飞跃，工具的出现也是这样。人和工具的出现本质上是一回事，两者本来是同步的，使用人类自己制造的工具把自然Ⅰ作为对象来改造，是人类特有的，是自然Ⅰ中一切其他的东西所没有的。

3）制造并使用工具之后，在作为主体的人这种自然物和自然环境之外，又出现了第三种自然物——工具。工具不是以人为主体的环境，工具是人与自然环境中间的东西。工具作为自然物不属于自然Ⅱ的范围。我们可以这样来分析，在制造并使用工具之后，人类社会和自然Ⅱ之间的关系变成人和工具结合在一起为一方，自然Ⅱ为另一方的关系。在这里我们把工具视做人的四肢五官的延长和人体力的扩大。本来人之所以能够对自然Ⅱ进行斗争就是因为人本身是有一定的斗争器官和一定的体力的。要同自然进行斗争就需要运用自然力。人本身就具有这种自然力。但是人如果不借助于工具，他拥有的自然力就太微弱了。可是现在掌握了工具，四肢五官延长了，体力扩大了，他拥有的可以同自然Ⅱ斗争的自然力就大大增强了。

4）在人与自然Ⅱ发生的关系中最为重要的活动是生产。生产者和生产工具构成人类在生产上征服自然的能力。这种能力就是社会生产力。社会生产力的高低就是由这两个要素的状况和它们结合的状况所决定的。自然Ⅱ毕竟是强有力的，为了征服自然Ⅱ就要求努力提高社会生产力。同时人对征服自然Ⅱ的欲望也是不会得到满足的，这也使得社会生产力不断发展。社会生产力本身就是一种自然力。在人类社会进步的历史中，社会生产力这种自然力增长的历史具有根本的意义。

5）在人与自然Ⅱ发生了生产关系之后，便会产出产品，同时不可避免地常常产出污染。产出的产品本身也是自然物，而在加入到环境中去以前不属于自然Ⅱ，但随即加入到环境中去便作为新增加的自然Ⅱ发生作用，起作用的方式依这产品本身的使用价值而定。

6）人与自然Ⅱ之间还可以发生直接的生活上的关系。到某个大自然的旅游点去享受接触大自然的乐趣，就是一例。在旅游中乘坐飞机、汽车并没有妨碍直接与自然Ⅱ中的天然的自然发生这种生活上的关系。这是从积极方面发生关系的例子。恶劣的气候使人患病，这也是人与自然Ⅱ直接发生生活上的关系的例子。这一类事情也是人类社会与自然Ⅱ之间发生关系的重要内容。

7) 人制造工具、运用工具同自然Ⅱ进行斗争，在自然Ⅱ作为改造和征服的对象后，在人类社会和自然Ⅱ的关系中仍有适应自然Ⅱ的一面。人类社会仍必须接受自然Ⅱ的恩赐，充分利用自然Ⅱ为它提供的有利条件，在人类自己的活动中取得自然Ⅱ的协力。这一点应该承认是必要的而且是永久性的。同时人类社会还不得不接受自然Ⅱ对自己的伤害，如火山爆发、强烈的地震、灾害性的气候，人类社会所能做到的还只是努力减少受伤害的程度。人类社会的进步将使人类社会与自然Ⅱ之间最初发生的那种关系所占的比重越来越小。

8) 在人和自然Ⅱ的关系中的人是一种特殊的自然物，是这种关系的主体。人作为生态关系上的主体，同其他生物不一样。其他动物在这种关系中仅仅接受环境对自己的影响和无意识、无目的地对环境发生影响，而人则是有意识有目的和有效地对环境进行改造，在同自然Ⅱ发生多方面的关系的过程中，在改造客观世界的同时有意识地提高自己。这种提高包括对自然的认识，获得更多、更好的与自然Ⅱ作斗争所需要的知识和技能，也包括更好地克服人类社会关系中落后的、阻碍人类社会与自然Ⅱ进行有效斗争的东西。作为社会生产力要素的人，首先是人与自然Ⅱ这种关系中的主体的人（由人生产，由人来掌握生产工具），同时又具有一定素质（即具有一定的生产知识和劳动技能）的人。当然人作为这种关系的主体，他们要在这种关系中求得更好的生存和发展。从生存的角度来考察问题，运用医疗工具、医疗知识和技能与自然Ⅱ中的致病的东西进行斗争也是人和自然Ⅱ这种关系中的一个重要内容。

从上述关于人与自然Ⅱ的关系的叙述中，可以看到在这样的关系中有好几种不尽相同的关于自然的概念。自然Ⅰ仍然是一切关于自然概念的基础。人类社会在实践中与之发生关系的那个自然Ⅱ是关于自然的第二个概念。作为人和自然Ⅱ关系中主体的人这种自然物是关于自然的第三个概念。这两个自然都不是自然的整体。自然Ⅱ中不包括人这种自然物，也不包括对人的实践不发生影响的那部分自然，而人则只能说是一种自然物。工具和人结合而成的自然物则是关于自然的第四个和第五个概念。从人和自然关系的角度来考察的自然就有这样一些复杂的情况。

在第一义的自然和第二义的自然的概念中都有天然的自然和社会的自然的区分。

本来，自然就是天然。郭象注《庄子》："自然者不为而自然者矣。"（"然"在这里就是"是"。西方哲学中的"是"在我国哲学文献中便译做"存在"）或者说自然就是"不假人力"的存在。因此，从字面上看，天然的自然就是叠床架屋。天然的自然这个术语之所以获得意义，是因为：有了人类之后，有许多自然物受到社会的影响，打上了社会的烙印，成了具有某种社会性质的东西，产生了"社会的自然"这样的概念。于是，反过来需要有一个天然的自然的概念，同这个社会的自然并列。

社会的自然这个概念是能够成立的。在人类社会的实践中的确出现了许多的东西，它们毫无疑义地是自然物，是具备上面所说的那些特征的社会的自然物，在这里不妨举一些有代表性的例子。一种本来是天然的自然物，但是现在经过了人的劳动后起了某些变化，它们作为自然物的性质保持了下来是明显的事情，只是现在打上了社会的烙印，如把煤从煤矿中开采出来也属于这种情况。在矿藏中的煤同开采出来的煤，完全是同样的东西，区别只在前者完全是天然的，而后者是人们用劳动把它同它的母体分离开来并且把它们从矿井下运到了地面上来。它同矿床里的煤完全是同质的，只是改变了它同矿床的关系，改变了空间位置。这一点，便是社会在它身上打上的烙印。这个例子说明的是一类情况。

我们还可以举桌上那盏台灯做例子。制作它的材料说到底是地下的金属矿，冶炼时消耗了许多煤。这些，都来源于天然的自然。但是这样一盏灯完全是社会的产物。如果没有社会，在天然的自然界即便经过几百万年、几千万年甚至几百亿年、几千亿年，也绝对"演化"不出这样一盏灯来。这样的一盏灯是自然物，是没有任何疑问的。它的每一个部分都是自然物，但它又完全是社会的产物，是人工的自然物，是社会的自然物。

还可以读者眼前的这部书为例子。书是把字印在纸上然后装订而成的。纸、油墨、线、糨糊等都是自然物。这本书也就是自然物。书这样的自然物，同上面所举的灯的例子一样，也是不可能在天然的自然界中不经过人的作用自然而然地演化出来的。不仅如此，印在书上的字本身就是社会的产物，而且文字是思想的物化，印在书上的字不是没有意义的，它表达了精神方面的东西，使得书这样的东西成为具有另外一种特点的社会的自然物。

还有一种社会的自然物并不是人希望它产出来的，然而它不可避免地到处产出、经常产生、大量产生，那就是污染。这是人在同自然作斗争时产出所希望得到的产品的消极附加物。人在生活中也产生许多污染。例如，带着病菌的人，就产生传播病菌的危害。病菌也是一种污染，污染当然也属于社会自然物的范围。

现在我们把视野从一件一件社会的自然物转向整个人类生活的工作的环境。

人类社会在长期的活动中，对天然的自然界施加了不可忽视的影响，以至于现在地球上经过人类开发的地区占陆地面积的比例很大。在这已开发的地区中，人们看到的景色已经不是那个未经开发前天然的景色。天然的森林不见了，土地经过整理，到处是道路房屋……人类社会现在面向的自然环境的确包括天然的环境——这是一个永恒的事实，因为任何社会的自然都是建立在天然的自然基础之上的，同时也包括社会的自然。人类为自己建立的社会的自然环境当然远胜于原先天然的环境，但是对有利于人类的天然环境的破坏也是一个极为严重的问题。在历史上人类对有利于自己的环境的破坏，是一种历史的规律性，可以说是不可避免的。它在人类社会发展史中可以找到深刻的原因。保护有利于人类社会的生态这种思想的提出和这方面实践的进展以及人类对这件事情的重要性认识不足和保护不力也都可以在人类发展的规律性中找到深刻的原因。

在这里我们再举城市和农村居民点的例子。城市和农村居民点是人类在那里生活和工作的地方，它是人们朝夕与共，与之发生关系的环境。整个城市和农村居民点的每一种环境都是社会的自然物的集合。房屋、街道、地下基础设施、电信设备、绿化地带（树木、草坪）、游乐场所……无一不是社会的自然物。而这样的居民点，尤其城市，是大量的社会自然物集聚在一起的地方，是一整套人的社会的自然环境。当然城市和农村居民点不是孤立的存在，它同它们周围的非居民点的土地，同其他的居民点有着紧密程度不同的联系。

最后我还想讲一讲人。

前面我们讲城市和农村居民点时没有提到居住在那里的人口，并不意味着在城市和农村这种社会的自然环境中不包括人。

人是一种特殊的社会的自然物。

首先人是一种自然物，这一点应该是毫无疑义的。人是生物—动物界—脊索动物门—脊椎动物亚门—哺乳动物纲—灵长目—猿猴亚目的一种。他遵循着他所属于的那些自然物所遵循的共同的自然规律。他作为物理的东西是由分子、原子组成，有质量、有能量。他作为生物，就要新陈代谢自我复制。因此，人的机体在生活中，构成它的物料、能量等方面要"收支平衡"。人作为动物，就要摄取最后是由植物生产出来的食物。人有一定的自然年龄并会因生物的规律而逐渐衰老。人也有抵抗外界对其健康侵犯的能力，但也会因外界病菌的侵犯而致病。

同时人又是不折不扣的社会的自然物，它本身就具有社会性。人的本质就是结成社会进行社会活动的动物。同时他生活在社会中，从受到社会影响的多少、大小来讲，应该说人本身受到的影响是最多最大的。因此讲社会的自然物绝不能把人漏掉。其他许多自然物，就是因为受到人的影响才成为社会的自然物的。

最后我还想讲得更透彻一些，整个人类社会——结成社会的人类而不是人类的社会关系——都属于社会的自然的范围。

把上面讲的这些概括起来就可以得出这样一个结论，社会的自然虽然是自然界中的一个部分，但是它也具有无限的多样性。社会的自然物种类之多，即便举例也难以举得完全，更不用说不同性质的社会的自然之中又有无限多样的自然物了。

全部社会的自然物总合起来便是社会的自然界。社会的自然界同天然的自然界两者合在一起便是整个自然界。社会的自然界以天然的自然界为基础，社会的自然界在整个自然界中占据一个重要的位置。

同"天然的自然"相对立最好使用"人工的自然"这个术语。天然即非人工，人工即非天然。与社会的自然对应的应该是纯粹的自然。但是人工的自然的范围太狭窄了一些。不少社会的自然物，并不是人加工制造出来的，而且不只受到人类社会的影响，或者只是具有某种社会的属性，所以在选择术语的时候，就没有去讲求"对仗"的工整，采用了含义比较广泛的"社会自然"这个术语，而把"人工的自然"这个术语作为社会的自然中的一个部分来使用。

不论在第一义的自然概念中，还是在第二义的自然概念中，都可分做天然的自然和社会的自然，有些学者在研究关于自然的概念时，注意到在以人为主体的自然环境中有"经过了人的某种程度的改造的"自然界，"即纳入社会联系系统的自然界"（《苏联哲学百科全书》1967年版）。这个看法是很有见地的。但是在第一义的自然的概念中既然也包括了人这个自然物（它并没有"纳入社会联系系统"），其中也包括社会的自然界。但是社会的自然在第二义的自然概念中的地位更是值得给予充分重视的，因为社会的自然这个概念的重要意义只有在人类社会的实践中才能够认识和显示出来。

中国的自然辩证法研究工作者中的一部分人，经过长期的思考和实践，也受到毛泽东提出的哲学家要走出课堂这样的思想的启发，在20世纪50年代，悟出一条重要的道理：自然辩证法这门哲学要在社会主义建设中更好地发挥作用，对本学科的对象——自然，必须有更为全面和深刻的理解。其中十分重要的一条，就是既要重视对象中的天然的自然，也要重视对象中的社会的自然。由于对前者的重视是国内外的自然辩证法研究者或自然科学哲学问题的研究工作者一贯的观点，而后者一直没有被放在其应有的地位上，中国自然辩证法研究工作者的这部分人就特别强调对后者的重视，并逐渐走出了一条新的道路。

这个指导思想开始提出时并不是那么鲜明的。行动在先，最初只是做了一些这方面的研究，引起了人们比较多的注意。因此也就没有引起什么带原则性的令人注意的分歧。不完全相同的观点只是表现在对这种指导思想理解程度的不同和在对这方面的实践的热心程度的不同上面。总的说来中国自然辩证法研究工作者绝大多数是同意这个指导思想的，特别是后来中国自然辩证法研究会成立，这个指导思想就成为这个研究会的主导思想。

这是哲学史上第一创举，因此路子怎么走需要经过长时期的探索。从20世纪60年代初起在各自然辩证法研究会的组织下，我们在工业、农业、医药卫生事业等领域进行了一些工作。在党的十一届三中全会后受到解放思想的启示，中国自然辩证法研究会作了两方面的努力：一是从中国社会主义建设的实际出发,考虑到其中涉及大量关于社会的自然物,需要以社会的自然为对象的自然辩证法研究对其进行帮助。二是开展以社会的自然为对象的各学科的研究,考虑能否取得有利于解决社会主义建设实际问题的哲学工具。同时,鉴于把社会的自然作为自己的重要研究对象,自然辩证法这个哲学部门就要努力与各有关自然科学和社会科学部门建立起紧密的联盟,并且能够帮助人们在这方面的研究取得很好的成果。若干新学科的建立和发展经10多年的努力是收到了一定效果的。现在这个方面的理论研究和实践的工作内容越来越多,也拥有比原先更多的工具,理论的观点也越来越明确和深化。一个具有特色的中国自然辩证法学派初步形成,这个特色就是密切结合社会主义建设的宣传,在继续重视以天然的自然为对象的哲学问题的同时,特别重视社会的自然的哲学研究,并且用自己的研究成果从各方面帮助现代化的社会主义建设取得更大的成功。

第三章　为我国现代化建设服务

自然辩证法工作者要为社会主义物质文明和精神文明建设服务*

经过长期筹备并且做了许多工作之后,今天召开自然辩证法研究会正式成立会的时候,我想讲讲自然辩证法工作者要为社会主义物质文明和精神文明建设服务的问题。

我说过社会主义经过四个阶段,首先是科学社会主义学说的创立。然后是这个学说为许多人所掌握,特别是建立了组织(无产阶级的政党)以后,社会主义学说在许多国家转化为争取社会主义胜利的运动。接着,由于运动的继续发展,在有利的历史条件下,某些国家取得了革命运动的胜利,建立起社会主义制度。建立了社会主义制度之后就是进一步进行社会主义经济建设和其他社会主义建设事业,即发展社会主义的经济和文化,也就是发展社会主义的物质文明和精神文明。并不是所有国家都已经经历了学说、运动、制度、文化四个阶段。在我们中国是这样的,在中国,前三个阶段经历过了,现在正在建设社会主义的精神文明和物质文明。在这个建立社会主义文明的过程中,科学有突出重要的意义,其中也包括我们的自然辩证法工作。我们的总目标是巩固和发展社会主义制度,包括政治经济制度和人民民主专

---

* 本文写于1981年11月4日,是在中国自然辩证法研究会成立大会暨首届学术年会上的演讲,原载《一个哲学学派正在中国兴起》,江西科学技术出版社,1996年,第254~258页。

政的政治制度，在党的领导下，在马克思主义指导下，把各项社会主义事业搞上去，达到社会主义的根本目的——使人民过得越来越幸福。而要把我们的社会主义事业搞好，就必须把它牢固地建立在科学的基础之上。

在这里，我们自然辩证法工作者要运用我们的自然科学知识和哲学知识，来为建设社会主义的物质文明和精神文明服务。会后常务理事会将研究和计划一下我们今后的工作。从形式上无非是开各种学术讨论会，办刊物，展开各地活动，把会务工作做好；从内容上说，那就是工作报告中讲的七个方面的工作都要进行。我们的工作范围，总的来说，既确定，又不确定。这七个方面的内容是完全确定的，学科要研究自然观、科学观、方法论，这是完全确定的；不确定的意思是，我们的研究工作是发展的、变化的，将来的研究范围是会发生变化的。

我们所说的自然，不完全指天然的自然，也包括经过人作用的社会的自然，如生产过程就不是天然的过程。在自然发展史的讨论中，我们把工业史、农业史放进去，因为工农业产品生产出来也是自然过程。所以自然辩证法讨论问题时应把天然自然和有人起作用的自然合在一起考虑，而且人本身也是自然物。我们的科学研究包括两个方面：一方面是发现客观规律，我称之为基础科学；另一方面是寻找依靠客观规律达到预期目的的种种手段和途径，我把它叫做应用技术。无论在基础科学还是应用技术方面都有自然辩证法的问题。自然辩证法研究范围是很广的。我们不仅要研究世界，而且要改造世界。谈到生态问题，我的看法是，既要保护有利于我们建设的天然的生态平衡，又要努力建设更有利于我们的人工生态平衡。农业就是人工生态，天然的自然界是不会进化出农业来的。对于国土问题，我们提出的是开发、利用、保护、改造。

自然辩证法的性质决定了我们工作范围的开阔。在联系实际方面，要想办法从各方面联系。最困难的，也是必须进行的是对基础科学的这方面的联系。不论是天文学还是地质学，都有基础科学中的许多问题要研究。我们既然要研究，就要靠理论思维，就需要哲学这种理论思维的思想武器，需要自然辩证法的思想武器。需要学习，也需要创造。学习的工作要抓紧，在学习中还要努力创造。1977年年初我就讲过自造武器的问题，即我们自然科学工作者，也要努力制造作为自然科学研究的哲学武器的问题。

在这里我想谈谈人体问题的研究。人体的研究是必须要进行的。我们怎么能不对我们自己进行深入的科学研究呢？我看对于人本身的研究是今后科学发展的一个生长点。我同意这一看法，如果20世纪是物理学的世纪，即在20世纪中物理学得到许多伟大的成就，那么，21世纪将是生物学和人体科学的世纪，对人体的科学研究是尖端科学。人体是多么复杂的物质啊！对各种感受器的研究现在所取得的成果距离把问题讲清楚还相当远。对于视觉，我看了曾获诺贝尔奖的两位研究视觉感受器的美国学者的一篇文章，很有意思。以前我们知道光是视神经就有好几种，视锥细胞、视杆细胞，一个接受强光，一个接受弱光。这样的感光细胞每一个网膜就有1.3亿个，两个眼网膜就有2.6亿个，每侧视神经有100万条神经纤维。现在弄清楚称做双极细胞的网膜神经细胞和网膜神经节细胞的作用，才知道通向视觉的网膜感受细胞镶嵌组织，是这个细胞的感受野，它对黑白线条或亮区和暗区最敏感。这种研究对于图像识别问题就非常重要。另一个诺贝尔奖金获得者，即研究人的大脑两半球的不同功能的那位学者的文章我没有看过，我只知道他发现人脑左右半球分开后可产生两个意识，左脑管逻辑思维、语言，右脑管形象、音乐等，这是非常有趣的发现。我国也有这方面的发现。例如，云南有个人，右半脑摘除后，能生活自理，还有职业，但不能理解形象，因为他的大脑受到了损伤。人到底有多少感觉，除耳、鼻、眼、舌之外还有身体感觉，身体感觉就很复杂。心理学家告诉我，皮肤上有使人感到冷的感受器，有使人感到热的感受器，有使人感到痛的感受器，可是使人产生痒的感觉的、使人发笑的感受器的问题，现在还不清楚，它的生理心理过程还有许多问号。除了皮肤上的感觉之外，还有体内的种种感觉。初级感觉外，还有情绪、情感及经过第二信号系统引起的种种感觉。人体绝不是如现在人们所说的只有六个感受器。总之，这说明对心理研究的知识还比较肤浅。我们认识到这一点，对人体研究非常重要。许多问题是有趣的奥秘，但又确实是科学的事。例如，云南发现一种小糜牛杆菌，据说吃了一定量后会产生幻觉。可研究一下，神经上到底会产生什么变化。人有各种感觉、幻觉和梦。梦魇和见到"鬼"都可以从心理学上得到解释。在科学面前，特别在人体科学面前，还有许多要深入研究的问题。比如，人工智能在某种意义上可以说是仿人学，使机器模仿人，使电子计算机更聪明一点，这些都是很有意思的事。

我们现在对心理科学、大脑科学等基础学科的研究要加强，它们是非常有用的。

哲学、自然辩证法本身是学术，对于社会主义建设者来说，都可以看做工具，当做武器。这种工具，就是通过它对自然科学和社会科学，以及对基础科学和应用技术的作用来对社会主义建设事业产生作用的。我们自然辩证法工作者要自觉地去发挥这种作用。自然辩证法的研究中如果联系数学、信息论、控制论、系统科学的话，它的应用就更广泛了。

自然辩证法是在哲学、数学、自然科学、社会科学的边缘之处活动的。边缘地区容易形成"三不管"的局面。我认为有一些边缘领域，大家都要关心。在今天社会主义建设中，工作这么多，与其做缩手派，不如做伸手派，如果一个领域大家不去做，空白起来，不如大家都去做，在那个领域中握手，携手前进，我看比大家不去伸手让它空在那里要好一些。我们的工作应该有重点，办事要有次序，但不要把应注意到的、应去研究的事搁置起来不去研究，要发挥更大的积极性。这些工作也不光是自然辩证法一家去做，但我们有这么一个组织，有这么多人，也是一份力量。力量的源泉在于大家的积极性，经过大家努力，我们的工作是可以作出成绩的，我们可以对四化作出自己应有的贡献。

运用现代科学的"穷办法"*

一提现代化，有些同志就想到一定要购买洋设备，用"富办法"来向发达国家看齐，而不去分析这种办法是否无条件地对我国的社会主义建设有利。在工业中有这样的现象，在农业中也有这样的现象。

对于这样的问题，经济学家们也讨论过。他们把技术分为先进技术和适用技术。先进技术就是我们上面说的"富办法"：使用世界上新创造出来的设备，采用世界上新创造出来的生产工艺。适用技术则是适合这个国家经济技术水平的，它不一定那么先进，但可以给这个国家可靠地带来比较好的经济效益。我国多数经济学家主张要兼顾先进技术和适用技术，这是很正确的。

现在我想进一步提出一个理论性的问题，那就是是否发展现代科学就一定要采用"富办法"。这里说的现代科学指的是用来进行物质资料和劳动生产的科学和技术。

对这个问题，我的回答是"不"。我认为科学不至于那么势利，只愿为富裕的国家效劳，科学也不至于那么愚蠢，只能为富裕的国家作出贡献。最先进的科学应该是最能够适应各种不同的实际情况、取得最好的效果的科

---

* 本文写于1983年12月6日，原载《一个哲学学派正在中国兴起》，江西科学技术出版社，1996年，第258~260页。

学。因此先进的科学一定能够用于"穷办法",帮助穷的国家富起来。如果与发达国家比"富办法",是很难赶上人家的,这是很简单的逻辑,都是可以证明的。因为在这里富不是结果而是条件,而这个条件恰好是穷国望尘莫及的。

让我们再来看看现代世界的这样一个历史趋势。20世纪70年代中期欧美国家爆发的能源危机,使依靠廉价的、古生代以来几亿年中积累下来的"化石燃料"的时代不能长远地维持下去,环境与生态的破坏也从另外一个方面向人类提出了严重的警告。因此,即使在发达的国家,那种传统的,耗费过多能源、过多物资的办法也在一个一个地受审查,有的已被认为是"笨办法",需要考虑用新的、更为聪明的办法来代替。由于我国长期闭塞,我们有些同志至今还把某些已经在国外不那么时兴的办法当做时髦货来引进。

买东西要看行情,引进我国的东西要看世界历史发展趋势这个总的行情。

怎样称呼这个总的行情,不是那么重要的事情,重要的是要看到上面说的那样的事实:那就是当今有不少新的东西已经出现在现实生活之中,被眼光比较敏锐的人所掌握。

在这些新的东西中,对我们最有价值的,是适合我国经济文化比较落后这个现实条件的,能使我们的经济较快增长起来的那些聪明的思想和聪明的办法。

打个比方说,生态学的原理是近几年来正确地得到重视的科学思想,它应该看做现代科学的一个重要组成部分,它对生产可以起到重要的指导作用。根据生态学的原理,我们就要充分重视植物通过对太阳辐射来的能量的吸收而把地球上的物质合成的有机物,使人们对它们能够进行充分的利用,把对它的"浪费"减少到低限度。根据这个原则进行的食物链的设计,应该说是现代科学的运用。这一年来我国出现的一些新思想,如借助于笼养苍蝇而建立的"猪—猪粪—蛆—鸡—鸡粪—猪"的生态循环,利用水葫芦和蚯蚓能够在比较高浓度的有毒物质中生存和繁殖的特性而产生的"污水—水葫芦—蚯蚓—貂"这种使有毒物质脱离食物链的思想,在食物和饲料中加入添加剂,使人体或饲养动物能够因此大大增加其吸收营养物的效率的概念,从以往的若干种营养物料扩大到各种有利于体力的维持与恢复、有利于健康长寿的一切物质，打破食物与药物之间传统界限的思想……都属于现代科学思想的范畴，它们是先进的科学思想，它们的实行要依靠先进的科学技术，但是它们并不是"富办法"，它们是运用现代科学的"穷办法"。在我国的一些领域从采用这些"穷办法"入手，可以取得好的效果。

  当然并不是说在一切领域中运用现代科学都可以采用"穷办法"，我只是说运用现代科学并不是一定要采用"富办法"，只是说采用"富办法"并不是无条件地对我国的社会主义建设有利的。我认为如果我们讨论的是个别的问题，那么该采取"富办法"就必须采取"富办法"，为此就要挤出些力量来引进先进技术和先进设备，为了长远的利益，牺牲一点眼前的利益。但是考虑到一个经济、文化落后的国家的特点，从一个经济、文化落后的国家出发，采取运用现代科学的"穷办法"是一个带有方向性的事情，它必须引起我们高度的重视。

对我国农业的一些新认识*

一、为什么要把农业规定为我国经济发展的战略重点之一

把某一项工作规定为战略重点不仅是因为它对我国经济发展很重要,而且更重要的是它对于完成我国20世纪战略目标是关键性的、特别重要的工作。究竟是怎么样的特别的重要性使得我们必须把农业定为战略重点呢?如果说由于农业是国民经济的基础,这么回答只对了一半,因为农业是国民经济基础的道理是普遍适用的。我认为,我们把某一方面的工作规定为战略重点,是出于具体的考虑,因此一定要有具体的理由。

在我们党和政府的文件中历来都十分强调农业在国民经济中的地位。这次把农业确认为战略重点是在1982年秋天召开的党的第十二届全国代表大会上。"十二大"是在党的十一届三中全会之后3年多的时间召开的。为此,我们就要来看一看十一届三中全会后3年多来的情况。

正如大家都知道的那样,十一届三中全会以来的这3年中我国农业获得了前所未有的大发展。这3年农业增长的速度是非常快的。统计数字表明,1979年、1980年、1981年这三年按农业劳动者计算的农业劳动生产率平均

---

* 本文原载《自然辩证法报》,1983年5月10日第9期,第一版。

每年增长的速度是2.7%,而1952～1978年,26年总的增长速度也是2.7%。这3年中的1年等于以前的26年!中国当前的情况是:如果农业生产能够比较快地增长,吃饭的问题解决得好,其他的生产才能没有后顾之忧。这也就是"十二大"报告中写的"只要农业上去了,其他的事就比较好办了"的含义。这是要把农业规定为战略重点的一个主要的、具体的依据。

我认为把农业规定为我国经济发展的战略重点,还有一个重要依据,那就是要考虑到,我国今天10亿人口中有8亿居住在农村这个事实。从我国有8亿人口居住在农村这个事实出发,充分发挥其中有劳动能力的人的社会主义积极性,发展农业生产,改善8亿人口的生活,提高他们在社会主义建设中的地位,也是我们要把农业列为战略重点的理由之一。

二、最适合作为我国战略重点之一的农业的概念是"十字形大农业"

与林业、牧业、渔业等并列的农业是最狭义的农业,其中包括粮食作物和经济作物的生产。

狭义的农业应该包括在作为战略重点的农业中,并占据非常重要的地位。但我们不能只看到狭义农业的重要性,还应看到林、牧、渔业的重要性。包括农、林、牧、渔在内的"大农业"更适合于作为战略重点之一的"农业"的概念。那么,这样一个包括农、林、牧、渔在内的"大农业"是不是最适合于作为战略重点之一的"农业"的概念呢?我觉得似乎也还不是。我认为最适合的应该是"十字形大农业"。

我把这种包括农、林、牧、渔在内的农业称为"一字形大农业"。

在"一字形大农业"这种横向的联系的基础上,再加上纵向的一笔,就是"一字形大农业"之上,加上"农业服务业";在"一字形大农业"之下,加上"农产品加工业"。这样就形成最广泛的、最完整的"十字形大农业"的概念。

"十字形大农业"的概念可以进一步扩大对于农业服务业、农产品加工业之间有机联系的认识,从而在工作中加强这种联系。这对我国农村的发展是有积极意义的。

"十字形大农业"最适合于作为战略重点的"农业"的概念有两个理由：

第一个理由是发展"十字形大农业"可以最大限度地利用土地，因而可以得到最多的农产品。第二个理由是发展"十字形大农业"可以通过最大限度地发展农业来发展农村经济。

最适合作为我国经济发展战略重点之一的农业概念是"十字形大农业"的这两个理由和前面所讲过的为什么把农业规定为我国经济发展的战略重点之一的两个根据正好是相对应的。

三、正在起变化的中国农业

我国农业正在发生重大的变化，主要如下：

1) 继续完成从片面强调粮食生产的农业到同时注意发展多种经营和农林牧渔全面发展的农业的转变，并向"十字形大农业"前进。

2) 从绝大部分靠手工操作的农业到比较多地使用各式各样的机具，从主要靠人的体力或畜力向使用其他能源的机械化的农业前进。

3) 从主要依靠传统的经验的农业，向依靠现代科学知识、由受过农学教育的农民来进行的农业（我们可以称之为"文化农业"）前进。

4) 从完成国家征购、派购任务后主要是以自给为主的农业向"商品性农业"的转变。

这样的变化，各地区在程度上是不相同的，有的地方变化得大一些，有的地方小一些，有的地方这种变化还刚刚开始有点苗头，有的地方还谈不到有这种变化。推行联产承包责任制后我们的确开始走上了扎扎实实朝着这个方向前进的历程。我们不能用老眼光看待我国的农业，应该适应这种变化的趋势，起促进这种变化的作用。我们要有关于我国农业的新认识、新观点，如果用旧的观点去看新事物，就不能促进新事物的发展。

刷新我们过去关于"农业"的概念，就是今天我们为了更好地促进我国农业发展所要努力取得的一个前提条件。

战略学与地区发展战略*

这里我们说的战略,指的是由军事战略延伸出来的经济社会发展战略,即关于经济社会发展全局性行动的谋划。因此这里所说的战略学,指的也就是经济社会发展战略学。它是讨论什么是经济社会发展战略,经济社会发展战略都包括哪些方面的内容、都由哪些方面构成,经济社会发展战略与部门战略、地区战略的关系,应该根据怎样的原则来考虑经济社会发展战略,经济社会发展战略的意义等问题的一门学问。经济社会发展战略和经济社会发展战略学是不同的概念,前者是某一个国家在一段时间内所要制定和已经制定的一种全局性的谋划;后者是关于研究和制定这种战略一般的理论和方法的学问。经济社会发展战略学对研究一个国家的经济社会发展战略有指导的作用。我们所需要的经济社会发展战略学,不仅包括对我国适用的有关经济社会发展战略的一般的理论和方法,而且要有对我国更加直接有用的在马克思主义指导下的社会主义的经济社会发展战略学。关于一般的经济社会发展战略学与社会主义经济社会发展战略学的问题,我在《建立和发展我们需要的"经济社会发展战略学"》一文中已经作了说明,这里我就不重复了。在这里只讨论有关地区战略的一些问题。

经济社会发展战略这一词,从性质上说,指的是有别于军事战略等的一

---

* 本文原载《一个哲学学派正在中国兴起》,江西科学技术出版社,1996年,第276~283页。

种战略，但是如果上面加上"某国"这样的一个限制词，指的就是这个国家的全国的总战略。全国的总战略具有最高的综合性，而以部门战略和地区战略做它的基础。1982年，东北地区在大连举行第一次战略问题座谈会，我因事未能前往参加，只写了一篇短文给这次会议，后来这篇短文发表在《辽宁经济》上，文中讲了有关全国战略与地区战略的关系。在那篇文章里我写道：

> 全国的、地区的和部门的发展战略之间关系密切。全国发展战略中有一些内容是超部门、超地区的，但是各地区、各部门在全国发展战略中居于非常重要的地位。作为部门战略的农业、科学技术、对外经济关系在全国发展战略中的地位，上海市、辽宁省的经济在全国发展战略中的地位就是这种例子。地区和部门的发展是全国发展的基础，离开了地区和部门发展战略的研究，全国发展战略就不可能是切实可行的战略。同时，地区和部门的发展战略也不能离开全国的发展战略，否则地区和部门的发展就不能与全国的发展相协调。要么这种发展不能实现，要么对全国的综合平衡造成不利的影响。
>
> 全国的、地区的和部门的发展战略不可分割，但是三者是不同的东西。中国社会主义经济社会发展战略毕竟是一个全国范围内的综合，地区的、部门的发展战略只是它的基础，而不属于它本身。同时全国发展战略也不能代替地区的和部门的，后者要求更加具体。
>
> 地区的和部门的发展战略又有很大的不同。地区对部门来说，带有超出某一部门和把各部门联结起来的那种综合性，而部门对地区来说，带有超出某一地区和把各地区联结起来的那种综合性。但是地区较之部门带有更大的综合性。因为在一个地区的范围内，要研究的不仅是各部门的问题，而且要研究带有全社会性质的经济和社会问题，特别是要研究经济生活、经济关系发展之外的其他社会生活和社会关系的发展，以及各种社会问题的解决。地区的发展战略也是社会主义性质的经济社会发展计划。
>
> 划分地区有不同的标准，有按行政区域划分的，如全国各个省、市、自治区，或若干行政区作为一个地区；有按经济区域划分的，如长江三角洲、京津唐、珠江三角洲等；有按其共同具有某种

特殊性划分的，如城市、农村、海岸带、山区等。划分的方法不同，制定战略的出发点、方法和内容也不同。每个地区都有各自的特点，制定地区战略时要从地区的特点出发。

战略也有大有小，"总战略"下面有"子战略"，"子战略"下面还有"孙子战略"……如果我们把全国的战略称为"总战略"，那么地区的战略和部门的战略就是"总战略"下面的两个"子战略"。"子战略"的种类很多，一般战略学中应该有"子战略"的分类。划分"子战略"有多种标准，要按照问题的性质和范围大小来确定。例如，按照部门划分的话，有全国的资源战略、工业战略、农业战略……在一般战略学中就会把它们规定为全国总战略的"子战略"，并把某一个地区范围内的这些战略规定为这些地区战略的"子战略"，因而又成为全国总战略的"孙子战略"。又如，资源战略、工业战略、农业战略等有关某个地区的那个部分，也可以看成这些战略下的"子战略"，同样也是总战略的"孙子战略"。总之，构成"总战略"的各个方面的"子战略"、"孙子战略"都很重要，没有"子战略"的全国战略是抽象的总战略，不是具体的总战略，甚至我们可以说，没有"孙子战略"的"子战略"也欠具体。缺少某一方面的"子战略"，经济社会发展战略就是不完整或不够完整的"总战略"。

从1981年2月开始的，在北京每两个月定期召开一次的中国经济社会发展战略问题座谈会，至今已开了18次会。这个座谈会一开始讨论的是战略的一般问题，实质上是战略学方面的问题。例如，讨论了经济社会发展战略的目标问题，认为"经济社会发展战略"一词的含义是既突出经济，又不忽视经济以外的社会问题和社会发展的战略；讨论了发展中国家的战略主要是以在实质上赶超发达国家为主要目标，还是要以满足人民的基本需要为主要目标；讨论了经济战略、社会发展战略应该包括哪些"子战略"等。接着就讨论到全国战略的一些根本问题，如决定中国经济社会发展战略的国情等究竟是什么。之后讨论的则是一些部门的战略。例如，关于对外经济发展战略、科学技术发展战略、中国农业发展战略、中国环境战略等。之后又讨论了一些地区战略。例如，长江三角洲的战略问题、开发我国大西北的战略问题等。这 18 次座谈会讨论问题的深度不一，也没有一定的次序，但是座谈会的题目总的说来，战略学、全国战略、部门战略与地区战略问题都说到了，而且与会者感到还有许多问题值得研究。除了这个座谈会之外，近两三年来，全国各地陆续召开了大大小小的战略问题讨论会。据我所了解到的，有按照经济区召开的，如 1982 年 10 月在大连召开了东北地区战略问题座谈会、1982 年在新疆召开了西北地区战略问题座谈会等；有按照具有的共同特点召开的，如 1982 年在武汉召开了大城市战略问题讨论会，1983 年在合肥召开了中等城市战略问题讨论会等；还有按照行政区划召开的，如省市一级的有上海、云南、武汉等地，地区一级的有西双版纳等地，县一级的有河北滦城等地。这些大大小小的战略问题讨论会对推动本地区、本部门的工作都起了积极的作用。

研究地区战略对于我国社会主义建设事业具有重要意义。我国是社会主义国家，是有计划发展的国家。我们可以计划国家经济社会生活的各个方面，而资本主义国家就无法做到这一点。因此我们要充分发挥社会主义制度的优越性，使我们的各项工作都有目的、有计划、有步骤地进行。拿一个地区来说，考虑一个地区的工作，就要有长远的、总的设想，这就离不开地区战略的研究。战略是我们制订规划的前导，而规划则是我们制订具体计划的前导。所以要正确地制订出一个地区的长远规划和具体计划，就必须开展对这个地区的发展战略的研究，首先制定出一个正确的发展战略。

那么，如何才能制定出正确的发展战略呢？我认为，首要的是要把研究和制定战略这项工作很好地建立在科学的基础上。这就要求我们重视科学研究，充分运用科学知识，不但要掌握马克思主义科学，还要掌握一般科学技术；不但要研究自然科学，还要研究社会科学。为此，除了充分地发挥现有科学技术部门的作用之外，还要建立健全为当地经济社会发展所必需的，而过去是空白或薄弱学科的研究机构。同时，我们要把制定战略这件事当成科学工作来做，就必须坚持科学态度。而要坚持科学态度，有一条是必须做到的，那就是在制定战略这项工作中，始终要严格地按照科学程度来办事。我认为，在制定战略时，研究技术和经济专家的任务是，要为决策者提供各种方案，对每种方案在技术上和经济上的可行性作出论证；而决策者的任务则是对专家所提出的各种方案作出正确的判断和选择。我主张，一个方案拿出来，不论在技术问题上还是在技术经济问题上，每一个方面、每一个步骤都应该有明确的人负责。这是保证我们的工作的科学性的一条措施。另外，我主张大家都来参加制定战略这项科学工作。一个正确的战略制定出来，应该是大家共同进行科学研究的成果。我这里说的"大家"，既包括专家，也包括实际工作者，既包括群众，也包括领导干部。大家共同来关心、共同来参加战略的研究和制定。参加北京召开的中国经济社会发展战略问题座谈会的，除了理论工作者和自然科学方面的专家外，还有许多在实际部门工作的同志，包括许多领导干部。大家以平等的身份参加讨论，解放思想，畅所欲言，发表各种意见，交流各方面情况，互相启迪思想，开拓思路。任何人的话在那种场合下，都只代表他本人，而不代表组织。我认为这样的会对于我们制定出一个正确的战略是必不可少的。各地区经常召开这样的会，我认为是有好处的。

现在我们的干部迫切需要提高科学水平。可是由于工作忙，大多数干部平时很难离开工作岗位去学习。那么怎样才能得到提高呢？我认为，参加研究和制定战略、规划的工作，本身就是一个很好的学习和提高的机会。现在大部分学术论文只停留在学者之间进行交流。我主张这些学术论文也应拿到实际工作者中间去，通过对这些学术论文的讨论，使学者和实际工作者之间建立起一种交流。为此，学者在写论文的同时，最好写出有关这篇论文的通俗的摘要，这样就便于实际工作者和领导干部看懂。在全国人民都在为"四化"而努力奋斗的今天，科学普及工作是非常重要的。而今天科学普及工作的对象之一，就是那些与自己的工作有密切关系的实际工作者，他们迫切需要各种科学知识，开发智力的活动里，包含对这些人智力的开发。由于他们所处位置的重要性，开发他们智力的重要性就会特别大，效果也会非常明显。现在许多领导干部深深地感到，过去那一套领导方法已经不够用了，或不适用了，迫切需要新的领导方法，因此他们强烈地要求学习。我们科学工作者要为他们创造学习的条件。现在就该提倡开辟一种科学风气，那就是理论联系实际，在知识分子和实际工作者之间进行科学工作的往来，进行科学思想的交流。

当一个正确的战略制定出来之后，我们就要为实现它而努力奋斗。为此我们就必须紧接着制订规划和具体计划，同时研究完成规划、计划的督促检查步骤、措施。战术的问题不解决，战略的实现则必然是一句空话。在为实现战略而创造的种种条件中，人才的培养是不容忽视的，而且是必须及早抓的一件事。在这方面，日本的经验是值得我们借鉴的。

除此之外，我认为今天我们应该提倡一种积极进取的、现实主义的精神。最近我写了两篇小文章，一篇文章的题目是"是积极奋斗的目标，不是消极等待的理由"。在这篇文章中，我讲的是这样一个意思：我们现在完全有理由来不满意现行经济体制中的某些状况，因为它妨碍了我们的事业。经济体制改革本来是我们积极奋斗的目标，可是有些同志却由于强调现行经济体制中存在的某些毛病，连本来可以干的事情也不干了，想等到体制改革后再来干，这样就把一个积极奋斗的目标变成了消极等待的理由。我觉得，尽管我们的现行经济体制有缺点，但总的说来，它毕竟还是社会主义的，在这种经济体制下，我们还是可以有所作为的。我反对那种消极等待、无所作为的精神状态。当然，与此同时，我们要积极地进行改革，对一些明显的不合理的东西要敢于突破。拿生产责任制来说，就是首先从下面突破的。任何改革的实现都是自上而下和自下而上相配合的结果，只有一方面的努力是不行的，要两面夹攻，才能把不合理的体制改掉。

另一篇文章叫"尺、寸、分"。在这篇文章里，我说：社会主义事业是宏伟的事业，要把社会主义事业推向前进，就要办成许许多多件大事。办成一件大事，打个比方，可以说是前进了一里。为了前进这一里，我们就要完成某一项计划、实现某个措施、兴办某一个工程，这些就可以说是前进一丈、一尺。我们只想前进一尺，可是在实际生活中，这一尺也得不到。怎么办？我认为，绝不能使自己无所作为。因此，暂时前进不了一尺，应该力争前进一寸。进一步说，不能前进一寸，连前进一分的事也要积极去做。当然我们不会只满足一分，或者一寸，但这一分我们非要不可，因为这一分是我们继续前进的桥头堡。我们一定要"得分进寸"、"得寸进尺"。与此同时，我们还要善于抓住时机，总而言之，我们一定要能跳跃一尺就跳跃一尺，能跳跃一丈就跳跃一丈。要有积极进取的、现实主义的精神。有了这种精神，我们在任何情况下都能有所作为，都能朝着我们宏伟的战略目标前进！

全面理解国土资源开发*

"国土"这个词是由"国"与"土"两个字组成的。这个"土"就是"土地"。"土地"这个词经常用,不过对它的看法有人宽有人窄。窄的看法是,土地只能指陆地,不包括水面。比这种看法稍宽一点的是包括水面,但只包括陆地面的水面,不包括海洋。我对土地持最广义的看法,不仅包括大陆和海洋,连地下和地球上空都属于"土地"的范围。最近我在《中国土地科学》上发表一篇文章,题为"土地的定义",你们有兴趣可以看一看。不过我们今天不来讨论土地这个概念,我们讲的是"国土"。"国土"这个词中还有一个"国"字,那就是说这里的"土"不是一般的土地,而是一国主权管辖下的土地。在讲"国土"的时候,更要把这第二个"土"字讲得完整一些,比方说不能只视做大陆,否则便会使人忽视国家还拥有海洋国土、上空国土等,这当然是不应该的。

在讲"国土"时,我还没有忘记"公土"——公海,以及世界公共的如南极大陆等。它们虽然不在我们中国主权管辖范围之内,但它们也有我们国家的一份。

我在1981年有一个"关于国土的12对关系、24个方面"的说法:平原和山地、陆地和水面、大陆和海洋、大块和零星、地上和地下、已开发和未

---

* 本文原载《一个哲学学派正在中国兴起》,江西科学技术出版社,1996年,第283、284页。

开发、易利用和难利用、南部和北部、东部和西部、乡村和城市、国土和公土、局部和整体。这些都是从资源开发的角度讲的。我之所以这么写，就是想要大家全面重视国土资源的开发。这 12 对关系是写在我的一篇题为"关于国土经济学研究"的文章中的。文中我说：对每一对关系中的两个方面都是应该重视的，但是我想比较侧重后一个方面，即希望特别重视山地、水面、海洋、零星土地、未开发、难利用等。而且我还提出一些具体主张，比如对零星土地的利用，我就提出了发展庭院经济的问题。

国土资源开发利用和保护，是很大很重要的问题，有一份专门的报纸来报道这方面的情况，引起社会上——包括领导的更加重视，是很有必要的。办好这么一份报纸意义很大，我对这份报纸抱很大希望。1992 年起，我不再是"中国国土经济学研究会"的理事长了，现在杜润生同志担任这个职务，我是这个研究会的学术委员会主任。我们希望这个研究会同《国土报》能够进一步合作。

开展关于"发展是硬道理"的讨论*

自然辩证法研究会的这个会本来我是决定参加的。常务理事会不常开,我是本届常务理事,应该尽可能到会,而且这次会又是在元月初召开,一定会讨论本会这一年度的工作,我更想参加讨论。加上新年才过,我也想再见面向大家拜个晚年,和朋友聚一聚。可是直到今早,咳嗽还没有好,不敢出门受冷空气刺激,只好写这样一封信了。

提一点意见。我建议研究会今年提出两个哲学问题引起学者们的兴趣,展开讨论,并且争取在社会上产生较大一点的影响。

这两个问题的第一个是关于"发展是硬道理"的道理。邓小平同志的这句名言是他的一个重要的哲学和经济思想。最近三四个月人们引用得很多。但是我已注意到对这个"发展是硬道理"学习、讨论得还很不够,并没有阐述得透彻周全。我自己也至今没有对它作过系统研究,写出文章。我认为我国学术界(其中包括我自己)亟需加深对这个问题的认识。

我想这一点大家都会同意:邓小平同志现在这句话叙述的首先就是唯物辩证法的一个根本原理,辩证法就是关于发展一般的科学。但是用这样的语言来表达,又是邓小平同志的独创,而且它对当前我国现实生活完全具有重要意义。我们应该抓紧时间很快地研究,深入地讨论,对这个道理进行充分

---

* 本文原载《一个哲学学派正在中国兴起》,江西科学技术出版社,1996 年,第 284~287 页。

地阐述，并且把有关的问题提到人们面前，启发人们的思考。

不妨先从最简单的问题讨论起：邓小平同志使用"硬道理"这样的语言意义何在？是否可以把这里说的道理既理解为不以人们意志为转移的客观规律，又理解为我们在主观上应该遵循的原则？而邓小平同志在"道理"这个词之前又加上"硬"这个形容词是什么意思？谁都知道"硬"和"软"是反义词，某些道理之所以是硬的，就是因为另外一些道理是软的。这里所说的硬道理，是否意味着：①这些道理不论人们对他的态度如何，总是会以客观的必然性贯彻自己；②同时我们要自觉地区别道理的硬软，使软道理服从于硬道理？

如果可以沿着这样的思路想下去的话，大家不妨去寻找一些事例来说明道理的硬软。我们是研究自然辩证法的，我们不妨讨论一下在自然界——包括天然的自然和社会的自然，有没有硬道理和软道理之分。至于社会自然我想一定有，否则邓小平同志也就不会讲这样的话了。

我认为在讨论中应该把这个问题具体化到这样一个程度：为什么邓小平同志会在"南方谈话"中讲这句话，他讲这个话是针对怎样的事情，由怎样的思想而发的，即到底有什么事情、什么思想是邓小平同志认为需要提高到"发展是硬道理"这样的哲学高度来解决的。邓小平同志的讲话总是实事求是、有的放矢的。因此我们在学习讨论邓小平同志的这个命题时，就要探讨一下他心目中的硬道理与有些人强调的软道理，在哲学思想上的差异在什么地方。我想邓小平同志是在看到存在着哲学思想上有差异的软道理而且是在争高下时才强调地提出这个"发展是硬道理"来。

"发展是硬道理"不但是一个根本的哲学原理，对今天我们中国来说，又是经济工作的一条根本性的指导思想。对邓小平同志的这句话的意思我们理解，他是肯定那些软道理也是道理，但是这些软道理要服从硬道理，配合硬道理，才是真道理，如果想压倒硬道理，妨碍硬道理，它便不是真道理了。

我也是从这个角度来理解邓小平同志不知多少次讲经济发展的速度要更快一些，胆子要更大一些这样的话。

因为"发展是硬道理"是一句有很深哲理的话，我们搞哲学工作的人，就责无旁贷地提出这个问题开展讨论。

请这个会议研究一下工作怎样进行（不，首先要讨论决定是否进行这个工作，如果进行，才谈得上研究怎样进行）。是否可以有准备地召开一次能产生影响的研讨会？最好先让与会者了解我们召开这个会议的意图，以便作发言准备，尽可能事先写出论文。有些文章争取在报刊上发表，还要准备出一本文集。我也不反对把这封信随同通知发给与会者，告诉他们仅供参考。会议的时间似乎不宜太迟。

　　第二个问题我建议再讨论一次"人与自然"的哲学问题。这个问题是我们研究会一直关心的，哲学界也常有这方面的文章发表。这次讨论是否能够做到准备得更充分些，在召开会议前就把讨论的焦点指明白，对讨论有一个引导。最近看到季羡林的文章，文中提出人和自然要交朋友而不应该提"人要征服自然"，并且认为人与自然的关系是伦理学的范畴。他把这个问题同"天人合一"的中国哲学联系在一起。这样的问题我就觉得值得讨论，人和自然界之间究竟是一种怎样的关系？

　　对这第二个问题我本来也想多讲几句，可是我想研究会首先应该抓第一个问题。

要重视城市发展规律的研究*

城市建设和发展方面的问题很多，有许多实际问题，也有许多认识问题。从科学研究的角度讲，对这个问题研究得还不透。我们现在讲的，许多都是一些局部道理，经过大家讨论、辩论，也就比较周全了。其中许多共同的东西，经过我们的系统研究，就有可能解决。这次的会很有意思，人不多，谈得较深，一个问题一个问题地深化，整理出来，反映出来，并作为下次讨论的基础。这个研究要经常化。

中国这么大，有这么多问题，确实很难办，指望一下子妙手回春，不可能，那是吹牛。事到如此，只能很好地调理，慢慢恢复体力。我们要实事求是，到底有多少困难要摆出来，千万不要自我安慰，不能夸大困难，但也不能把困难掩盖起来。要广开言路，把各种思想展开，不要考虑别人赞成不赞成，要创造这样的条件。

现在工作上欠账，研究问题上也欠账。许多问题没说清楚，能不能通过我们的工作把问题说得清楚一些。譬如，城市学从历史上说，什么叫城市？城市是怎样发展起来的？经过哪些历史阶段？又是怎样演变的？抽象地讲，城市起什么作用？具体地讲，每个城市都有什么特殊作用？北京应起什么作用？城市的发展有没有客观规律？我在国土经济学的会上曾讲过有两大门

---

* 本文原载《一个哲学学派正在中国兴起》，江西科学技术出版社，1996年，第300~302页。

类，即基础的经济科学和实用的经济技术，应该严格区别这两大门类。基础的经济科学是研究那些基础的不以人的意志为转移的规律。城市是必然要发展的，这是客观规律，不是人喜欢不喜欢的问题。对于那些不以人的意志为转移的客观事物，不能有任何抱怨，也不要企图去改变它，这是枉然的。而有许多事情是可以以人的意志为转移的，搞得好就好的多，搞得不好就坏的多，这些就属于实用的经济技术。定规划、作决策都是经济技术。对于这些工作，我们要满腔热情地去做。所以，首先要搞清什么是以人的意志为转移的？什么是不以人的意志为转移的？搞辩证法，就要把这些问题搞清楚。

现在的确有一个问题，就是毛主席讲的"重要的问题在善于学习"这句话，它对今天的中国格外重要。我们现在有些知识已经闲起来，而有些知识我们还不懂，尽讲些老掉牙的东西怎么行呢？现代城市生活有许多问题要研究，既要研究现实问题，又要研究对未来发生影响的问题。城市的布局、规划、结构怎么搞，都要研究。从全国来说，要划分哪些是农村？哪些是城市？公社所在地算什么？居民点是不是城市？现有的城市怎么建设？将来的城市又是一个什么样的布局？都应该有个设想，这不是不能预计到的。我们的国家是城乡的统一体，应该有一个城市布局的规划。

梁漱溟过去搞乡村建设派我们不赞成，但我们要搞今天的乡村建设派。中国这么多土地，要好好地去考虑它的建设，要把很多人的眼光转向建设乡村。当然我们也要有城市建设派，这个问题要展开，有许多工作要做。比如，居民住宅设计问题，怎样使人民居住得好，道路、住宅设计都是科学。我们要搞研究，又要搞普及工作，要把城市建设的科学知识普及开来，要向群众宣传现代生活、现代文明是怎么回事。不仅对一般人，也要对决策者。要把搞这一行的力量都组织起来，发挥最优作用。北京市应该有一个城市建设的报告会，还可以搞科教电影。

另一个问题就是要讲辩证法。讲辩证法可以启发人深思，提高我们的聪明程度。聪明的人要善于发现同中之异、异中之同。我们在城市建设上就有这个问题，笼统地讲控制大城市，大家都能接受，问题是要研究我们的政策，怎样具体控制。我们不要抽象地、一般地谈历史教训，而是要具体地研究当前的问题、解决当前的问题，这就是我们的工作。

要把这项研究经常开展下去。

力求实现协调发展*

中国环境战略研究中心第二届年会的主题是"社会经济与环境的协调发展",我想在这里讲一讲本人对"协调发展"的看法。

我们所说的"社会经济与环境协调发展"的主要意思是:我们所要求的发展,既不是片面地追求生产效益而忽视生态效益致使环境恶化,也不是要求环境保护做到超越经济力量所能达到的程度。我们要在发展中把生产和生态两者之间的关系处理得恰到好处。同时还要使教育、科学、文化以及社会生活的其他方面的发展也与环境保护相协调,促进环境保护工作的开展。我国的环境保护工作的实际状况就是按照这个指导思想去进行的。"协调发展"与《我们共同的未来》和《东京宣言》中提出的"持续发展"是完全一致的。"协调发展"是从经济社会与环境保护间相互关系方面对发展提出的要求,而"持续发展"则是从当前需要和未来需要间相互关系方面对发展提出的要求。而"协调发展"的目的也是保证社会的持续发展。

我们提出"协调发展"的客观依据是:在社会经济发展与环境保护之间,虽然也时常发生矛盾,但从根本上说,本来是一致的。不但环境保护需要运用必要的经济力量与社会力量,而且经济社会的发展也需要一个保护得

---

* 本文为作者 1987 年 7 月 2 月在中国环境战略研究中心的第二届年会上的讲话,原载《自然辩证法报》,1987 年 8 月 4 日第 15 期,第一、第二版。

好的环境。社会经济发展与环境保护之间的矛盾，从社会进步的观点来看，是应该克服的不合理现象。

"协调发展"对当前中国来说其重要性是十分明显的。中国现在正处在社会主义初级阶段，社会生产力水平还很低，因此需要使我国的经济文化及其他社会生活有一个比较迅速的发展。我国进行社会主义建设的根本目的是满足社会成员在生存、享受及发展自己个性和才能等方面日益增长的需要，为此就必须在增加产品的同时，使人们能够生活在一个良好的环境之中。"协调发展"，正是我国社会主义制度和广大人民迫切要求的。

《我们共同的未来》讲"持续发展"包括两个重要的概念，一个是"需要"的概念，尤其是世界上贫困人民的基本需要将放在特别优先的地位来考虑，还有一个是"限制"的概念，技术状况和社会组织对环境满足眼前和将来需要的能力施加的限制。我认为在我国还要强调一个"引导"的概念，即根据"协调发展"的指导思想对整个社会的发展进行科学的引导。

在这里我想讲一个工业化和环境间关系的问题。

当今世界环境退化问题十分突出。对发达国家来说它是工业化后出现的情况，对许多发展中国家来说，它是工业化过程中出现的情况。环境问题同工业化有着密切的关系。到19世纪末工业发展带来的环境污染，在欧洲和美国已经到了严重的程度，20世纪30年代后更为严重。但是这个问题受到国际社会的重视，以《人类环境宣言》为里程碑，至今也只有15年。环境问题在20世纪60年代作为公害刚刚提出来的时候，就成为布伦特兰夫人在《我们共同的未来》前言中指出的那样，被认为只是富裕国家的问题，只是工业财富的副作用，后来才认识到环境危机具有广泛的内容，包括食物、矿物、能源、森林、土壤、物种、大气、城市等许许多多方面，并且环境危机又与"发展危机"相联结，成为威胁未来人类生存和发展的一个统一的危机。环境的急剧退化，是在工业过程中出现而且在工业化后进一步突出的一个令人担忧的问题。

应该指出，环境退化现象的出现由来已久，只是在工业化过程开始以前，人类用以开发自然界、改造自然界以满足自己需要的手段很落后，因此在同样长的一段时间内，如在10年内，对环境所造成的破坏与工业化过程中所造成的破坏相比，同时也就小得多。用斧子来破坏森林的"效率"，当然远比用电锯低。但是在几百年、1000 年、2000 年中的长时期的破坏，积累在一起，后果仍然是很严重的。以中国的情况为例，由于中国人口多，开始是上千万人，后来是上亿人的盲目开发，再加上剥削阶级的残酷统治和连年的战争，中国大地发生了相当严重的环境退化。一个民族的历史越是悠久，所在地区环境退化一般来说也就越加显著。因此中国工业化过程开始时已经遇到不少严重的环境问题，而在工业化过程开始后，环境退化又在原来的基础上进一步加深和扩大了。

中国对环境问题的认识与发达国家相比是比较迟的。1973 年 8 月（斯德哥尔摩会议一年之后）才召开了第一次全国环境保护会议，成立了第一个环境保护的政府机构，当时正处在"文化大革命"期间。环境保护工作真正得到发展，是在 1978 年年底召开了中国共产党第十一届三中全会以后。对环境战略与规划进行系统的研究，更是最近几年的事情。大量调查分析证明，中国近 30 年中出现了许多类似欧美工业化过程中发生的环境退化现象，其中不少的确是难以避免的，以致使人误以为似乎存在一种"先污染后治理"的客观规律性。但是中国工业化同当初欧美工业化的时间相隔 100 多年。在 100 多年前人们对环境保护缺乏认识，也不拥有监测和治理环境的知识和物质手段，不知"环境科学"为何物，自然而然地处在盲目的状态，结果不得不在 100 多年后再去进行治理。经验表明，后治理比一开始就注意环境保护，要多花好几倍的资金，并且已经蒙受了巨大的损失，而且还有许许多多——也许是大多数——环境破坏，是永久性的、不可逆转的。而 100 多年后的今天，我们有了觉悟，有了治理环境的强有力的手段，就不会也不应该重演以前的历史了。

当然我们不愿使自己陷入空想。我们懂得"协调发展"、"持续发展"的实现是一个过程，是一个艰巨的促使人们更进一步觉悟的过程，是一项巨大的组织和管理工作。在理论上我们只能论证"协调发展"是可能的、是合理的，它的实现还要求我们做大量长期的艰苦的工作。具体的问题需要具体地解决。科学研究的任务就是要去探索能够具体解决问题的有效办法，制订解决问题的计划。因此这一届年会的主题，就是"如何实现社会经济与环境的协调发展"。有关的一些具体要求和设想，我在这里就不讲了。

具体的问题总是很复杂的。1984 年 1 月在第二次全国环境保护会议上，我讲了某一项社会实践的结果，可以是：①经济效益是正值而生态效益是负值；②生态效益是正值而经济效益是负值；③经济效益与生态效益同为正值或负值。面对这些情况，人又不是无能为力的，并不是负值永远都是负值，或者正值是这么多就永远是这么多。我们可以采取各种有效的办法来增加经济效益和生态效益。在今天我们拥有这样的科学手段。我们可以探索到有助于实现社会经济与环境协调发展的各种途径。在这里我想再强调，"协调发展"的实现是把大量非常复杂的具体问题解决的结果，不要指望轻易地求得一揽子式的解决，只有一个一个地解决问题，才能使我们最后在总体上解决问题。对这种性质的问题，决心和信心是极为重要的，它可以鼓励人们坚韧不拔地朝这个方向作不懈的努力，同时又必须从事切实的和聪明的实践。决心、信心与长期的、切实的、聪明的实践，是克服实现"协调发展"这一困难的必要和充分的条件。我们中国环境战略研究中心愿意在这个方向上作出自己的贡献。

有关能源的若干自然辩证法问题*

研究能源问题——特别在研究能源发展远景的时候,应该高度重视来源于绿色植物的能源,即所谓的"绿色能源"。随之而来,在实践上就要高度重视"能源农业"和从农作物中提取液体燃料的技术与经济问题的研究。

一、关于能源的定义

"能源"一词是从欧洲现代文字中的"energy"翻译过来的。"energy"本来是一个物理学上的名词,通常译做"能"。把"energy"译成"能源"是不确切的。因为"energy"这个词不包括"源泉"的意思,而且把"energy"译成"能源"还会产生这样一种困难,即当我想说"energy"的来源——"source of energy"时,由于已把"energy"译成"能源","source of energy"就不得不说成"能源的来源",这就很别扭了。但是如果把我们讲的"能源"直接翻译成"能",也不理想,也有缺点。因为在这里我们讲的不是物理学上的概念,而是经济学上和社会学上的概念,讲的是我们人类所需要、所使用的那种"能",不是一般的物理上的"能"。这种既是物理学上的能、自然科学上的能,但又不再是与人不发生关系的东西、可以与人分开来的东西。当我

---

* 本文原载《一个哲学学派正在中国兴起》,江西科学技术出版社,1996年,第312、322页。

们说到在某个时候、某个地区"能源短缺"或者是否存在"能源危机"时，我们讨论的已不是自然界本身的问题，而是一个社会问题。因此，最好我们把具有这样含义的"energy"既不译做"能"，也不译做"能源"，而用第三个更适当的文字来表达。现在我们还没有找到这个最恰当的词，而且"能源"这个名词现在已经用开来了，因此暂时只好使用"能源"一词来表示这种经济学上、社会学上讨论的"energy"。而在物理学的观点上使用"energy"这个概念时，则用"能"这个中文单字词。如果说到量，就用"能量"这个双字词。在这篇文章中，我就严格地按照这个原则来使用"能"与"能源"两词。作了这样一个说明之后，我认为可以把想表达的意思说得更加清楚一些。

大家都知道，能源对于人类社会生活的作用，一是用来满足人们生活消费的直接需要，一是用来满足生产的需要。

我们知道人是一个生物。任何一个生物要维持自己的生命，在一定时间内就要摄取一定数量的为生命所需要的能。这是一个物理学、化学和生物学上的问题。同时人又不是一般的生物，他同一切动物一样，不具备像植物那样直接从太阳辐射中吸收"能"的能力，而需要从已经储蓄了太阳能的食物中吸收一定数量的能来维持自己的生命。同时人更区别于其他动物，他过着社会经济生活和各种社会生活，因此还要多摄取和消耗更多的能用来满足人的特殊的需要。比如，人类夜间需要照明，就要有太阳光以外的能采取光的运动形态来满足人的需要。由于在生产人类生活所需要的各种产品时都要消耗能源，这些都是生活消费中直接或间接消耗的能源，因此一个人所消耗的能量比维持自己躯体的新陈代谢所需要的能量要多得多。

进一步讲，我们掌握到的能源是一种劳动手段，是生产力的一个要素。我们知道，人不只是凭借自己的身躯去征服自然取得产品，而是以"人-劳动手段"的结合体来征服自然界取得产品。在这个结合体中劳动手段是人的附属物，是人躯体的"延长"。这里所说的"延长"不只是长度，它被借用来表达附属于人的躯体的、人与自然界之间的一切媒介物，因此所有劳动手段都是人躯体的延长，不但人躯体的四肢、五官、脑等都可以延长，而且人所拥有的体力也可以"扩大"。由于"延长"一词在这里用的是它的广义，所以在这里把"扩大"改为"延长"一词也是妥当的，这是从劳动手段的本性中逻辑推出的必然结论。

二、能源的类型

下面我们进一步来讨论人类所需要消耗的能在自然界的源泉问题。我们可以看到"能源的来源"（对不起读者，我只好使用这个字面上看来很不通的语言）有三个：第一个是从太阳辐射到地面上的能里取得的。从各种可燃矿物、一切绿色植物、水力、风力、太阳灶与太阳能发电站等中获得的能最终都来源于太阳能。第二个是从地球本身的物质中取得的，地热能、原子核能等。第三个是从地球与月亮的引力作用中获得的，潮汐能即来源于此。

现在我们从另外的，但仍然是从自然科学的角度来分析能源。能源有两种形态：第一种形态如直接利用太阳那里辐射来的光和热，或者发电站发出的电流（电子流）所荷载的电磁能。太阳辐射当然也是物质，但它大多是有"具有静止质量"的物质——光和电磁辐射。

我们知道，物质可以分做"具有静止质量"与"不具有静止质量"两种，这是相对论与量子论发现后形成的关于物质概念的新发展。任何物质运动都会形成质量（这种质量叫做运动质量）。运动速度越高，这种运动质量越大，像光和电磁辐射、电磁场这样的物质，全部质量都是这种运动质量。我们平常在日常生活中接触到的客观物体，不论它们是固体、液体还是气体，由于它们也在运动中，从理论上说也是有运动质量的，但是由于它们的运动速度很小，因此质量中几乎不包括"运动质量"。由于物理学新产生了"运动质量"的概念，这种不包括运动质量在内的质量也就取得了"静止质量"的名称。对具有静止质量的物体，我想暂时用"物料"这个名词来表达，虽然这种表达方法并不理想，因为按照许多哲学家对物料概念的用法，没有静止质量的物质也是实体。我的目的只是区别只具有运动质量的能源和具有"静止质量"的能源。这种质量我称之为"能源物料"，它们是能源的第二种形态。

关于能源物料又有两种情况，一种情况是像在水力、风力或地热能的利用中，我们利用了水、空气等物料所承载的机械能和热能来取得能源；还有一种情况是利用物料本身的化学物质，利用物料的化学变化来取得能源（化学能实质上也是原子、分子中的电子壳层所荷载的电磁能）。煤、石油、天然气等可燃矿物和食物都是"能源物料"。"能源物料"的概念比燃料的概念要宽。燃料是一种能源物料，但并非一切能源物料都是燃料。食物是能源物料，但它并不是燃料。在化学工业中许多物料在我们安排的化学变化过程中释放能。如果我们找到并采用适当的工艺流程，这种能是可以作为能源来利用的。这时候这种物料也起了"能源物料"的作用，但也不是燃料。

"能源物料"还有一个与只有运动质量的能源物质相比很不相同的地方，也就是前者的自然属性是单纯的能，虽然这种能也可以有形态上的差异，但终究是单纯的能。而能源物料，是有它的化学结构的，因此它除了具有"能源物料"的使用价值外，还可以有某种使它有其他使用价值的化学属性。因而把这样的物料简单地称为"能源物料"是不妥当的。比如，煤、石油、天然气等是重要的有机化工原料，从这些物质中可以生产出许多重要产品。

作了以上一般性的说明之后，我们就可以回到文章开头时提出的问题，对能源物料中的一种——"绿色植物"进行一番分析，并和能源物料——煤、石油、天然气等可燃矿物进行比较。我认为进行这种讨论有助于说明为什么我们应该高度重视能源农业和与之相联系的工业和技术问题。

三、"绿色植物"作为能源的重要性

大家都知道，不论是绿色植物，还是煤、石油、天然气中所拥有的能的来源都是太阳辐射能。煤、石油、天然气等与我们说的绿色植物的区别只是古今之别，后者是新生的绿色植物，而前者是经历了漫长的地质时期而形成的，它在许多方面起了变化，但仍保存着"能源物料"这种属性。

新生长出来的绿色植物，从它的化学构造来说，是未分解的有机物质，植物的根、茎、叶、果实，在不同的绿色植物之间，化学成分的差异性比较大，整个绿色植物具有较为丰富的多样性。以可供食用的绿色植物为例，它们含有不同构造的碳水化合物、脂肪和蛋白质。这些不同及其他化学成分的不同决定了它们各自不同的营养价值和味道，使它们对不同食用者在不同时候的需要与爱好能有更好的适应性。

应该看到，食物之所以被使用，在某些方面已经同能源没有关系了，如美味就和营养不一定有直接联系，而营养也不仅仅只为人体提供热量，所以不能简单地把食物看做"能源物料"，但是，食物的第一个作用是提供热量，因而总的说来还是可以把它们看做"能源物料"。

作为"能源物料"的食物，在自然属性上与用作药物等的物料是不相同的。药用植物，它们的多样性不但更重要，而且它们之所以被使用，主要不是因为有营养，更不是因为它们能够为人体提供热量，而是由于它们的化学成分有药理作用。从药用植物的这个特点来看，一般来说，它们就不属于"能源物料"的范围。

绿色植物用做燃料时，彼此之间的差异性，比用做食物时就小得多，但应该承认这种差异性。因为各种不同的绿色植物的各个部分所含的化学成分是不一样的，而且应该看到由于存在这种多样性，它们作为燃料的使用价值也就不一样。比如说，它们（一个一个地来看）是否含有使它起火容易的挥发性油脂，是否含水太多，纤维质的坚硬程度，以及它们的形状和比重如何等，都影响到把它们当做燃料来使用的效果。我认为这种差异性要比煤、石油、天然气大。把它们作为工业用的燃料，差异性太大，也就是标准程度不高，这不是什么优点，再加上绿色植物作为燃料，单位重量特别是单位体积热值低，使得它们难以在工业中使用。

煤、石油、天然气等，一方面保持了有机物的成分，但是经过这么长的岁月，原先绿色植物中的有机物有不同程度的变化，分子的结构变得比较简单了，原先绿色植物中的多样性减少了。当然从不同绿色植物来源和在不同的地球历史环境下转变而成的煤、石油间的差别，比较仔细地去观察，还是很大的。一般来说它们从绿色植物变来的时间越长，原有绿色植物中有机物质的变化就越大，反之就小一些。泥煤比煤含有的绿色植物中的有机物质就多一点，以致泥煤经过处理可以作为饲料使用。同时天然气比煤和石油分解的程度也要大，最后形成气体，它的分子可以说已经成为最简单的一些有机化合物了，在那里有机植物的多样性可以说完全见不到了。

煤、石油、天然气等和绿色植物在空间、时间上存在状况也有很大的区别。绿色植物遍及一切可以生长绿色植物的土地。绿色植物之所以能大量吸收太阳能就是由于它的这种特性，并且在地球表面各个部分，由于条件不同，绿色植物就有不同的分布。绿色植物是很分散的，而且绿色植物存在的时间也比较短暂。一年生的绿色植物如不比较快地利用，当年枯死之后，一部分变成土壤中的腐殖质，大部分很快就分解成为无机物。就是多年生的树木，能够在比较长的时间内保存下来的也只是它的枝干，树叶和其他一些枝也会落地逐渐分解。而煤、石油、天然气等已是绿色植物保存下来的有机物，并且已经历了一个富集的过程，所以，在有这种可燃矿物的地方，它是比较集中的，而且如果不开采，它们可以长期储存在那里。

煤、石油、天然气等和绿色植物在自然属性、空间、时间中存在状况的差别，决定了这两种"能源物料"在经济上的不同价值。近百年中，人们特别重视可燃矿物，就是因为它的自然属性更适合工业化的需要。在工业生产中能源物料中的多样性是有一定的重要性的，物料的均匀性是很受重视的。对这些可燃矿物人们看重的还往往是另外一些自然属性，如含硫比较低等。

但是，煤、石油、天然气作为能源有一个弱点，那就是这些古代储存下来的绿色植物，它的数量是有限的，经过近三四百年的较大规模开采，资源已减少了许多，而且越到近代它的消耗速度越快。据报道，现在一年开采的石油和煤都是20多亿吨。按照现在的速度开采下去，它们究竟还能用多久就是一个问题。对于它们还能使用多久的问题，外国学者有过各种预测。美国学者 赫尔曼·卡恩等的《今后二百年》一书（上海译文出版社，1980年）使用的资料是：主要矿物燃料探明储量分别是石油3.7昆特（1昆特等于100万兆英制热单位）、天然气1.0昆特、煤（包括褐煤）95昆特、页岩油19昆特、含沥青砂岩1.8昆特，总计120昆特，预测可供消费年数120年，加上潜在资源，最多可供消费年数不超过500年。有的学者估计，石油只能使用70~80年，煤也只能使用2~3个世纪。因此，只重视煤、石油、天然气等可燃矿物的思想在一些人的头脑中已经开始转变，有越来越多的人对绿色能源产生了兴趣。

四、能源问题上的"否定之否定"

在人类历史上人们本来把绿色植物作为主要燃料,把煤、石油、天然气等作为主要燃料在人类历史上还不是很久远的事。看来一种否定之否定的过程现在正在开始。这种否定之否定不是使人类历史回到以绿色植物作为燃料的时代,因为将来还会使用原子燃料等"能源物料",同时在能源中非能源物料的比重现在已经很大,将来也会继续占据更重要的地位。但是,仅就煤、石油、天然气和绿色植物在能源物料中的比重来看,绿色植物上升趋势的苗头已经出现,我认为将来是会越来越显著的。

这样判断有什么根据呢?

让我们比较一下一年中绿色植物吸收太阳辐射能而形成的能的数量和地球上已探煤、石油等可燃矿物储量之间的比例关系。

我请一位同志查了这方面的资料,现在我把他查到的数字写在下面。

1) 1953 年版《苏联大百科全书(第 23 卷)》"地球上的物质循环"一条中写道:1 年生有机物所含碳总量是 1.5×10^{11} 吨,相当于 5.9×10^{20} 焦耳的能。而已探明的煤、石油和其他可燃性生物量估计共 6.4×10^{15} 吨(没有说这个数字相当多少能。大百科全书 1973 年版第 13 卷其他数字相同,但删去了已探明煤和石油的数字)。从这个资料中我们看到绿色植物的重要性绝不能低估。如果人们把地球上探明的煤、石油、天然气的总重量和 1 年生产的有机物所含碳的总量看做可比的数值,那么按照原苏联大百科全书的数字,作出的判断便是地球上这些可燃矿物的总量是 1 年生物量的 70 倍。

2) 1974 年出版的 G. M. Masters 的《环境科学技术导论》中引证 E. P. Odum 所作的估计,说陆地生产量 1 年是 240×10^{15} 万焦耳,海洋生产量是 1 年 182.2×10^{15} 万焦耳,笔者估计 1 年总生产量是 4.18×10^{17} 万焦耳。这个数字比原苏联大百科全书大几倍。像这样的估计数大几倍是算不了什么的,应该说两者还是比较一致的。可惜没有看到 Odum 对煤和石油也作一个估算。

3) 我国科学出版社 1973 年出版的祝延成编著的《生态系统浅说》一书写道:地球年通过光合作用可形成 1.7×10^{11} 吨干物质,相当于固定 30×10^{16} 万焦耳的能。这个说法的数量比原苏联大百科全书大 5 倍。而干物质量则比原苏联大百科全书少一个数量级。这两个数字必有一个不可靠,因为干物质与能的比例是一个比较死的数字,而且是比较容易计算的。这部书还写道:陆地生态系统年生产量是 1.2×10^{11} 吨干物质,相当于 20×10^{16} 万焦耳量;水生态系统年生产量是 0.5×10^{11} 吨干物质,相当于 10×10^{16} 万焦耳。

上面所说的只是地球上年生物量与煤、石油储量的一个对比。从这个对比中我们可以看到,作为能源物料的绿色植物是不容忽视的。在这里还没有讲到如果人类采取措施来提高农业生产,使生物量大大增加后会出现一些什么情况。我认为这是一个很重要的问题。

五、有关"能源农业"的问题

所谓"能源农业",就是以生产能源为目的的农业。因为农业除提供能源外还可提供农产品使用价值,所以"能源农业"只是农业中的一部分。不过"能源农业"的范围还是很广泛的,它包括生产提供人体能源的"食物农业"和提供燃烧需要的"燃料农业"。

前者我们已经讲过,绿色植物作为太阳辐射的接收器有这样一个特殊的"优点",那就是利用它基本上做到在阳光普照下,就可以吸取太阳能。而且把农业与利用太阳灶、太阳能发电站等作比较,又是最廉价的,因此用建设太阳能电站等方法来吸收太阳能,要多得能源就要增加接收阳光的设备面积,而这是需要大量投资的,并且受制造各种设备的材料的限制,而用农业方法来扩大接受太阳能的面积,只要有土地就行。

但是,我们几乎到处都可以看到,由于其他条件跟不上,在地球上还有很大面积的土地,虽然有阳光在照耀,但是并没有绿色植物。如果通过人的行为,使更多的土地生长绿色植物,1年从太阳光中吸收的能的数量就可以大大增加。当然要在有些人迹罕见的条件特别差的土地上种植绿色植物,所遇到困难是在很长的时期内所克服不了的。但是地球上也的确有许多可以增加生物量的土地由于种种原因闲置着,这是很可惜的。总之地球上1年生产出来的绿色能源这个数字是可变的,即可增加的,而地球上蕴藏的煤、石油、天然气的数字是固定的,是不可能再增加的。因此只要我们努力,绿色能源的地位就会有所提高。当然用种植绿色植物的方法吸收太阳能,利用系数还不高，但正因为不高，这就给通过科学研究来提高这种利用系数提供了可能。这些都是重视和发展能源农业的根据。

还有一个系数也是应该做比较研究的，那就是生产出一定数量的能源，是要以垫支与消耗另一数量的能源为代价的。上面说的太阳灶、太阳能发电站设备的制造，都需要消耗大量能源，在这些设备被使用之前，就是一种垫支，同时在这些设备运输过程中也会有能源消耗。用种植农作物的方法生产绿色能源，同样也会有能源的垫支和消耗，但是一般说来要少。当然现代农业中有一个发展方向——"石油农业"，就是以大量消耗石油的方法来增加农业产品的。这个方向是许多农业经济研究工作者所不赞许的。在农业生产中能源的生产量与垫支量、消耗量之间的比例关系是可以做到比较少的，这也是能源农业相对于其他能源生产所具备的一个优点。

但是，"能源农业"也有自己的弱点，那就是为了维持人体的新陈代谢所需要的能源物料（食物），到目前为止只能由农业来提供。但是充作燃料，绿色植物如果不经过加工就有很大缺点。在生产与生活比较落后的地方，可以烧薪柴，因此在条件适当的地方应该发展薪炭林——它是能源农业的一种。但是在工业和城市生活中以薪炭作为燃料是极不方便的，大多数场合可以说是不可能的。如何在工业和城市中使用绿色农业是一个关键性的问题，为了达到这个目的有必要从绿色植物中制作液体燃料（这是主要的），或制造气体燃料（这是次要的）。

因此，"能源农业"要能够发展，要在各种能源中占据重要位置，不仅有一个把绿色植物生产出来的问题，而且有一个选择更适宜于制造液体燃料的植物的问题，尤其重要的是如何对绿色植物进行加工的问题。这种从绿色植物中制造液体或气体燃料的加工必须有很好的经济性，即在加工中消耗的能源要很少很少，比生产出来的能源要少得多，否则就没有意义。对于绿色能源中的这些问题，现在已经受到不少国家的重视，这些问题绝不是轻而易举就可以解决的，但也不是解决不了的。

近些年，各国研究得最多的是用绿色植物制作酒精和用酒精代替石油（或部分代替石油，即与石油混合使用），作为发动机（如汽车发动机）的燃料。这样的工作已有证明是成功的。1977年美国能源部制订了国家用酒精燃料的计划，其长远目标是实现纯酒精发动机的实用化。预计到2000年前后将有一部分汽车实现纯酒精化。1979 年日本也制订了石油代用品 16 年开发计划，其中以制取酒精为主要研究课题。其他国家，如西德、瑞典、加拿大、印度、印度尼西亚、菲律宾、澳大利亚等，对酒精燃料的研究都做了具体布置。在巴西，目前使用酒精或酒精汽油混合物作为燃料的汽车已有几千辆，预计到 1988 年将有 200 万辆汽车改用酒精驱动。

和这种目标相联系的就是许多国家正在研究如何提高更经济地从绿色植物中制取酒精的技术，也在注意最适宜制造酒精的农作物。报道说，西德联邦农业研究院重视从农作物中提取酒精。这个研究院的植物栽培研究所所长说，自 20 世纪 80 年代初起，西德工业界将大量需要经济作物作为原料，用新的加工业技术进行生产，使西德农业从粮食和饲料生产过剩中摆脱出来。目前该院正试验栽培了 36 种来自世界各地的萝卜，以便从中发现制取酒精的最佳品种。再如，美国农业研究局与农业部北部农业能源中心合作，研究用不同作物生产燃料酒精的潜力。据估计，每亩玉米秆的汁液经发酵可以生产 151.5 升酒精。至于用玉米粒生产酒精是平常采取的一种工艺，它也被认为是更为合算的事，因为玉米粒发酵制作酒精后的副产物是牲畜的优良补充饲料。又如瑞典在 1980 年种植了 300 公顷的"能源树"，到 1990 年计划种这种树 10 万公顷。这些树木的主要用途是用来制取酒精燃料。这一计划实现后，瑞典每年可获取 300 万吨树汁，它们所提供的能量将相当于该国石油消耗量的 1/2。

当然，从绿色植物中制取燃料不限于制作酒精。有材料说，早在 1977 年美国科学家就已经发现，某些绿色植物能把太阳能迅速转变为烃类，而烃类是石油的主要成分。也就是在那一年，美国科学家首次成功地从植物乳汁中提取了一种很像石油的液体燃料。经试用表明，它完全可以作为石油的代用品。不久以前，美国科学家又从某种藤本植物和灌木的树汁中提取"汽油"获得成功，这些"汽油"在燃烧时不会产生一氧化碳和其他有害成分。这个材料还说，在巴西有一种三叶胶，其胶浆中有 1/3 是石油烃。

至于用绿色植物制作沼气更是大家都知道的方法。使用沼气的问题是一个非常重要的问题，现在我们在这方面花的力量同它的重要性是不相称的。能够对沼气加以利用，这当然是一件容易做到的事，但在使用沼气的事业上取得很大的经济效益，对沼气进行全面的、系统的研究和利用是另外的一回事，并不是一件轻而易举的事情。

据报道，新西兰科学家获得的成果，作为"能源农业"最有前途的是饲料甜菜、紫苜蓿和松树。他们预测，到 2000 年从松树中提取的能源就可以满足该国运输部门全部燃料的需要。

以上所说的这些材料，只是一些消息报道，详细情况还不了解，而且大都还是规划设想和试验，还没有成为经济生活中的重要事实。

在我们国家，由于农业问题还没有最后过关，农产品加工能力也不够，同时我国煤和石油资源也还比较丰富，在当前一个时期内除了注意发展薪炭林外，我"能源农业"估计还不可能有很大的发展。因此发展"能源农业"这件事还不可能提得很高。但是在研究能源远景问题时，绿色能源的地位和它日益受到重视这个趋势是应该重视的。我们现在就应该提高这方面的认识，开始积累这方面的知识。随着我国现代化经济建设的发展，"能源农业"我们可以预计是会越来越占到重要的地位的。

第四章 倡导科学精神，反对伪科学

要灵学，还是要自然辩证法*

关于"人体特异功能"问题，一个多钟头里是不可能讲清楚的。我已做了"广告"，要写一篇长文章，在《知识就是力量》上陆续发表，估计有六七万字，总的题目叫"评两年多来耳朵认字的宣传"。文章写出来，是对还是不对，请大家再来评论。

今天我想专门讲讲：人体特异功能的研究就是灵学的一个变种，灵学是一门伪科学，灵学是同唯物主义根本对立的，是恩格斯在《自然辩证法》中严肃批判过的，它同自然辩证法是不能同时并存的。我们这个研究会是自然辩证法研究会，参加我们这个会的同志在这个问题上应有明确的立场，要在灵学和自然辩证法之间给出一个明确的选择：要灵学还是要自然辩证法？我们的结论当然是要自然辩证法。从这个结论出发，就应该考虑应该怎样来看待在我国已经流行了两年多的"耳朵认字"的宣传。

我对灵学本来没有什么研究，是形势逼着我看了些材料，进行了一些分析。这样我才弄清楚了它的脉络。灵学的研究对象从来就是类似现在我们讲的这些人体特异功能，如不用眼睛就可以看到东西；不用耳朵就可以听到东西；或者用眼睛或耳朵可以看到或听到几百里、几千里以外的形象或者声

---

* 本文是1981年11月4日在中国自然辩证法研究会成立大会暨首届年会上的发言的摘要，原载《一个哲学学派正在中国兴起》，江西科学技术出版社，1996年，第368~384页。

音；可以用意念来移动东西；可以让东西穿墙过户等。这些原来是古代（不论中国还是外国）常讲的事情。在佛家的教义中早就有天眼通、天耳通、他心通等说法。这些事情原来是古代的迷信，后来才成为一门学问——灵学。

灵学是从什么时候开始的呢？准确的时间不好说，至迟在 1820 年法国一个肯定麦斯默尔术的委员会的报告中就写进了"一些远远超出当时医学范围的特别现象，如不说一句话就能在两个心灵之间传递思想，读平常无法阅读的密封的信，'感觉的互换'——用指尖代替视觉等——以及其他后来由心灵研究所探讨的类似现象等。报告涉及的奇迹——心灵感应、天眼通和感觉的换位等，这些被反对者认为是欺诈"①。从这段话中我们可以看到至迟在 19 世纪初，即距今一百六七十年以前，心灵感应（现在我国人体特异功能宣传者所说的思维通信）、天眼通、手尖识字等都已作为科学问题或伪科学问题提出来了。

接着就到了恩格斯在《神灵世界中的自然科学》一文中所说的那个时代了。

从恩格斯的这篇著作中我们读到华莱士与唯灵论——"自然科学这个部门中的最初实验是在 1844 年开始的，那时他听到斯宾塞·霍尔先生关于麦斯默尔术的讲演"。这就说明 19 世纪 40 年代，麦斯默尔术的活动仍在继续着。在恩格斯的这部著作中，我们还可以读到有关"加乐颅骨图"的叙述。这是 19 世纪初，也是一位奥地利医生加尔所创立的一门"学问"，说人的每一种心理特性在人的头脑中都有一个特定的部位和它相适应，某种心理特性的发展会引起颅骨的相应部位隆起一块，因此可以根据颅骨的外形判断人的心理特性。在恩格斯的著作中就讲到催眠者接触到加尔颅骨的某个部位，被催眠者"就像演戏一样作出了表示该器官的活动的表情和姿势"等。从恩格斯的著作中我们还可以看到在 19 世纪 60 年代，欧洲从美国输入了招魂术和请神术；看到了桌子跳舞的降神术的流行；看到各种神媒团体的活动；看到了神灵照片的拍摄；看到了神灵从一间屋子里突然出现，又从这间屋子里绝

---

① 见墨菲和科瓦奇：《近代心理学历史导引》。麦斯默尔是一位奥地利医生，19 世纪 70 年代在巴黎用"动物磁力说"方法，即用盛放在磁化了铁屑中的金属棒去医治疾病。他的这种医术取得了麦斯默尔术的名称。1820 年的这个委员会的报告是对他的追随者行医情况的报告。

对地消失的表演；看到了像华莱士、克鲁克斯这样在自己的专业上有卓越成就的自然科学家，怎样热衷于这种唯灵论的活动，"变成了从美国输入的招魂术和请神术的不可救药的牺牲品"等。

恩格斯的这个著作，据考证是在1878年年初写的。在恩格斯的这个著作之后，在灵学史上发生的大事是1882年伦敦心灵研究学会的成立。那时因为有一部分人不喜欢"唯灵论"（spiritualism）这个名词，就改用心灵研究（psychical research）这个名词。克鲁克斯，还有自然科学界比较熟悉的J. J. Thomson、Oliver Lodge等都是这个学会的积极分子。这个研究会的成立，可以说正式宣告了"科学时代人体特异功能研究"阶段的开始。心灵研究的对象仍是思维通信或传心术、天眼通、预知、闹鬼、死后的存在这些东西，而研究的办法则是各式各样的"科学"实验。

这样的活动延续下来，到20世纪30年代，灵学有了一个新的发展。在这个发展中起重要作用的是美国人莱因的工作。莱因的特殊贡献是他设计出一套新的实验方法，也建立了一套关于灵学的专门术语和"理论"。他还创立了关于这门"学问"的新名称：超心理学或心灵学（parapsychology）。英国百科全书在心灵学这个条目中对这门"学问"的解释是"心灵学是唯灵论和心灵研究的近代产物"。它之所以近代化一点，就在于它在方法上、在概念上比过去搞得完整。

比如说心灵学研究的对象还是以前的那些东西，但是它把它们进行了分类。它把心灵现象分成了两大类，一类叫做超感官知觉（英文缩写为ESP），一类叫做心灵运动（英文缩写为PK）。它又把ESP按照靶子和呼叫的关系分成三类。什么叫靶子？这是有讲究的。平常我们讲认识、讲心理过程，用的术语是刺激和反应——给我们的感觉器官以一种刺激，这就在我们的感觉器官上产生某种反应。但是心灵研究和心灵学研究的是超感官的知觉，他们不能承认刺激和反应这种心理学上的道理，所以他们就把超感官知觉的对象称为靶子。靶子是不接触人的感觉器官的，只是被设定为人用超感官知觉去作出反应的对象，这种反应他们称之为"呼叫"。于是莱因就按照靶子和呼叫的关系，把ESP分作三类。如果靶子是人的思想，这种ESP就叫做传心术；如果靶子是一种客观物质，这种ESP就叫做天眼通；如果靶子是在呼叫时还不存在的东西，那么这种ESP就叫做预知。这就把以前讲的种种超感官知觉分得比较细致、比较"科学"了。PK 是同 ESP 并列的一种心灵现象，它指的是意念能够把握它所想的客体的运动，这就是现在我们所说的意念致动。

莱因对 ESP 和 PK 都有一套实验方法，而且使这种实验定型化。这是莱因在这个领域的一大贡献。他的实验方法，在 ESP 方面就是猜纸牌。他设计了一种专用的纸牌，一共只有 5 种花样，圆形、正方形、星形、十字形和由 3 条波线组成的波形，每种 5 张，共 25 张，组成一套纸牌。依次呈现一张一张的纸牌，让被试者呼叫，这就是天眼通的试验。呈现纸牌的地方，可以远离被试者，这就可以显示出天眼通可以不受距离限制这个特点。如果由一个人看纸牌，另一个人接受这个人的感知，这就是心传心术的试验。如果让被试者先依次呼叫，然后依次呈现纸牌，这就是预知的试验。心灵学的实验者就可以根据呼叫射中靶子与否的统计数字进行研究。如果这种统计数学表现超出了一般概率论的范围，这就说明有了超常现象，有了特异的心灵现象，有了 ESP。莱因和他的追随者就是这样去做 ESP 实验的。

莱因 PK 实验的方法是掷骰子。被试者先表示他要骰子哪一面朝上，然后投出，看结果出现的那一面和思维把握的要其出现的这一面是否一致，记录其结果，然后进行统计和概率论的计算，如果超出概率论的范围，也就证明 PK 的存在。

莱因的大量试验就是这么做的。他根据这种实验的结果证明 ESP 和 PK 的存在。

莱因和他的追随者把这种实验的结果称为关于心灵现象存在的系统性的根据。而在这以前人们向心灵研究者报告或心灵研究者自己搜集的各种证据，就被他们称为非系统性的证据。莱因等重视系统性的证据，但他们并不否认非系统性的证据，而且用自己系统性的证据去支持非系统性的证据。因为他们既然系统地"证明"了 ESP 和 PK 的存在，那么非系统性证据至少就是可能的，即使某些报道不是事实，也就不能全面地对它们作出否定的判断了。

莱因之后的心灵学和前人的心灵研究相比，又进了一步。这些东西，虽然被真正的科学工作者看做伪科学的东西，但是他们自己还在拼命地争取钻进科学工作的领域中来。他们做试验、出书，也出杂志。

我们把我国"人体特异功能"看做灵学，这绝不是冤枉他们，这完全是事实，也是他们自己这样说的。至于我国的"人体特异功能"到底是我国 20 世纪 70 年代的新发现呢？还是我国最近出现的新现象呢？或是古已有之和外国也早已有之呢？最初我国的人体特异功能宣传者强调前者，为的是抬高它的身价，可是后来又强调古已有之，强调我国也有，为的是说明它的源远流长和遍及世界，使人们相信它的真实性。为了这个缘故，他们一方面从中国古籍中找证据，另一方面引外国的心灵学为自己辩护。

我们可以从刊物上和重庆人体特异功能科学讨论会上找到他们引用古籍的例子。这些东西，人们一向是当做古代迷信传说或者作为寓言、比喻来看的，现在被他们当做从古以来早已有之的"人体特异功能"的证据。比方说，他们引用《列子》中的"仲尼篇"，说什么"老聃之弟子，有亢仓子者，得聃之道，能以耳视而目听"可作为古代就有"耳朵认字"的证据。把古代人讲的事作为证据，本身就已经是可笑的事，更可笑的是在《列子》中亢仓子对他能耳朵识字的传说明明白白地指出："传之者妄。我能视听不用耳目，不能易耳目之用。"而"耳朵认字"就是"易耳目之用"。重庆人体特异功能讨论会上有一个材料，它在引证《列子》的"黄帝篇"中讲西极国来人的故事的那一段之后，接着就写道："可能西极国的那个人，小的时候就是具有耳朵认字功能的特异儿童，再经过以后修炼，成为能入水火、断金石、千变万化不可穷极的人。他是经过锻炼而得到高级特异功能的人。这个人甚至练到一身很好的轻身功夫，凌空腾起于虚空而不掉下来，可见他的轻身工夫的根底深厚。现在我们的气功家只能凌空 1.9 秒，而且还不是完全的凌空升举，还要立在火柴盒上，和西极国人相比就远不如他了。"这些都作为古代人有特异功能的证据。这样的引证很多。

而且除了文献以外，还用小说作根据，如引证《三国演义》，说诸葛亮是特异功能者。有篇文章讲："《三国演义》上有个尽人皆知的诸葛亮，现在看来可以说他也具有特异功能。他和周瑜商量用何法破曹兵的时候，两人约好大家不说出，用笔写在手掌当中，结果伸出手掌一看两个人写的都是一个火字。表面上看这是一种巧合，或者两人看法相同，实际上是诸葛亮具有特异功能。他遥感到周瑜想的是火攻，同时测试到周瑜写的是火字。关于孔明有遥感功能还有一证。周瑜一直用计想害他，都给他巧妙躲过了。他对鲁肃说：'公瑾想害我，我命接于天，岂他所能害哉？'他怎么知道公瑾想害他而巧妙地躲开了呢？因为他遥感到周瑜的想法。"类似的东西很多很多。

上述这些是被引用来说明人体特异功能渊源的。

但是，被人体特异功能宣传者引为同道的不是这些，因为这些总还带有迷信的色彩，还不具备科学的形态。被他们真正引为同道的是心灵学，因为它披着科学的外衣，而且搞这种研究的人，在像美国这样的国家还有当教授的，还有自己的实验室等。所以在我国"人体特异功能"宣传者的笔下就经常引述外国心灵学研究的成果。

比方从内容上说，人体特异功能研究的也就是灵学研究的对象——传心术、天眼通、意念致动等，这同外国灵学没有什么区别，只是使用的语言上有若干差别而已。"人体特异功能"喜欢用物理学上的语言，什么透视、遥视等，而外国心灵学家不那么喜欢用这些语言。从"人体特异功能"的宣传者的文章来看，他们也很强调我国人体特异功能与外国灵学之间的关系。例如，重庆会议上有一篇文章的题目干脆叫做"我国的'特功'研究与国外的'灵学'研究"，明白地说：我们叫它做人体特异功能，国外则早已形成一门学科叫做"parapsychology"，译做心灵学或超心理学，简称灵学。从组织联系来说，我国的"人体特异功能"研究与外国心灵学者也已建立了联系，如请外国心灵学家在我国高等学校讲学。外国的心灵学家还同我国的大学达成研究我国特异儿童功能的协议——这是美国宾州州立爱丁堡大学的心灵学研究者李绍昆博士为重庆人体特异功能科学讨论会所写的书面发言中透露的。同一个书面发言中还说到美国心灵学方面的学会邀请中国学者参加他们活动的事情。我国人体特异功能的研究宣传者引述外国灵学者为同道的言论和实践很多，他们想不承认他们和灵学之间的"同道"关系这一点，那是做不到的。

当然我国"人体特异功能"的研究与宣传也有其特点，上面我们说到的使用物理学语言是其中之一。外国的心灵学者，由于他们生活在那样的环境中，他们不隐瞒自己的唯心主义立场。他们公开批评唯物论，公开声称心灵学是非物理学的也就是非生理学的。虽然莱因不承认自己的观点是超自然的，但他承认离开肉体的灵魂。而我国的人体特异功能的宣传者没有公开批评辩证唯物主义，而只是在实际上反对它。唯物主义认为，人的认识来源于感觉，来源于外界给感觉器官的刺激，而外国心灵学因为肯定超感官的知觉，它就公开反对唯物主义，这样就使得外国的心灵学者在理论上比较彻底，比较首尾一贯。有的心灵学家更彻底，他们连超感官知觉这个名词也反对，因为在这里讲了超感官，可是还用了知觉这两个字，而知觉这两个字是心理学上的名词，而且这个名词还带有心理学的偏见。他们主张用 Psi-γ 来代替 ESP，而且用 Psi-κ 来代替 PK。这样就更加彻底了。对于灵魂他们也不忌讳。他们承认，离开了灵魂的积极作用，说明不了 ESP 和 PK 这些现象。而我国的"人体特异功能"的宣传者所做的事，虽然在实质上否定唯物主义的基础，而口头上则还讲一些唯物主义的语言。这就是说，我国人体特异功能的宣传者不能首尾一贯，矛盾和漏洞非常多，常常不能自圆其说。比如，灵魂不死，独立于肉体的灵魂的存在，在外国灵学中是公开承认的。他们承认，不讲这一点，就不能说明 ESP、PK 这类现象。而我们的人体特异功能的宣传者开头虽然大大宣传了一通灵魂和鬼魂，但又想把鬼魂和灵魂说成什么残余信息之类的东西，继而又想避免鬼魂之类的东西，仿佛人体特异功能可以离开灵魂的作用而得到说明。

总之，从实际上说，我国人体特异功能研究与灵学研究的确是找不出什么差别来。因此说主张"人体特异功能"是事实的人要的是灵学，不是自然辩证法，并没有冤枉了他们。

我们知道恩格斯写过一篇《神灵世界中的自然科学》，收在他的《自然辩证法》中。今天参加大会的人是自然辩证法研究工作者，对他的这篇著作都是知道的。最近有没有重读，我不知道。前些日子，我联系我国的"人体特异功能"宣传，又读了这篇论文。读后我深深感觉到，恩格斯这部著作很重要，而且一点也没有过时，读时觉得仿佛是针对我国的情况来说的。在这篇著作中，恩格斯把当时被称为"现代唯灵论"、后来改称为"心灵研究"的这门学问，看成是伪科学，这一点是极其明显的。在这篇论文中，恩格斯是把这一点当做完全不成问题的东西，即当做前提来处理的，因此文中没有用专门的篇幅去论证这一点。但是从内容来说，这是肯定无疑的。比如，恩格斯在文中十分明显地指出"华莱士先生的热心却使得他一再地欺骗自己"，指出"他所注意的并不是去探究这种江湖骗术的真相，而是不惜代价使所有的现象重现出来"，指出"要使一个刚刚开始的研究者以简单而轻易的自欺很快就变成内行，那就只要有这种气质便够了"。恩格斯指出"华莱士先生对于这奇迹在科学上的确立和证实，是处理得何等轻率"。对克鲁克斯研究降神现象，"为着这个目的应用了许多物理仪器和力学仪器，弹簧秤、电池等"，对"他是否带来了主要仪器，即怀疑地批判的头脑，他是否使他始终保持工作能力"，恩格斯作了辛辣的讽刺。而且恩格斯在这篇论文中详细地叙述了神媒和热心于宣传这些奇迹的人弄虚作假被揭穿的情况。总之，恩格斯这篇文章的态度是非常明确的，从这篇文章中找不到任何可以被"人体特异功能"的宣传者用来为自己辩护的地方。

我们应不应该站在恩格斯这篇文章的立场上呢？我认为完全应该这样做。这并不是因为这篇论文是恩格斯写的，而是因为恩格斯在这篇论文中写的是真理，是至今完全正确的真理。我希望自然辩证法研究会的同志重新读读恩格斯的这篇文章，看看我说的对不对。

因为恩格斯的文章非常明确地反对灵学，它也就反对了今天的人体特异功能，所以，"人体特异功能"相信者就不能再接受恩格斯。于是就说，恩格斯这篇文章中的观点有错误，说人体特异功能的事实证明恩格斯错了，说恩格斯这篇文章的观点今天已经过时了，认为我们不应该再站在恩格斯这篇文章的立场上，而应该站在新的立场上等。这个新的立场我们可以证明，就是心灵学的立场，就是灵学的立场。在人体特异功能的宣传者中间，有的同志（而且是研究自然辩证法的同志）在口头上讲过这样意思的话，但是在提交给重庆会议的论文中不敢公开地讲这样的观点。

当然公开批评恩格斯的是少数，多数人则是不理睬恩格斯这篇文章，而坚持搞"人体特异功能"研究这样一个战术。这样做的人是多数。还有一种办法，其实也是明显地反对恩格斯的，那就是翻恩格斯论文中的案。举例来说，恩格斯在这篇文章中批评了华莱士，他们就想把华莱士这本《论奇迹和现代唯灵论》从图书馆里找出来，准备替这本书做宣传；恩格斯在这篇文章中批评了克鲁克斯，他们就来宣传克鲁克斯在心灵研究中所作出的贡献，恩格斯在这部著作中讽刺了策尔纳用四维空间来瞎证明奇迹的存在，现在他们的文章中也大讲其讲四维空间甚至多维空间，讲什么四维眼、四维手等。

恩格斯揭露了一些神媒，提到了霍姆这个神媒。这个霍姆在灵学历史中是个重要人物，当时他曾被认为是特异功能或"意念力最强的一个人"，有许多人相信他，所以恩格斯点了他的名。可是现在有人就长篇宣传霍姆其人，说克鲁克斯研究了霍姆等人，写了一本专门讲心灵现象的书。在吉林人民出版社出版的《不可思议?！——人体超级能力现象》一书则用四五页篇幅来宣传霍姆。据这些书和文章等介绍，霍姆这个人小时候被家人认为是怪人，他一进屋，家里的东西都会响，请了赶鬼神的人治他，没治好。后来，他跑出去，出名了。凡他到的地方，桌子会跳，碗也转。有所大学搞个委员会对他进行测试，发现很灵。有一次表演意念通信，由于他的意念力，人们看到钢琴飘到空中，自己在奏乐，而且在跳舞，桌子、椅子也跳舞。恩格斯曾说过桌子跳舞的表演，现在知道就是指这样的事。恩格斯著作中讲到霍姆的地方一共有三处。除了恩格斯的《神灵世界中的自然科学》以外，还有两封信件讲到这件事情，其中有一封是给左尔格的信，信中说美国的社会主义者的友人当中有人去搞霍姆的东西。恩格斯在信上说，美国党中应有理论上清醒的人，去告诉美国人这种东西会起很不好的愚化群众的影响，要他作为一种危害社会主义运动事业的思想倾向来注意这样的问题。

今天看到恩格斯所讲的，完全没有什么站不住脚的地方，如催眠术，恩格斯就非常谨慎。他并没有一般地反对催眠术。他在《神灵世界中的自然科学》里讲了他自己会催眠术，能使年轻活泼的男孩子处于意志被动的状态，听人指挥。这也只是说明催眠者和被催眠者之间并没有神秘的作用。

恩格斯的著作对唯灵论批评得很尖锐，又在科学上很严谨。经过这100年，更加证明恩格斯著作的正确性。可是现在仍有人反对。这是为什么？还不是因为他坚持了科学的真理，因为他反对灵学这门伪科学？还不是因为同现在宣传的特异功能相抵触，妨碍了这种宣传？

我觉得我们自然辩证法研究工作者应该站在恩格斯这篇文章的观点上，没有任何理由可以怀疑恩格斯，更没有任何理由可以反对恩格斯。

也许有一条可以反对恩格斯的，那就是实践。有人会说实践的结果（即关于"人体特异功能"的实践），是反对恩格斯的。关于这一点，我们要说，不是别的，正是包括大量科学实践在内的人类实践，证明恩格斯的论述是正确的，而反对恩格斯的人则是错误的。

我想在这里我们可以不去讨论恩格斯在他的文章中揭露过的各种神媒活动。这些神媒活动是被那些心灵研究专家看做自己的实验的。这样利用魔术手法的弄虚作假在100年来层出不穷，最后都是以被揭穿而告终。恩格斯文章中讲到的那些是这样，其他的情况也是这样。最近发生的一件事就是以色列的尤里·杰勒的特异功能被揭穿。这个杰勒是被两个搞激光的科学家从以色列带到欧洲去的，1972~1973年大出风头。《自然杂志》、《北京晚报》上都登过他。在耳朵认字的宣传中讲得很多，许多文章宣传他。这个尤里·杰勒能够不用手光用眼睛就可以把钥匙、餐刀看弯、看断。他能透视，看到铝盒里放的东西。美国斯坦福研究所也有人去测试，作了肯定，美国许多刊物也讨论过这个问题。后来揭露出那是一种魔术，是用魔术手法的欺骗。当然问题并不这么简单，揭露过程中也有人为他辩护。我看了杰勒的一个目睹者的报告，他和我们的耳朵识字表演一样，哪儿是什么不动手就把钥匙弄断呀！也是腿上放放，腋窝里放放，没有眼睛看断的情况。他使劲可大啦，最后裤子都裂开了，钥匙才弄弯了。《新科学家》（*New Scientist*）杂志上写了这个情况，这件事现在成了美国科学界、教育界的一个丑闻，而我们还在大量宣传这个东西。我真弄不清，我国相信人体特异功能的人在这件事已经被揭穿很久之后还起劲地宣传这个超人杰勒，是消息不灵通呢，还是出于其他的考虑？

现在我们"人体特异功能"宣传者所讲的事例，用现代心灵学家的话讲，是属于非系统性的证据。他们自己也承认这类非系统性的证据是不可靠的。所以当代心灵学家重视的就是系统性的证据，这就是我们上面讲的莱因所作的关于ESP和PK的试验。在他们所做的这些试验中并没出现什么奇迹，其结果只是一大堆可供分析计算的数据。比如，有人按照莱因的方法做了猜扑克牌的实验，据说一共做了37 100次，猜对了9410次。据说如果是按照概率论的计算应该是7420次左右，可是现在是9410次，而出现这么多次数的概率约为10^{-70}，即70个1/10相乘，因此只有承认有ESP才行。关于这个数学问题，我还没有弄清楚，准备请教数学家。我有点怀疑有计算上的错误。即使没有错误，我还不能排除在其中有弄虚作假。再精确的概率论的计算，也抵不过一次弄虚作假。

老实说，要人们去相信他们的实验是很困难的，他们的实验是那么不可靠，不能重复，而他们从实验中要得出的结论，又那么严重，要推翻物理学的基本原理，推翻唯物主义的基础。用实验来反对自然辩证法，就是想用经验主义来反对辩证唯物主义。

恩格斯文章中最要紧之点是反对经验主义这一条，这在今天实在是非常需要的。耳朵认字这类宣传靠揭露行不行？揭露当然可以教育人。恩格斯文中讲到当时库克小姐被揭露的故事：她是个神媒，装神弄鬼，有一次给钱太少，鬼就不来了，从而引起了观众的反感。有一个观众非要把库克小姐的秘密弄清楚不可，就跟踪库克小姐，找到了她住的地方，发现所有送给神灵的礼品都在她家里。恩格斯讲，这一类弄虚作假不知道被揭露了多少次，但它仍然有很大的活动余地，因为按照经验主义的办法你是没法揭露完的。耳朵认字的宣传文章里就有同志讲，我们不否认姜燕有弄虚作假，但她有没有不弄虚作假的时候？如果我们要对姜燕这个人作出判断，那么我们就必须一天到晚跟在她身边，否则怎么作结论？你看到100次弄虚作假，不能说没有101次不弄虚作假的时候。现在就有文章说，这事情只要有一次成功，你们的否认就垮台。那我们还能做什么事情？还能不能有科学？你怎么能说每一件事都要有实验来解决？开个玩笑说，我现在发表一个见解，在珠穆朗玛峰上如果喝100毫升的茅台酒可以飞起来，谁不信谁就去做实验。按照经验主义的逻辑，我看你们哪一位都不能否定。我看我们中间没有一个登山运动员，也爬不到8000多米的高峰去。是不是每个东西都要做实验才能判断？以前的实验，以前的实践算不算数？亿万次实践证明了的真理算不算数？别人的实验算不算数？如果不算数，那还有什么科学？所以经验主义的办法是不能解决问题的。

在批评"耳朵认字"宣传中，一定要批评经验主义，否则问题就不可能得到解决。我国宣传"耳朵认字"的人强调，实践是最重要的，你们是从科学上、哲学上进行推理，恩格斯也是推理，而我们是做了许多实验。首先是事实问题，而事实不能用推理的办法来解决。他们说，不接受他们的实验就叫不承认"实践是检验真理的唯一标准"。能不能这样说？真理当然是用实践来检验的。问题是以前那么多实践不算数，只有他们的表演才算是实践？只有像魔术观众那样去看表演才算尊重实验？我看这在哲学上实在是说不通的。这是把"实践是检验真理的标准"这个重要的辩证唯物主义命题给歪曲了。所以，"眼见为实，耳听是虚"这句话，如果是针对某些人不作调查而轻信别人，是可以用这句话的，但作为哲学命题就是错的。这是个经验主义的命题，因为眼看可以是实的，也可以是虚的；耳听可以是虚的，也可以是实的。如果耳听是虚，耳朵识字就不用宣传了，因为听到的都是虚的嘛！他要你相信他的时候，就讲你的耳闻是实的。强调眼见是实，这个办法最能使你信服，因为你看到了。到现在为止我没有去看，因为我自己知道我看是看不出破绽的。也许我太自卑了，许多同志都看出来了，我带个老花镜，能不能当场看出破绽自己没有信心。我对自己也有点经验主义。我看了多少次空中钓鱼，确确实实看到是从空中钓出来的，没有一次看出它是怎么出来的。根据这个经验，我认为我作为魔术观众去看对我来说没有意义，特别是作为国家科委的工作人员，我不应该在这事件中作为魔术观众。我可以参加有组织的科学实验。经验主义的问题不解决，就是看到他们失败1000次，也没有办法说服他。

特别是他们还加上一条：这个科学实验不能重复。还有另一条：你这个不相信的人在这儿，我做不出来。要事先相信，然后才能去观察实验。这不是矛盾？我已经相信了，我还去看它干啥？而这正是心灵学的一个普遍原理，所有搞心灵学的人都讲实验的重复是不可能的。尤里·杰勒做实验的时候就要赶跑几个人，这也作为他的一个特异功能，他知道什么人反对，把人赶跑再表演。吉林人民出版社出的《不可思议?！——人体超级能力现象》这本书用了很多日本人的材料。日本大阪大学工学院有个教师叫政木和山，和一个小孩合作表演。小孩把一张纸和一支笔往上扔，说写什么字，掉下来就是什么字。有一次在大阪大学表演，连扔两次不成功，政木和山是诱导者，相当于我们"耳朵认字"里的陪同者，这时就说："你们中间就有不相信的人，所以不灵了。"他说，小孩子表演的是意念能，不是戏法。如果是戏法就一定灵，不会失败。不灵就说明它不是戏法，不是假的，是真的。这也说明在场的有不相信的人，有半信半疑的人。请你们退场，让他好好表演，你们要用相信的心情去看。据说这样表演就成功了。这都是写在书里面的，这一条不解决，我看实验没法做。因为失败了，他们就会说，你按审官司的办法来做，把小孩子的功能破坏了，实验一定要失败。如果这样实验又不成功，仍不能否定，那叫我们怎么办呢？按他们的逻辑，我对耳朵认字，只能做一件事，那就是闭口不言，或者表示赞成，别的都不能做。

所以要从根本上解决问题，就是要反对经验主义。恩格斯就不认为只是揭穿了，问题就解决。他寄希望于更多的人接受辩证唯物主义。他认为经验主义是一种错误的思想，特别是出现在自然科学家身上，是最危险的。现在的思想非常混乱。我讲这个话，是冒了风险的，我估计会有许多人反对我。到今天为止我得到的反应是赞成的有，但反对的还是多数，这是我预计到的。很多人没有弄清什么是辩证唯物主义和经验主义，很轻易地说，这是亲眼看到的，不会是假的。其实他应该用脑子想一想，这是可能还是不可能的，如果那些是事实，那么唯物主义就是错的了。是我亲眼看到的，你们说那是弄虚作假，我就想不通。如果不是从道理上否认空中钓鱼，单凭眼睛看到的情况来说，我也想不通这怎么会是戏法呢?！而且这两年对耳朵认字的宣传，既有文章，又有广播、电影、电视、书籍等，而相信的人当中，有在高等学校的，又有在科研机关的，有科学家，有哲学家，这一切说明，如不运用理论思维，也就不能看清楚问题。而要善于思考也得有别的办法，那就是认真学习辩证唯物主义。学习辩证唯物主义的途径很多，阅读恩格斯的《自然辩证法》是其中的一条。我们自然辩证法工作者的责任就在于坚决站在恩格斯的观点上来看"人体特异功能"的问题，来看心灵研究和心灵学的问题，用辩证唯物主义来教育自己和教育别人、帮助别人，为此就要提高自己的认识，使自己的这个立场坚定起来。

重读恩格斯《神灵世界中的自然科学》*

恩格斯在 1878 年写的《神灵世界中的自然科学》,是《自然辩证法》中的一篇重要的哲学著作。今天重读起来,仿佛也是针对我国两年多以来关于"耳朵认字"的宣传而写的。难怪有一位热衷"人体特异功能"宣传的哲学工作者要写文章批评恩格斯了。

这是一篇批评性质的著作。

第一个批评对象是"和达尔文同时提出物种通过自然选择发生变异的理论"的功勋卓著的动物学家兼植物学家华莱士。这位伟大的科学家在 1875 年出版了一本著作——《论奇迹和现代唯灵论》。在这本著作中,他说自己"在自然科学这个部门的最初实验是在 1844 年开始的",在那个时候他听了些江湖术士的演讲,可是"他所注意的并不是去探究这种江湖骗术的真相,而是不惜代价使所有的现象重现出来"。从这时候起"他已经有一只脚踏进神灵世界中去了"。"到 1865 年,他的另一只脚也跟着踏进去了。""当他在热带地方旅行了 12 年回来以后,桌子跳舞的降神术实验使他加入了各种'神媒'的团体。""他希望我们不仅要相信霍姆、达文波特兄弟,以及其他多少表现出是为了钱并且大部分一再地暴露出骗子面目的'神媒'们的虚假的奇迹,而且要相信许多从很古的时候起就被信以为真的神灵故事。"

---

* 本文原载《一个哲学学派正在中国兴起》,江西科学技术出版社,1996 年,第 384～393 页。

恩格斯根据自己亲身的经历和科学的分析，指出，"华莱士先生的热心却使得他一再地自己欺骗自己"，"要使一个刚刚开始的研究者以简单而轻易地自欺很快就变成内行，那就只要有这种气质就够了"，"华莱士对于这些奇迹在科学上的确立和证实，是处理得何等轻率，比如，他竟然相信神灵照片是真实的"[①]。

恩格斯批评华莱士所叙述的这些现象，在我国这两年多的"耳朵认字"的宣传中都得到了肯定。在《不可思议?!——人体超级能力现象》这本书中，就用5页篇幅宣传了华莱士当时要人相信的达尼埃尔·坦克拉斯·霍姆。这本书称霍姆是"世界著名的意念力持有者"。书中介绍，"只要他（霍姆）在餐厅里，任何人都不动，餐厅里的桌子就晃个不停，碟子在空间飞转，墙壁内'咯磴''咯磴'的连声作响"。书中叙述了"哈巴德大学也专门派由学者组成的调查委员会来登门拜访，研究他意念力"的情况，对"霍姆有一次去参加意念通信会"的情况作了生动的描绘："当时他的意念力极其旺盛，刚一走进会场，桌子就'咯嗒'、'咯嗒'，地动起来，不一会儿，整个房间里的东西也都动起来了，人们以为是手鼓的响声，可是在空中却出现一只挥动着手帕的手。'诸位先生，欢迎你们！'听到那种寒暄的话，大家都圆瞪着眼向四周巡视：是谁在那里打招呼呢？咦！三角钢琴在那里弹起来啦。'啊，那不是三角钢琴在空中浮起来了吧，一位来宾指着说。'真的哟，啊！起来啦，那个重东西飘起来啦。'大钢琴飘飘悠悠在空中浮动。它与自己弹的乐章合着拍子，跳起舞来。椅子也围着钢琴，'高兴地'跳起舞蹈。这么重的东西从头上掉下来可了不得！人们纷纷向房子的角落里躲避。这时，霍姆自己的身体也飘浮到空中去了。霍姆的身子悬坐在椅子上面5厘米的空中，好像吊起来一样……"

够了。如果我们原来不知道恩格斯讲的使得华莱士加入各种神媒团体的"桌子跳舞的降神术"是怎么一回事的话，从这本书中读了这样的故事倒可得到一个印象。

华莱士要人们"相信许多从很古的时候就被信以为真的故事"。在这两

[①] 本文未注明出处的引文均引自《马克思恩格斯选集》第3卷，第472~483页。

年多的"耳朵认字"的宣传中,类似的情况不能一一列举。我只想从最近四川省科普创作协会编辑出版的一个刊物中摘录一些文字。

"'人体特异功能'被活生生的事实证明以后,各地不仅涌现出许多能识字的耳朵,而且还有隔墙见物、隔衣透视的透视眼;拨钟表、切水果无奇不有,特异功能已引起广泛注意。这种功能,并不是现代人所特有的。800年前的成都,就曾经出过一个特异功能者。"接下来就是从宋朝洪迈所著的《夷坚志》中转述过来的杨望才能够透视、遥视,直到能够在成都看到南宋当时的首都杭州的公文上所写的字的故事,然后书中写道,"杨望才和洪迈生活在同一时代,记载的事实应当可信",并且提出了这样的意见:"特异功能是否只限于青少年?杨望才的事例给我们作了一个很好的回答。他的功能从小到老,一直保持着,晚年还有所发展,这也可能与他的职业有关,因为生活迫使他不断锻炼着这种能力。限于当时的社会条件,他仍然利用自己的功能为人们做了一些好事。这说明人体特异功能在如何实用上,有着探讨的价值。"这篇文章的题目就叫"八百年前成都的特异功能者"[①]。

还可以举一个例子,云南的一个宣传人体特异功能特别起劲的科学普及刊物,登载了20幅连环图画要我们相信诺亚方舟的故事,因为1800年美国的胡威斯和于逊、1892年耶路撒冷代主教、1916年俄国的飞行员特拉米以及当地牧民都在土耳其的高山看见过方舟。二战后,一位土耳其飞行员拍了一张方舟的照片,放大处理后测出与《圣经》中所说的方舟尺寸一致。而法国探险家纳瓦拉于1952年、1955年、1969年3次前往考察,对带回来的木板进行碳测定,它的建造恰好是《圣经》中建造方舟的年代。连环画的作者在讲到这里时写了一句:"人们惊呆了。"

恩格斯这篇著作的第二个批判对象是"英国自然科学家中的第二个著名的内行(指"唯灵论"的内行——笔者注)威廉·克鲁克斯先生,化学元素铊的发现者和辐射计的发明者"。"克鲁克斯先生大约从1871年开始研究降神现象,为着这个目的应用了许多物理仪器和力学仪器等。在一个并不很长的时期内,克鲁克斯先生就像华莱士先生一样完全被迷住了。"克鲁克斯在

---

① 《科学文艺》,1981年第五期。

这个领域也是有著作的,恩格斯在文章中引用过他的《"凯蒂·金"的最后出现》。克鲁克斯研究过不少神媒,上面提到的那个霍姆也是他研究的对象。他还把对这许多神媒(即与鬼魂来往的有特异功能的人)的研究结果写成一本书:《灵学现象研究》。这个克鲁克斯后来就成为1882年伦敦心灵研究学会的创始者之一。克鲁克斯在对神媒的特异功能的研究中,也有同华莱士一样的性格,即"不是探究这种江湖骗术的真理,而是不惜代价地使所有的现象重现出来"。恩格斯在文章中,描绘了神媒"库克小姐"在一次"降神会"上被戳穿的情景。这个神媒曾经在克鲁克斯家里表演过,让克鲁克斯"拥抱她,以便相信她的坚固的物质性",让他查看她每分钟的脉搏次数和呼吸次数,最后还让她自己和克鲁克斯先生并排照相。对于这个神媒的表演,华莱士非常相信,他看到这个神媒和人们谈话、照相之后,就在这个屋子里"绝对地消失了",真是来去无踪。可是在一次库克小姐的降神会上,有一位在场的教士"毫无困难地确定了:在神灵从里面出来并在里面消失的那间屋子里,是有第二道门通往外界的"。但是,当时在场的克鲁克斯没有表现出一个科学家应有的科学态度,使得这位教士写道,克鲁克斯的举动"使我对这些表演中也许有点什么东西的信心受到了最后的致命打击"。像克鲁克斯这样的大科学家也参与弄虚作假,这就使得看这样的表演的人要有高度的戒心。英国大百科全书关于灵学的条目中写道:"欺诈问题侵袭着这个领域。在心灵研究的历史上夹杂着一些可耻的人和事。例如,有借此谋取钱财的,有关心死后生存的,在美国和英国就发生过这样的情况。"好几种百科全书都讲了这种研究有欺诈性的问题。

恩格斯的第三个批评对象是莱比锡的教授策尔纳。这位教授的名声没有前两位大,他也是一位唯灵论的内行。他"多年来埋头研究'第四度'空间,发现在三度空间里不可能出现的许多事情,在第四度空间里却是不言而喻的"。"根据神灵世界最近传来的捷报,策尔纳教授先生现在请求一个或几个神媒帮助他确定第四度空间中的各种细节,结果据说是惊人的……一句话,神灵是可以极其容易地完成第四度空间的一切奇迹的。神灵证明了第四度空间的存在,正如用第四度空间证明了神灵的存在一样……克鲁克斯先生不是已经在科学上确定了桌子和其他家具在移动……第四度空间的过程要损失多少重量,而华莱士先生不是也声称他已经证明在第四度空间中火不会伤害人体吗?"在两年多的"耳朵认字"宣传中,宣传多元世界的书也出现了。一个"耳朵认字"宣传的热心者写道:"多元世界由于超级能力的作用和单元世界是完全不同的。在同一宇宙中,一种现象属于单元世界还是多元世界,是由超级能力的存在与否来决定的。"① 这本书在介绍外国人能在意念力的作用下使金属弯曲的现象时说:"在我们的普通世界里度过的一瞬间,在这一世界里却过去几千年乃至几万年的时间了。因此,也就出现了与这段长时间相应的蠕变现象。"② 我国的人体特异功能者也已经能够做到凭借意念力把金属餐刀、餐叉弄弯弄断,然后又把它们接起来。这是20世纪70年代轰动欧美的以色列人杰勒表演过的功能,它曾被美国斯坦福研究所肯定过,后被一个魔术师所揭穿。

对这类特异现象所作的这个多元世界的解释,从策尔纳算起到现在有100多年了。在这100多年中,灵学家们不断重复这种荒谬的说法。现实世界中存在多元的函数关系,多元几何学就是这种函数关系的科学的几何抽象。几何学这方面的成就在科学和技术中得到了广泛的应用。但是作为物质运动存在形式的空间是三元的,不存在什么四元或多元空间。四元或多元空间是灵学家们的凭空捏造,恩格斯辛辣地讥笑了这种说法,可是现在有一些人以为这是什么时髦货,搬出来解释"人体特异功能"现象。

恩格斯在这篇著作中还批评了其他一些积极参加这种反科学活动的自然科学家。

当然,在一小部分自然科学家热衷于灵学或招魂术的宣传时,大多数科学家也还是能有比较清醒的头脑的。1875年俄国圣彼得堡大学物理学会设立了一个"神媒现象考察委员会",这个委员会成员有著名的化学家、周期表的发现者门捷列夫和其他著名科学家。委员会要求在俄国传播降神术的人提供"真正的"降神现象的材料。考察后委员会的结论是"降神现象发生于无意识的动作或有意识的欺骗,而降神说是迷信"。这个结论曾发表于1876年3月25日的《呼声报》,委员会的《判断降神术的材料》出版于1876年③。

---

① 《不可思议?!——人体超级能力现象》,第117页。
② 《不可思议?!——人体超级能力现象》,第116页。
③ 《马克思恩格斯全集》,第20卷,第761页。

恩格斯这篇文章的重大价值，不只是指出了一些在科学上有卓越成就的自然科学家受骗上当堕为灵学的内行这样的事实，还指出了产生这种现象的认识论根源是经验主义。在这篇文章的一开头，恩格斯写道："当我们要寻找极端的幻想、盲从和迷信时，如果不到那种像德国自然哲学一样竭力把客观世界嵌入自己主观思维的框子里的自然科学派别中去寻找，而到那种单凭经验、非常蔑视思维，实际上走到了极端缺乏思想的地步的相反的派别中去寻找，那么我们就大致不会犯什么错误。……它的始祖，备受称颂的弗朗西斯·培根，曾经渴望应用他的新的经验归纳法来首先达到延年益寿、某种程度上的返老还童、改换容貌、脱胎换骨、创造新种、呼风唤雨的目的。他抱怨这种研究被人遗弃，他在他的自然历史中开出了制造黄金和完成各种奇迹的正式的方子。同样的，伊萨克·牛顿在晚年也埋头于解释约翰启示录。因此，无怪乎近年来以几个绝不是最坏的人物为代表的英国经验主义，竟似乎变成了从美国输入的招魂术和请神术的不可救药的牺牲品。"在文章的中间，恩格斯指出这些人为研究降神现象，带来了许多物理仪器，但是没有带来"主要的仪器，即怀疑地批判的头脑"，因而没有使自己的头脑"始终保持工作能力"。在文章的最后，恩格斯指出："这里我们已经了如指掌地看清了，什么是从自然科学到神秘主义的可靠的道路。这并不是自然哲学的过度理论化，而是蔑视一切理论、不相信一切思维的最肤浅的经验论。证明神灵存在的并不是先验的必然性，而是华莱士先生、克鲁克斯先生之流经验的观察。""经验主义轻视辩证法便受到这样的惩罚：连某些最清醒的经验主义者也陷入最荒唐的迷信中，陷入现代的降神术中去了。"在我国两年多的"耳朵认字"的宣传中，不正是出现了这样一种情形吗？

恩格斯的这一教导，是他这篇文章的主旨。我们重读恩格斯的这篇论文，应该特别注意领会他的这个重要思想。我们大多数热衷于"人体特异功能"的科学工作者，虽然还没有直截了当地说自己是灵学与招魂术的信奉者，但是他们的活动也确实和灵学与招魂术难以区别，在"人体特异功能"与灵学之间并没有一条划得清楚的界限，在宣传这类特异功能的同时宣传灵学的已经为数不少了。为什么这些科学工作者会"陷入最荒唐的迷信"中呢？从思想根源来说，就是他们在热心研究这些现象的时候，忘了带恩格斯说的"主要的仪器，即怀疑地批判的头脑"。

恩格斯不仅指出经验主义是一些自然科学家陷入唯灵论泥坑中的原因，同时还指出"单凭经验是对付不了降神术士的"。对于这个问题，恩格斯讲了两个情况："第一，那些'高级的'现象，只是在有关的'研究者'已经着迷到正像克鲁克斯自己天真无比地叙述的那样，只看见他应当看到或希望看到的东西时，才能够显现出来。"这就是说，如果一个想对付降神术的人，想凭自己的经验去否定降神现象时，如果你不能看到这种现象，就是因为你没有"着迷到"那个程度，这就是大家知道的"诚则灵"的逻辑。这个道理，我们"耳朵认字"的宣传者也是经常讲的。他们经常讲，对"耳朵认字"之类的"特异功能"不诚的人在场，就会妨碍小孩的"发功"。我们根本不相信这些最荒唐的迷信的人在场，当然是会使这些特异功能者的功能发挥不出来的。这就意味我们失去了测试这种"特异功能"的可能，可是他们又不断地强调要我们亲临现场进行测试，这真叫人不知如何办才好！第二，降神术士毫不在乎成百件的所谓事实已经暴露出是骗局，成打的所谓的神媒也被揭露出来是一些平凡的江湖骗子。除非把那些奇迹一件一件地揭穿，否则这些降神术士仍然有足够的活动地盘。就像华莱士关于伪造的神灵照片所明明白白地说到的一样，'伪造的东西的存在，正好证明了真的东西的真实'。"

这种情况也恰好是两年多来"耳朵认字"宣传中经常出现的。现在在全国已经一下子诱发出数以千计的具有特异功能的人，我们能一个一个地都把他们的功能当众揭穿吗？揭穿了一个，可以再出两个，被揭穿的人的功能丧失了还可以"恢复"。而且特异功能的种类有那么多，这种弄虚作假的功能被揭穿，另一功能依然可以被说成是事实。所以他们的确"仍然有足够的活动地盘"，而且一个人这次弄虚作假被当众揭穿了，按照经验主义的逻辑，他们就会问你："有没有不弄虚作假的时候？"而且会倒打一耙责问："作为一个科学工作者，就是要在大量的材料和事实之中进行去伪存真、去粗取精的工作。如果抓住几次作假的事例，就把真实的事情也一笔抹杀，那还谈得上什么科学研究！"[①] 这和华莱士所说的"伪造的东西的存在，正好证明了真

---

① 《待揭之谜》，河南人民出版社，第301页。

的东西的真实"几乎一模一样。

恩格斯这篇文章的最后一句话的前半句是严肃的教导:"要驳倒顽固的请神者,势必要用理论的考察,而不能用经验的实验。"我们认为,像"耳朵认字"这样的情况,在科学上是根本不可能存在的,用理论的考察就可以从根本上予以否定,本来根本用不着什么实验来证明。但是为了使更多的人了解这类功能只不过是利用魔术手法的弄虚作假,也不妨作一番测试。结论是早就有了的。有人不相信这个早就存在着的结论,那就让我们按照真正科学实验的要求来制定、设计实验的环境和条件,必须保证在实验中防止一切弄虚作假的可能,而且应该事先确定判断实验成功或失败的标准,不允许在实验中以任何借口破坏科学的严格的要求,不允许对实验结果进行狡辩。而这一切都应该在实验前写成书面的东西,向参加实验的人与舆论界公布。我们不隐瞒自己的观点,我们进行这种测试的目的,就是当众揭穿这个骗局。而且我们相信恩格斯说过的话,并不对这种测试的意义有过高的估计。真正要从根本上解决问题就一定要在哲学上反对经验论。

恩格斯这篇文章的最后一句话的后半句是引用赫胥黎的机智的讽刺:"我认为从证明唯灵论是真理这当中所得到的唯一好处,就是给反对自杀提供了一个新论据。与其死了借某个每举行一次降神会就赚一个基尼的神媒的嘴说一大堆废话,倒不如活着做个清道夫好些。"我们对两年多以来关于"耳朵认字"的宣传应该说一句怎样机智的讽刺话,来作为这篇学习笔记的结尾呢?

论科学与伪科学*

一、什么是科学

提出一个事物属于某一类,但又同属于这类中的其他事物有相区别之处,是给它下定义通常采取的一种方法。因此我想在回答"什么是科学"这个问题时,可以而且应该这么做。

科学属于知识。它属于"知识"这个"类"。它包含在"知识"的外延之中。然而"科学"不等于"一般知识"。

可以从多方面来作出"科学"不等于"一般知识"的判断。

第一,从它们的起源来看,知识远比科学产生得早。不论从整个人类认识发展还是从人的个体认识发展来看,都是这样。

知识也是有起源的。不必说无机物,就是生物中的植物也根本没有任何心理活动,在这里也不必提到它。就是动物有没有心理活动,也是在发展到有了神经的高等动物之后,我们才去探讨动物有没有程度不同的"心理活动"的问题。最低级的动物连有感觉都说不上。在更高等的动物那里,我们才可以看出它们已经有了感觉。"感觉"不等于"感知"。如果我们把汉语方

---

* 本文原载《一个哲学学派正在中国兴起》,江西科学技术出版社,1996 年,第 414~424 页。

块字中的"觉"字赋予与"知"字相同的或相似的含义,那么严格推敲起来,在心理学和认识论中使用"感觉"这两个字,就未必完全妥帖。不过我不想现在来讨论这个问题。在这里我只能沿用"感觉"这两个字,来说明它与"感知"不同。有"感觉"并没有说认识主体一定"知道了我有这样一种感觉",只有当认识主体一定"知道了我有这样一种感觉"的时候,"感觉"才发展为"感知"——一种很原始的"知识"。动物发展到了人,"感觉"才有可能发展成为"感知"。"感觉"只要有"感觉器官"就可以,"感知"则是"人脑"的功能,当动物发展到了人,人才渐渐有了知识。当然最原始的人的感知,也不是很发达的,但是从人类的历史来说,知识早在蒙昧时期就已经产生,这是无可置疑的。当然即便是当代人类,有的人也只是对外界某种事物具有感觉而未感知。

至于人体的历史,在新生儿和婴儿时期是谈不到"知识"的。不过用不了多久,从小孩的嘴里也可以听到"知道"这两个字了。

至于科学,它在人类历史上并不古老。确定科学究竟出现在哪个世纪、哪个地区,这是历史学家,特别是科学史研究工作者的任务。但是人们公认,到了公元 14 世纪、公元 15 世纪,比较完整意义上的科学才在欧洲产生,而它发展起来还是更迟一些时候的事情。而在人的个体历史上,儿童开始接触科学、学习科学知识,也比开始有知识、学知识要迟几年。科学从发生时间来看,区别于知识这一点可以说是不应该怀疑的。

第二,"知识"这个词的出现也比"科学"要早。"科学"一词在我国古时是没有的,不只是没有这个词,而且也没有近代意义下的"科学"这个东西。在中国古代只有"学问"这个词。"学问"一词当然不等于知识,但也还不是近代意义下的科学。"科学"这个词是从欧洲文字翻译过来的,不是我们中国人先翻译的,而是日本人翻译的。我国学者认为翻译得好,便采用了这个译名。"科学"这个词在欧洲的原文是什么呢?"五四运动"时不是说"赛先生"吗?"赛先生"在英文中就是 science。法文同英文一模一样。西班牙文、意大利文也是一样,只是这两个国家拼写这个字的字母有些区别。欧洲这几个国家的"科学"一词之所以相同,是因为它们都是同一个拉丁文的来源。欧洲这几个国家中这个字本来的含义就是"知识"。至今英语中 science 有一个含义就与 knowledge 同义。德语中科学这个词从结构上看同英语中的 knowledge 可以说完全一样，只是德语中的知识用另外一个词 wissen 罢了。可以这样来分析问题，自从欧洲近代意义下的科学发展起来后，没有另造新词，就利用原来当做知识解的老词 science，而日文和中文的翻译才在字面上使科学和知识区分开来了。

科学属于知识，又区别于"一般知识"，它与"一般知识"的区别便是科学是系统化的知识，而在"一般知识"中除了科学之外还包括零零碎碎的知识。"科学是系统化的知识"这个定义便是从科学区别于"一般知识"中的零碎知识这一点来下的定义。

科学属于知识，技术也属于知识。科学是系统化了的知识，技术中当然有一些是比较零碎的、不成系统的，但是如果要下一个与技术相区别的科学的定义，就不能只讲科学是"系统化了的知识"。因为科学固然一定是系统化了的，而技术也有系统化了的，在技术中存在"系统化了的技术"。我有一个区别科学和技术的说法，那就是把科学定义为旨在研究客观状况、客观规律性的系统化了的知识，即在第一个定义的基础上缩小范围，把旨在研究主观上如何去做的计划、方案、办法、措施、手段、技巧等，排除在"科学"这个范围之外，归入与科学并列的技术之中。这个关于科学的定义把科学的范围大大缩小了。可以把前一个关于科学的定义视做广义的科学的定义，把这个科学的定义视做狭义的科学的定义。

我之所以提出这种划分科学与技术的方法，主要出自这样一个考虑，那就是不但有与自然科学相并列的技术（我把它称为自然技术），也有与社会科学相并列的技术（我把它称为社会技术）。

按照这样来区分科学与技术，就可以作出这样一个判断：在科学上的创造是发现，在技术上的创造则是发明。

把技术作为一个客观事物进行研究，按照科学的定义则应该属于科学，即以技术问题为研究对象的科学。

在这篇文章中我们采用广义的科学的定义。

二、科学与伪科学

还有一个需要把科学和伪科学区别开来的问题。当我们给科学下了这样一个定义——"科学是系统化了的知识"时,是否能够把这种区别表示出来?现在我想对这个问题作一番探讨。

伪科学在古代是不存在的。真科学还没有发展起来时,迷信就是迷信,行骗就是行骗,没有装扮成科学的必要与可能。

伪科学不同于宗教。宗教总的说来不理睬科学、漠视科学,它曾经激烈地反对科学。在科学终于不断取得胜利之后,宗教就不再一般地、公开地反对科学,而是争取与科学共存,有时也利用一下某些科学成果。从根本上说,宗教是反科学的,常常反对对它不利的科学成果。科学与宗教的关系也有许多复杂的情况,但是它并不把自己冒充为科学。

伪科学也不同于明目张胆置科学于不顾的迷信活动。迷信靠制造谣言来惑众,靠行骗来取得钱财。有一些江湖骗术并没有打科学的旗帜,也会有人去相信。在科学不发达的国家,特别是科学不发达国家中的落后地区,这种不打科学旗帜的迷信活动和江湖骗术很流行。伪科学本质上也是骗术,但是打着科学的旗帜,披着科学的外衣来行骗。本来是没有事实根据的,伪科学硬说有道理,本来是乌七八糟、杂乱无章的东西,伪科学把它们拼凑在一起,使它们变成似乎是有系统的东西;本来是某些与近代科学成果毫不相干的东西,伪科学硬把它那些胡说八道的东西同近代科学原理拉扯在一起,吓唬那些听说过那些科学成果然而不可能真懂的人。伪科学在把那些反科学的东西打扮了一番之后,拼命往科学队伍里挤,甚至成立专门的伪科学"研究机构",成立"科学团体",企图挤进真正科学团体的行列。在今天科学昌明的时代,打着科学的旗号,利用科学的威望当然是一种掩护自己行骗的、对行骗者有利的手段。

有不少人,包括一部分科学工作者,就容易受到迷惑。科学与伪科学之间的区别,对于不少人来说的确是不那么容易弄清楚的。

一眼看过去"科学是系统化了的知识"这个定义似乎没能把真科学和伪科学区别开来。

不过,我觉得科学这个定义还是可以区分真科学与伪科学的,不过需要再多作一些解释罢了。

关键在对"知识"的认识上。"科学是系统化了的知识"中的"知识"二字是"真知",当然不是"伪知"。比如,世界上并没有什么飞碟,所有关于飞碟的"目击者"的报道不是故意制造出来的谣言,便是错误观察的结果。有关存在飞碟的一切所谓的"知识"都是"伪知识"。作为"系统化了的(真)知识"的科学中当然不包括以飞碟存在为前提的伪科学。真伪科学的区别不在于定义。我们说"科学是系统化了的知识",当然就是"科学是系统化了的真知识",这个"真"加不加都是一样的。问题是什么是"真知识",什么是"伪知识",这个问题只有对具体问题经过具体研究才能解决。仍以飞碟为例,对这么多的"目击者"作了报道,在实践上没有一个能站得住脚的科学报告,在道理上根本说不通报道中那样的飞行器可以通过这么遥远的距离到达地球。国际上有一个"对所谓的异常现象进行科学调查研究的机构"曾对飞碟这种伪科学的宣传作了大量的调查工作,证明纯属子虚乌有。

关于飞碟的伪科学宣传在我国远不如人体特异功能的宣传。人体特异功能的宣传有不打着科学旗号的,但也有打着科学旗号的。打着科学旗号的关于人体特异功能的宣传就属于伪科学。人体特异功能这种伪科学所"根据"的确凿无疑的事实就是那些自称有"特异功能的"、能够"发功"的人的表演。而这些事实,其实只是魔术表演。魔术师在做了那些声称有人体特异功能的人所作的那些表演之后,告诉观众他们并没有什么特异功能,并不发什么功,只是依靠技巧和魔术道具就可以取得这种效果。在这里我们不妨引用1988年8月14日上海《新民晚报》中一则关于在北京举行的一次报告会的报道中的一段话:"众目睽睽之下,发动前行的上海牌轿车被拖后转,车顶上的四块红砖被重撞击碎,近10米外的一杯水也在意念中变了味道……"

"10日,在北京科学会堂,面对数百位科学界、医学界人士,一位复姓司马的"气功大师"和同伴还表演了灵学提物、意念猜字、电气功、轻功等"绝技",当人们为之倾倒的时候,这位'大师'却不无冷酷地告诉大家,这些不过是魔术而已。"但是关于人体特异功能的伪科学却硬把"这些不过是魔术而已"的东西,说成是事实。这种在欺骗与受骗基础上形成的看法怎能视做真知识呢?把这样的伪知识系统化怎能成为科学呢?

"科学是系统化了的知识",或者一样,"科学是系统化了的真知识"。这个定义中的系统化,不是简单地把一大堆知识用简单排列一下的方法,分一个先后去讲,这样来理解"系统化"是不正确的。使得零碎的知识变成科学的"系统化"是在正确理论指导下的系统化,而在伪科学中这是不存在的。

总之，我认为，在对知识和系统化有了清楚的说明后，"科学是系统化了的知识"这个定义是可以把科学同伪科学区别开来的。

不久前我在新版的《美国百科全书》"科学史"这个条目中看到一个关于科学的定义："科学是系统化了的积极知识。"我认为这个定义在"知识"前加上"积极"这样一个限制词同在"知识"前加上"真的"这个限制词一样，可以更使人注意到要同伪科学划清界限的问题。同时"积极"的含义比"真"的要狭窄一些。有一些是真的知识，但是把它作为科学，要使之系统化是没有必要的、无益的。因此我认为这个定义是可以接受的。但是我认为这个定义与不加上"积极"这个限制词的定义又并非有本质上的差别，加与不加都可以。不加"积极的"，这个意思也可以视做已经包括在内了。

三、科学在前进中的斗争

科学在前进中遇到各式各样的斗争。首先，要不断克服研究本身中的困难问题，况且，发现和发明不是一件轻而易举的事情，使自己对研究的对象、研究的课题的认识更深入、更全面也不是一件轻巧的事情。我有一个座右铭：不要让自己取得的研究成果成为一种异己的力量来统治自己，而要把它作为自己斗争的对象，去战胜它，使得自己的认识不断前进。这也是一种斗争（请读者注意，我在这里讲的斗争是哲学意义上的斗争——辩证唯物论上讲的斗争，不只是人与人之间的斗争，更不只是阶级斗争）。进行这种斗争的形式就是反思，就是自己批判自己，就是自己做更投入的研究工作。

在科学的前进过程中会发现，原先人们的认识是不完善的，甚至是很不完善的。从哲学上说，在这里有一个绝对真理和相对真理的问题。辩证唯物论者认为，除了对简单的事实的确认这样的事情外，我们已经掌握到的真理一般来说都只是相对的真理，即有待于更加准确、更加全面地去掌握我们认识的对象。我们对真理的掌握还有更进一步要求的根据是，我们承认存在绝对真理，并且承认相对真理向绝对真理的前进是绝对的。这是辩证唯物主义者同在真理问题上的相对主义者相区别的地方。相对真理是否意味着包括错误？我认为，当某个认识的主体对某个认识的客体的认识有错误的时候，对这种状况用两种不同的话来描绘：一种是"我们掌握到相对真理，同时我们又有错误的认识",还有一种是"我们掌握了包含有错误的相对真理"。这两种说法在实质上没有区别,只是前一种说法认为真理与错误是不相容的,相对真理只是有认识不足的问题。如果自己知道在哪一点上认识不足,并严格遵循对自己认识不到的地方不作任何判断的原则,那么他只有认识不足的问题,而没有错误的问题。而后一种说法则把应该作判断而没有去作判断,视做同作出与实际不符的判断没有本质区别的事情。这就是说,这里涉及一个对错误如何理解的问题。我想这个问题并不是很重要。在这里我只要说一点,同有关对象的认识中的错误作斗争可以视做科学在前进中的另一种斗争。

在这里我想讲几句"百家争鸣"的问题。与别人"争鸣"有一个前提,那就是总是认为别人的看法有不足之处,或有错误之处。但是究竟是不是这样,不能由某个人单方面作出裁决。首先要看谁的研究作得深刻,其次要看讨论中双方举出的论据、作出的论证谁有力量,等等。结果也许是一方正确、一方有错误,也许是双方都有不足或错误的地方。

下面我就想讲科学与伪科学之间的斗争了。正如宗教之所以为宗教是要求人们对他膜拜,法律之所以为法律是要求人们服从它一样,科学之所以为科学就是要求人们去研究它,但是伪科学不是科学,它害怕科学,因而是不接受人们用真正的科学态度去研究它的。有的伪科学甚至公开设置研究它的障碍。比如说"发功"对某人起作用与否,要看此人是否诚心诚意地相信它,"诚则灵"。还说某个不相信"人体特异功能"的人,口头上自己不承认有特异功能,其实本人就有特异功能,某些有特异功能的人表演之所以失败,就是这个反对特异功能的人发挥了自己的特异功能,对表演进行破坏的结果。搞伪科学的人不接受按照严格的科学态度确定的实验程序,也有的人不肯与科学工作者进行科学的说理和辩论。所以对伪科学,本质上不是与之争论正确或者错误的问题,不是"百家争鸣"的问题,而是揭露其欺骗性的问题。由于伪科学打着科学的旗号,人们有权要求它接受科学的检验,要求它对人们的责难作出回答。科学对伪科学的斗争可以说是一种揭露它的欺骗策略的手段,并不意味着我们承认它是科学,真正用对待科学的态度去对待它。

在这里我想不妨再讲一下"伪知"与"错误"之间的区别。我认为"伪知"在古代是愚昧无知的产物，在近代科学兴起之后，越到后来，它越是有一些人蓄意制造出来的反对科学的东西。而科学研究过程中出现的错误，有时是资料掌握和方法论上的原因，有时是由于在认识论的根据和思想的根据上有问题。错误是可以经过辩论和实践纠正的，而"伪知"是不可能由伪科学的倡导者改变的。在这里我们也不妨再讲一下"伪科学"与"尚未摆脱错误"的科学研究成果之间的区别。前者的基础是伪知，如果放弃了伪知，这门伪科学也就不可能存在，而科学的基础是真知，错误纠正了，不是削弱这门科学，而是大大加强了这门科学。

四、同伪科学斗争的长期性

伪科学虽然是很低级的东西，在社会上没有什么地位，而且遭到社会上许许多多人的反对，它的行骗的本质不断地被揭露，不断遭受失败，但是我们也必须看到，它并不那么容易被彻底粉碎，此起彼伏，已经有了100多年的历史。这是因为伪科学在社会上有一定的基础。不反对伪科学，听凭伪科学的传播是不对的，但是把反对伪科学的事情看得太容易，那也是不对的。伪科学之所以不容易彻底解决，并不是因为它真的有什么道理，而是因为它的产生和存在有它的社会基础，社会上有那样一批容易上当受骗的人，使得伪科学有它的市场。容易上当受骗同文化水平低当然有关，在一个文化水平比较低的国家里，伪科学很容易流行，但是也有一些有很高文化水平的人，甚至在科学研究上作出过重大贡献的人也热衷于宣传伪科学。在科学和伪科学斗争的历史上不乏这样的例子。要不受任何伪科学的欺骗，有一定的科学知识水平当然是必要的，但是只有科学知识（甚至拥有丰富的科学知识），不一定能够完全避免上当受骗，还要真正具有严格的科学态度，坚持严密的科学方法，才可以有把握地不受任何伪科学的影响。如果某个时期在某个地区伪科学特别流行，往往还有这个地区特殊的政治、经济、社会、文化方面的原因。把反对伪科学的斗争看得太容易了，就会放松对伪科学的斗争。当然我们也不应该对伪科学的力量估计过高。

为了同伪科学作斗争就要对伪科学作科学研究。对伪科学的研究是一个真正属于科学研究的课题。这种科学研究包括自然科学方面的研究，也包括社会科学方面的研究，即当某一伪科学是以自然科学的面貌出现时，我们就需要对它作自然科学的研究。同时我们应该承认，伪科学的产生是一种社会现象，因此我认为必须对伪科学作社会科学的研究，甚至我认为可以说，对伪科学作社会科学的研究比对它作自然科学的研究更加重要。反对伪科学斗争的长期性就是从这种研究中得出的结论。某一个时期在某一个国家，某种伪科学特别流行也有特殊的社会原因可寻。同时对伪科学现象作社会科学的研究也可以告诉我们长期同伪科学斗争的方法，告诉我们从治本的角度来看，应该做些什么事，从治标的角度来看，又应该做些什么事。还有，反对伪科学的斗争有一个非常重要的意义，那就是对伪科学的斗争能够使更多的人更加懂得严格的科学态度是怎么一回事，这对于各方面工作都有积极的意义。因此我觉得"科学与伪科学"这个题目是值得写一写的。我希望在今天中国能有更多的人注意这个问题，研究这个问题。

坚持科学态度
——对当前我国《周易》研究的一个恳切的希望*

我是"中国自然辩证法研究会"的发起人，同时还担任本届这个研究会的理事长。这个研究会是于 1990 年 10 月在河南安阳举行的"《易经》与现代自然科学国际学术讨论会"的组织者之一。这样，我就不得不在这个小型的讨论会上发一个言，而且我打算把我的这个发言记录整理补充后，作为河南安阳那个会议的一个书面发言，不论出席那个讨论会与否，我都想交出。我希望会议参加者能够注意我提出的问题。

为什么我会下这么大的决心呢？这是因为我发现在当前我国《周易》研究中，有一种置科学态度于不顾或假科学之名宣扬反科学之实的现象。这种现象看来不但明目张胆，而且劲头不小，颇有继续蔓延之势。作为一个科学工作者，我骨鲠在喉，想一吐为快，而身为会议组织者之一的那个团体的负责人，我更不能不表示本人的态度。我讲了，我的灵魂就得救了。

先在这里介绍一下"中国自然辩证法研究会"这个学术群众团体。这个研究会名称中的"自然辩证法"一词，是从恩格斯的一部名著的书名中借用过来的。使用这个名称表现了这个研究会的参加者对恩格斯的敬意，也表明这个研究会的宗旨是在恩格斯举起的这面旗帜下进行劳动和战斗。这个研

---

* 本文原载《一个哲学学派正在中国兴起》，江西科学技术出版社，1996 年，第 424~433 页。

会的性质和工作方针虽然如此，但并不影响它一贯坚持百家争鸣，主张学者们可以自由地发表见解，绝不强求任何人站在某种哲学立场上的。我想我还可以补充说一句：即便在这个研究会内部，也允许参加者发表与研究会这个集体的基本哲学立场不同的言论，更不用说在本会组织的学术活动中，我们对研究会外的学者们的充分的学术自由的尊重了。但是学者们既然都是以科学的名义在工作，以科学的名义在进行讨论，我想在这里我提出要支持科学态度这样一种主张，总不至于遭到反对吧？我想充其量也只能在怎样才算做坚持科学态度这个问题上，人们有不同的看法。如果这样，那么就让我们在这个问题上进行讨论吧！我相信在这个问题上绝大多数科学工作者是会有比较一致的看法的，而且即使发生某种不同意见的争论，也是可以解决的。

在上面已经告诉了读者，我提出这样一个主张是有针对性的。作为一个中国的哲学家，我一贯是高度评价《周易》这部中国古籍的。1988年7月王赣同志托我的邻居把他写的《古易新编》的书稿交给我看，希望我为此书写序。我就写了这样的话：《周易》是我国最古老的典籍之一。它为古今中外学者所重视，乃是由于其包含朴素而又丰富的唯物辩证思想，确非偶然。这也是许许多多中国哲学史研究者共同的意见。序中我也对当代学者从新的角度对《周易》进行深入的研究表示赞成。我同《周易》也曾有这样一段机缘。1927年我刚进京兆公立第三中学，即12岁时，我对《道德经》产生了兴趣。而离京北第三中学不过三四百米的北京师范中学里，有长我一个年级的雷天觉（他后来是我国著名的机械专家、中国科学院的老学部委员），他对《周易》也产生了兴趣。我们两个十几岁的少年，就成了哲学上的朋友，我们谈了两三年哲学。讲自己的这段经历，无意在专家面前充内行，也无意发表什么经过研究的学术成果。我只是说由于少年时期得到朋友的帮助，对《周易》还不算太陌生。我对《周易》研究一直是比较关心的。近年来我在书店看到关于《周易》的书一下子出了许多，知道现在中国出现一股"周易热"。后来我在书店将已出版的好几本《周易》书翻了一下，觉得在"周易热"中出现的作品，参差不齐。有以科学态度研究《周易》，对《周易》有所发现、有所发展的，但也有不算少的文章和书籍，打的是科学的旗帜，讲的是很不科学甚至是反科学的内容。大家知道，近年来，我国出版界面临着相当严重的困境，许多比较有价值的书，出版社怕亏损，不敢出版，作者想出版自己的著作，出版社往往要求作者设法包销若干本书。内容不科学、质量很差的有关《周易》的书，却一本一本地出。之所以能出，大概还是有市场吧。对有关《周易》的市场心理，我也感兴趣。前几个月我还看到一本小说《大气功师》。这本小说没有任何吸引人的情节，内容沉闷到了极点。书中大段大段地抄写一些在旧社会中许许多多人都知道的也可以说老得没有牙的常识，其中包括有关《周易》的常识。大概因为现在的青年不再有老一代知识分子的那种常识，加上书中介绍了许多违反科学的东西，如"人体特异功能"、"轻功"、"外气功"等（这些东西由于种种原因颇为流行），人们有一种猎奇的心理。这部"小说"居然能在在文学方面很有地位的出版社出版，而且累计的印量达到138 000册。这本书虽然畅销，可是我实在看不下去。在这样一个严肃的学术讨论会上，我觉得谈及这样的书实在太不值得。也许我这么说反而是给这部小说做了一种义务广告，但是由于这是一种社会现象，因此，我认为还是要正视它。对客观的现实，我们不能闭着眼睛不去看它。写作和出版这样的一些书，我认为是一种文化倒退现象。但是历史的发展，包括《周易》研究的发展，总是在曲折中前进的。也许我们可以说，不曲折，历史就不可能前进。现在出现了本身应该被视做一种文化倒退现象的事，未必不是使《周易》的研究走上坚持科学态度的道路的一个促进因素。所以即使它本身的确是不值得一提的事情，我觉得还是要提它一提。

再举例来说，我在书摊上看到一本《周易预测学》。周易与占卜的关系是尽人皆知的，但是占卜与科学的预测却是风马牛不相及的。当然由于迷信本身以及作为迷信的形式之一的占卜，也是一种认识现象和社会现象，它们也就可以作为认识科学和社会科学研究的对象。迷信和占卜成为科学研究的对象这件事，当然丝毫不意味着它们本身是科学的。把迷信、占卜说成是科学的"科学"，是"伪科学"。

占卜本身也有它的历史。占卜并不是人类社会一开始就有的。最早的人类并不知道有占卜之事，也并没有占卜的需要。经过漫长的历史过程，人类社会有了很大的进步，这时候人们才产生"未来"的观念，产生"未来"不是完全不"可知"的观念，产生想对未来能有所知晓以趋吉避凶的观念。当然那时由于生产力的极度低下，在天然的自然力量面前，人类处在非常脆弱的地位，因此那时更相信超自然的力量，相信命运。所谓占卜，就是采取一些办法希望预先知道超自然的力量、命运等将会使自己以及周围的环境变成怎样。后来，人类社会进一步发展到奴隶制、封建制。这时候，统治阶级和被统治阶级的对立形成了，社会的联系扩大了，作出有利于自己的决策以趋吉避凶的要求，对于统治者来说也越来越重要了。他们关心未来可能出现的变动，于是占卜的地位就提得更高。古时候，在君主周围总有一些谋士。君主在作出决策时，有时要听听他们的意见。但是谋士们与君主在地位上是绝对不平等的，于是占卜和对占卜得到的结果作出解释，是谋士们参与决策最好的一种方式。采取这种方式提出的意见不具有本人意见的形式，这样就可以强调所提出意见的地位和作用。谋士们采取这种方式，便于使统治者采纳他们的主张，也便于其推行这种主张。君主会对众人说，这些主张是天意。由于这样的事情经常做，关于占卜的方法，和对占卜出来的结果加以解释的话，日积月累，越来越多。考虑到占卜的便利，使占卜时有根有据，需要把以往的经验概括起来，于是经过许多次编辑提炼，最后传下《周易》这样一部典籍。这部书就是在长期占卜实践基础上形成的一部占卜大全。

这部《周易》写成这个样子是很不简单的。首先所采用的占卜的方法既简单而变化又很多，而且很有条理、很完整。《周易》关于占卜的结果所写的文字来自丰富的自然和社会现象，语言简洁而又非常含蓄，适宜发挥和作多种解释，谋士们在与君主讨论问题时，运用这部《易经》可以少受限制地把自己的意见表达出来。

占卜原是很古老的事，到了社会生产力高度发展、科学昌明的近现代，为什么它还没有绝迹呢？这是因为社会生产力虽然发展起来了，天然的自然的破坏作用，在人们面前仍然常常显示为无可抗拒的。而社会的力量对于社会成员来说，也常常显示为无可抗拒的超自然的力量。同时，科学态度、科学精神也远远没有为社会成员中的大多数人所掌握。加上社会上又有各式各样的人，他们不是努力去发展科学，而是去宣扬江湖骗术，进行伪科学的宣传。因此，占卜这类的迷信活动，虽然地位大大下降，但是还有人相信。

占卜是一种迷信活动，可是现在就有好几本书却把本来属于封建迷信活动性质的占卜说成是科学。比方说，我们可以从《周易预测学》这本书中看到：毛泽东决定二万五千里长征"与八卦布阵完全一致，这绝不是偶然的，也不是历史的巧合，而是毛泽东易运高深广大的证明"。它接着又讲"毛泽东、周恩来等领导同志在解放战争中去山西五台山抽签算卦,也证明他们非常重视信息预测"。作者写这样一段话的意思很明白,无非是说连中国的这些伟大的马克思主义者都相信占卜这样的东西,谁敢出来反对呢?

当然《周易》的意义并不受占卜的限制,它作为一部受到古今中外学者重视的古籍,主要是由于其中包括朴素又丰富的唯物的与辩证的哲学思想。我在为《古易新解》所写的序言中说,《周易》"有朴素又丰富的唯物辩证思想",是说《周易》中有朴素的唯物主义的因素,也有朴素辩证法的因素。关于把唯物主义与辩证法结合成为一个整体,那还是马克思和恩格斯对黑格尔的唯心主义的辩证法和欧洲十八九世纪形而上学的唯物论加以改造后的产物。在中国古代哲学(如《周易》)和欧洲古代哲学以及其他国家的古代哲学中,唯物论的因素与辩证法的因素还只是分离地和以极为朴素的形态存在,而且它们与唯心的和形而上学的东西混杂在一起。看不到《周易》中丰富的唯物与辩证的内容,或者夸大这些因素,把《周易》的宇宙观描绘为与辩证唯物主义几乎没有多大差别的东西,都是不符合《周易》本身的。最近出版的一些关于《周易》的书,有的甚至说在《周易》中可以找到我国历史唯物主义的哲学思想最早的根源。在《周易》中根本没有"人是使用、制造工具的动物"的概念,根本没有社会生产力、社会生产关系、政治和法律的上层建筑与意识形态的概念,根本没有社会生产力与社会生产关系、经济基础和上层建筑相互关系的概念,它怎么成了历史唯物主义哲学的最早根源?我认为,应该很好地去研究《周易》。我国文化中一切优秀的东西都应该得到弘扬。然而弘扬我国传统文化不应该是一句空话,而是要去做切切实实的工作。把中国传统文化中属于精华的东西与属于糟粕的东西区分开来,这是为了弘扬我国传统文化必须首先做的基本工作。1979年4月,四川"发现"一位名叫唐雨的少年能够用耳朵认字(关于唐雨耳朵认字的骗局在1979年的报纸上刊出后不久,四川医学院就派人作过调查,确定这是弄虚作假)。在这之后,在我国已进行了长达11年之久的所谓"人体特异功能"的宣传。这种宣传就不是弘扬我国传统文化中优秀的东西,而是去宣扬我国哲学思想中的糟粕、祖国医学思想中的糟粕、中华武术中的糟粕和我国古文学中的糟粕,并把它们集中起来。《周易》研究中出现的那一股文化倒退现象,同"人体特异功能"的伪科学宣传之间的联系是非常明显的。有一本书中写道:

"《周易》所提供的预测方法，对自然、社会和人生的种种问题进行预测是否科学，目前还处在研究阶段，正如现代科学对气功、特异功能的研究还处在潜科学的阶段，采取简单肯定或否定的态度是不利于科学和学术发展的。"从这段话中就可以看出，所谓"周易预测学"，同所谓"人体特异功能"是同一类的货色。《周易预测学》一书的出版者，忽然谦虚起来，说了上面所引的这一大段话，文中说不要别人简单地肯定它，只是一句陪衬的话，目的是不要别人简单地否定它。明明白白的是反科学的东西，难道我们能以"有可能是科学的东西"的态度去对待它，不去简单、直截了当地否定它吗？

说到历史唯物主义，我还想用历史唯物的观点对《周易》这部著作的形成再讲几句话。《周易》不是某一个人的著作，这应该是定论。连山、归藏、周易一脉相传之说，虽然找不到直接的证据，但是根据事物一般发展的规律来说，周易的形成有它的前身，这种说法是可以接受的。但是有些说法只能视做传说，把它们当做历史事实是不足取的。比如，伏羲只是传说中的人物，不能相信真的有这样一个圣人。据说现在有人考证出，伏羲不是一个人，而是云南的一个氏族。这也是站不住脚的。伏羲这个神话中的人物，很早就出现于写黄河流域的我国很古老的典籍中。从6000年前云南氏族社会的发展水平来看，不可能产生先天八卦这样的抽象概念。从当时云南和黄河流域信息交流的状况来看，我国的文化继承云南某个氏族的传统的说法也是不能成立的。还有些关于《周易》起源的说法，使读者仿佛在看科幻小说。有些话，如果写在科幻小说中也许没有太大关系，但是如果写到科学著作中去企图给人们以确有其事的印象，那就不那么好了。在这里我们不妨谈谈外星人的问题。我认为外星人是可能存在的。宇宙是无限的，在无限的宇宙中，总有许多星体具有与地球相仿的物理条件和化学条件，在它上面适宜产生生物，生物也适宜发展成类似人的这种最高等生物。这种最高等生物的形态会与人很不相同。他们的文化也会与地球上的人迥然不同。但是全宇宙中物理学、化学、生物学的规律是共同的，物质和运动的基本形态是共同的。在外星体上的最高等的动物中，不可能排除有比人类发展得更高的。他们有更高的科学技术水平，使用更先进的工具……这些都是可能的。但是直到现在，他们并没有做到送一个飞行器到我们地球上来，这是个真实的事实。多少年来，许多飞碟目击者报道的飞碟全属子虚乌有。关于地球上能否收到外星人发来的信息这个问题，也应该认真思考一番。我认为，即便在理论上也许也不能绝对否认在地球上的人类有可能收到许多年以前外星球"人"发出的信息（人们应该计算一下发出这种信息的设备需要有多大的能量，计算的结果很可能使得我们收到这种信息，成为事实上不可能实现的事），但是至少事实是我们还没有收到过，这总是千真万确的。我们不能把对科幻小说的要求等同于对科学讨论的要求。

在这里我想讲讲"旅游历史学"、"旅游地理学"问题。我认为，为了发展旅游、发展旅游事业，在"旅游历史学"、"旅游地理学"中不妨把传说乃至科幻小说作为旅游的文化资源。在旅游点的部署和导游中，不妨利用未经科学考证清楚的资料。比方说我认为，不一定要在考证某所房屋历史上有某个名人的确住过后，才容许在那儿设纪念馆，但是一定要把已经证实了的事情同还是传说的事情分清楚。在有关问题上，对于学者们已经弄清楚的事情或学术界有争议的事情，搞旅游业的人也要头脑清楚，但不一定都要向普通旅游者讲。例如，安阳囚禁周文王的地方，就未必一定是当年的原址。对旅游业的要求也与对科学不一样。在科学研究中还是一定要坚持科学态度，把真相弄清楚。

最后我想讲讲安阳讨论会的主题——《易经》与现代自然科学。对于这个问题，讨论会上会有经过研究、水平比较高的论文。我没有对这个专题进行什么研究，我也不能为会议提供论文。在这里我只想讲讲这样几个观点。

1）科学的发展有其客观的规律性。这些规律性并不是任何人臆想出来的，而是从科学发展的整个历史中概括出来的。我们在讨论当代自然科学发展与《周易》的关系的时候，不能不尊重经过长期的努力从大量科学历史的事实中找出的那些科学史的客观规律性，不能把这些客观规律性置于脑后。

2）关于科学发展历史的客观规律性中有这样一条：后人的发现和发明是对与之紧密衔接的前人已经取得的发现、发明的一种超越。新的研究成果和已经达到的成果之间有一种连续性，前人的发现、发明是后人发现、发明的基础。后人不可能不顾距离他们很近的前人的发现发明，而直接从古代人那里取得自己发明发现的基础。

3）科学的发现和发明是对具体科学问题进行切实的具体研究后得到的。哲学（哪怕是最好的哲学）不能代替对科学的研究。好的哲学对于科学是可以起到好作用的，但是充其量只能给科学研究以某种启发，不可能运用哲学直接取得科学研究成果。

　　根据这三条，不仅《易经》，而且世界上任何古籍，都不能对现代自然科学的发展起什么直接的作用。在现代自然科学重大成果的取得者中，也几乎没有什么人说过《易经》对他的重要意义。在他们写的回忆录中，似乎没有人提到过《易经》对他们的发现、发明起了什么重要作用。但是《周易》既然有朴素的丰富的唯物主义的和辩证法的内容，而现代自然科学家对《周易》又很不熟悉，我们不能排除在他们接触到《周易》时，有一些人很可能在自己的现代自然科学的研究中受到某种启发。启发是一种特殊的认识现象。某个人的头脑中被某种想法 A 启发出某种想法 B 时，A 与 B 不一定有什么必然的逻辑关系。是否受到启发或启发出什么，是因人因时而异的。启发作为认识现象的特点就是事先很难知道。我认为，我们既然在讨论《易经》与现代自然科学这样一个问题，我想经过一个时期的讨论，大家会得到一个共同的认识：虽然在历史上《易经》这部著作对现代自然科学的成果没有起到什么作用，但是经过对《周易》的研究，这部中国的古籍有可能受到更多人的注意，并且给注意到它、研究过它的自然科学家在工作中以某种启发，使他们比较顺利地获得成就。由于《易经》的文字很难懂，将易经中的唯物主义的和辩证法的内容撷取出来加以解释的工作是有意义的。我希望《周易》研究者能够坚持科学态度，把易经和自然科学的关系处理好，向自然科学界和哲学界提供出尽可能多的启发性的成果来。

人体特异功能史话*

一、写在前面的三段

1）我想讲讲关于人体特异功能历史的故事。"人体特异功能",是搞这种伪科学的人为自己起的名字。它只有十几年的历史,但在我们国家里知道它的人却很多。后来搞这种伪科学的人又给它起了另一个名称"气功",知道它的人就更多了。两个名词对他们各有各的用途。"人体特异功能"这个名词是新的,科学的外表比较明显,"气功"这个名词却是旧的,它从20世纪50年代开始用（唐山地区一位姓刘的干部从农民那里学得了吐纳等锻炼身体的方法,在推广过程中,为它起了"气功"的名称）。不少人以为它是一个很古老的名词。气功本来有自己的含义,现在搞特异功能的人把他们搞的那一套也叫做气功,是为了扩大欺骗性。为了保护真正的气功的名誉,反对这种伪科学的人就在搞特异功能的人自称的"气功"的前面加了一个"伪"字,称之为"伪气功"。"人体特异功能"这个名称只在中国使用,而且流行的时间只有这么几年,因此人们以为它是在中国出现的新事物,其实不然。它的根源是远古时代人类的迷信和神秘观念。就是它的近代形态——

---

* 本文原载《一个哲学学派正在中国兴起》,江西科学技术出版社,1996年,第441～467页。

伪科学的形态——也有几百年的历史了。这种伪科学发轫于西方科学比较发达的国家。不过在西方国家不把它叫做人体特异功能，而叫做现代唯灵论、心灵研究、超心理学等，它们同人体特异功能其实是一个东西，一脉相承。这种人体特异功能伪科学在中国也已经有相当长的一段历史，而且1979年3月开始的这一次，在新中国成立后也不是头一次，这只是规模更大、在社会上产生的恶劣影响也更大的一次。因此，不论古今中外，都有不少关于人体特异功能的故事可讲。我想，许多人听听这样的故事是会发生兴趣的，并且有助于系统地了解人体特异功能这个对象。当然要更完整、更系统地了解这个伪科学，只了解它的历史发展过程还是不够的，还要思考人体特异功能究竟是不是反科学的，如果是，它怎样反科学；弄清楚人体特异功能为什么这样流行，许许多多的人上当受骗对我国的社会主义事业会产生怎样的恶劣影响。只有既掌握了大量历史资料，又进行了理论上的分析，批判他们制造的奇谈怪论时才能达到完善的认识水平。不过这是另外一部书要做的事，不是现在我们要完成的任务。

2) 人体特异功能都有哪些花招？在开始讲这方面的历史故事之前，首先介绍一下人体特异功能都玩一些什么花招。看过他们表演或者接受过他们治疗的人直接接触到的，不可能很多，看他们出的书刊，知道的事会多一些，但也不会全面。因此，我们想尽可能全面地把它的范围概括地介绍一下。不过还得承认，不可能举全，而且同一花样的名称很多，难免把有的名称遗漏。人体特异功能，着重讲的是人的精神的超常作用。它可以分两类，一类属于不通过感觉的媒介，是由某种莫名其妙的精神、意念等获得信息的，这一类称做超感官知觉。这一大类又分三小类：①感知的对象是某个人的思想，那就是有这种功能的人可以不通过感觉器官的媒介（当然也就不借助沟通信息的工具），就了解另外某个人的思想（这个人可以同他相隔很远）。这种功能或称"传心术"，或称"思想传递"、"思维通信"，或称"意念电话"。这种"传心术"可以是单向的，即特异功能者能了解他人的思想，而对方由于不具备这种功能，不能了解这个特异功能者的思想。当然如果双方都有这种特异功能，这种思想传递就可以是双向的，也就可以打意念电话了。②感知的对象是某种客观事物（这个物可以是近距离的，也可以相隔很远）。这种功能的名称是"天眼通"。耳朵认字就属于这一小类。③感知的对象是现实世界中还不存在的东西。这种认识就叫做"预知"或"预言未来"。算命卜卦就属于这一小类。另一类是不运用物质力量而由精神直接作用于外界客观事物，使之发生运动、变化和发展。这种特异功能叫做"意念致动"。意念移物或取物是意念致动的一种。如果这个外界事物是人，有特异功能的人自称可以指挥这个人的活动或者可以制止这个人的活动，这种功能叫做"心灵强制"。除了超感官知觉之外，在这个伪科学领域中还有另外一些同承认鬼与神的存在相联系的功能，那就是：①降神术，也就是可以与鬼魂或神道沟通信息（许多灵媒说自己有这种特异功能）。②"再赋肉身"或"神灵物化"（比如，他们说鬼魂可以附在临产妇腹中的婴儿身上，成为"再生人"；鬼魂可以附在某个活人——这个活人通常是具有特异功能者——或活的动物身上）。③"鬼出现"（或者可以说"闹鬼"、见到鬼、听到鬼说话、摸到鬼、被鬼击中、用照相机照到鬼相等。有特异功能的人，可以利用、控制、改变这些状况）。④"死后生存"（如接受"人体特异功能"者的指示，对自己死后做好安排，与阳间人取得联系）。⑤"自发的怪现象"，如"凶宅"等也可以归入这一类。因为在这里是以肯定了一种超自然力量的存在为前提的。近年来又进一步"现代化"，引进了一种"外星人"，有特异功能的人可以与外星人发生种种精神上的和肉体上的关系。外星人不是鬼魂，但从他们对我们今天的地球来说是不存在的东西来看，他们同鬼魂是没有多大区别的。还有一种特异功能是肯定违背自然规律的神力，如轻功乃至腾空而起；有特大的神奇的力，凡人做不到的，他能做到。这种神力包括体力和内脏的能力，如消化玻璃的力等。以上分类的基础是西方超心理学专家的分类方法。那些不常见的名词的英文原文，为了节约版面都没有在这里引用。当然也有我们作的补充。

3）人体特异功能的历史从何时算起。研究"现代唯灵论"、"心灵研究"、"超心理学"、"人体特异功能"的书籍常把1948年纽约海斯韦村的福克斯两姐妹的活动作为现代唯灵论的起点。1979年出版的《美国百科全书》和同年日本出版的《心理学中兴》都是这么写的。我不同意这个看法。我认为，要对某种现象究竟何时开始作出比较准确的回答，需要指明这个现象的质的规定性。人体特异功能的许多现象可以说从古以来一直没有中断过，可是又不应该把它的开始说得太早，因为现在我们说的是一种伪科学的活动。

它和古代迷信的界限就应该划在是否取得伪科学的外表上。自从自然科学在西方国家发展起来后,那些迷信和迷信职业者需要披上自然科学的外衣,以便继续活动。于是他们开始使用自然科学的语言,甚至使用自然科学的某些实验设备来从事这种活动。这样的活动就应该视做现代唯灵论的开始。不过一开始这样的特点还没有表现得很清楚。在这里,唯灵论有一个从古代形态向现代形态过渡的时期,然后才发展到现代唯灵论的特点表现得很清楚的时期,再经过一段时间,才发展到当代形态。我们的故事现在就从这个过渡时期开始。

二、斯维登伯格的故事

现在我们来讲发生在18世纪的事情,讲讲那个世纪40年代斯维登伯格的活动。

斯维登伯格(1688~1772年)是瑞典的哲学家和数学家,因为他写过一些有关机械学、采矿学和矿物学的书,很早就出了名,而且被选为彼得堡科学院的院士。他在他的晚年声称自己能够看到神灵,上帝本人交给他创立新教会的使命。他要人们相信自己能够和死者的灵魂交往,可以从鬼魂那里得到来自地狱的消息,他把阴间的情形讲给人们听。他还说自己的特异功能不限于能够与神灵和鬼魂交往,还能遥视许多公里以外的景象。他在1749~1756年的7年间写了八卷本《天堂的秘密》。关于他有两个著名的故事。

第一个故事是,荷兰有一个驻斯德哥尔摩的公使,他生前向当地的一个珠宝商定制了一套银质茶具。他去世后,珠宝商找到他的遗孀索取公使买这套茶具应付而未付的款项。公使夫人虽然没有经手这件事,但她知道自己的丈夫办事素来认真细致,确信公使一定付过这笔钱,但她怎么也找不到收据,因此万分着急,因为这是一笔相当可观的款项。于是她把斯维登伯格请到自己的家中,说如果他真有人们盛传的那种特别的本事,能和死者的灵魂交谈,那么恳求他向已死的丈夫询问一下有关茶具付款的事。夫人问斯维登伯格能否帮她办成这件事,斯维登伯格斯毫不犹豫地答应了她的要求。3天以后,在公使夫人家里举行了一个小小的茶会,斯维登伯格出席了,并以他特有的镇静口吻宣布,他已经跟死者谈过了,死者说该项债款在死前7个月已经付清，收据存放在楼上的柜子里。夫人告诉他，那个柜子是空的。斯维登伯格说，死者讲，抽掉左边的抽屉，再拉开里面的一块板，那里面有一个暗匣，其中藏着秘密的荷兰外交文件，那张收据就放在那里。全体在场的人都来到楼上，果然在所说的地方找到了收据和那份文件。

还有一个故事，1756年年底，斯维登伯格在距斯德哥尔摩80.5公里的一个商人家里做客。忽然他脸色变得煞白，说自己家附近发生火灾，正朝他家的方向蔓延。过了一会儿，他说大火已经烧到自己朋友的房子，离他家不远了。到了8点钟的时候，他高兴地大叫："感谢上帝，大火在离我家很近的地方被扑灭了。"两天之后，从斯德哥尔摩来了个信使，带来了有关那场火灾的消息，同斯维登伯格所说的完全一致。

斯维登伯格这样的故事从瑞典传到德国。哲学家康德从他的一个学生那里听说了。有一段时间康德对这两个故事的可靠性毫不怀疑，并且收集有关这样的事的材料，想研究一番。康德写信给斯维登伯格询问这件事，斯不给他写回信，于是康德托一个熟人去斯德哥尔摩拜访斯。斯高傲地说，他"能够按照自己的意愿同死者的灵魂交往"，他的这个特殊的本事是"上帝赋予他的"。至于证据，他说"这是人所共知的"，没有再多讲什么。康德只得用高价从伦敦买到斯的《天堂的秘密》。在读了之后，康德确信此人搞的那一套完全是骗人的把戏，并且写了一篇"以形而上学的幻想解释视灵者的幻想"，对斯维登伯格作了辛辣的讽刺，说这八卷，卷卷"充满着胡言乱语"。康德也转述了那两个故事，并且提出问题："是什么动机促使我去研究这种无聊的故事，这等于在继续传播荒谬的故事。一个理智健全的人是很难去听它的，更不用说还把这些荒谬不经的东西放到哲学研究的著作中去。"康德自己又回答说："愚蠢和智慧之间的界限如此模糊不清……但是界限毕竟是存在的，而且如果读者并不把视灵者看做一半属于彼岸世界的人，反而干脆把他们送进医院，我们是不应该因此而指责读者的。"

但是康德哲学实际上仍包含着经过修饰的灵异信仰，康德本人虽有明晰细密的批判力，却很倾向神秘主义，到他的晚年更甚。

把斯维登伯格的活动作为现代唯灵论的开始应该说理由不是很充分，因为他并没有使用多少科学的语言，也没有使用什么科学实验设备。他那时主要还是使用宗教的语言。现在我们把它作为起点的理由主要是斯维登伯格本人是个数学家、工程专家，是自然科学家中积极搞唯灵论的第一个出名的人。

三、麦斯默尔术

接着该讲麦斯默尔术。麦斯默尔是澳大利亚籍的一个医生。他有许多追随者。麦斯默尔和他的追随者是通过"麦斯默尔术"来行医的。这种特殊的用一般的医学观点难以解释的方法走向人体特异功能。麦斯默尔本人于18世纪70年代开始活动，而他的追随者则一直到19世纪仍很活跃。这种麦斯默尔术的流行，对于人体特异功能这种伪科学的兴起起了不小的作用。

要讲麦斯默尔术，还要追溯到16世纪活动的帕腊塞耳苏斯（1490～1541年）。他对麦斯默尔有着很大的影响。帕腊塞耳苏斯是瑞士的一个医生兼天文学家。他自称发现天体和磁性之间有一种关系，并且进一步声称这样的关系可以用来增进人的健康。那时近代科学才开始发展，天文学研究虽然是走在前面的学科，但基本上还只局限在天体运行的研究上面，天文物理的研究可以说还没有开始。如果帕腊塞耳苏斯只是讲到天体和磁性的关系，即便缺乏根据，也应该承认是一种有价值的观念，我们在讲人体特异功能时就用不着去提到他。不过当他进一步讲这种关系可以用来治病时，就带有更多的神秘色彩了。他的著作影响了许多后继者。比如，在他之后不久就有一个姓氏为赫尔蒙特的人，提出"功能磁性"的概念，并且说这种功能磁性能够从一个人传导到另一个人。到17世纪——帕腊塞耳苏斯活动的下一个世纪就有这种"功能磁性"治疗的表演。其中有一个巡游医生在许多地方的活动就吸引了很多人去观看。我们在这节里介绍的麦斯默尔，在1760年就表示了自己对帕腊塞耳苏斯的著作的重视，并且在1766年进一步明确表示他赞同来自天体的磁性对人体的影响。大约在1770年，他亲眼看到了一次明明白白用磁化金属板来进行治疗的表演之后，就自己用这种方法进行治疗。后来他去巴黎行医，他进行治疗的方法是使患者坐在盛着磁化了的铁屑的桶的周围，桶中向桶外伸出若干金属棒，患者接触这些金属棒。这种治疗很快就得到了遭受各种疾病苦痛折磨的患者的欢迎。

法国政府看到这个现象，就组织了一个调查麦斯默尔搞的这套治疗方法的专门委员会。委员会的成员有大化学家拉瓦锡和当时美国驻巴黎大使富兰克林。这个委员会在作了一番调查研究后得出的结论并没有否定这种治疗的效果，而是认为"病的治愈，不是由于磁性，而是由于患者的想象"。麦斯默尔的主要追随者是发明催眠术的皮塞居。皮塞居发现"树林也能被磁化"，而且说："病人站在树下，也能取得疗效。"富兰克林知道了，也做了一个实验，随便指定一些树，告诉病人这些树已经被磁化了，让一些病人站在树下，结果也像站在那些皮塞居说已被他磁化了的树的下面一样，有效地治好了病。

在这之后，上面说的那一套治疗方法已经有了"麦斯默尔术"的名称。1820年法国社会对麦斯默尔术的强烈兴趣，使法国政府组织了一个新的委员会来进行调查。这个新的委员会花了几年的时间去做这个工作，最后得出的结论不但肯定了疗效，而且还肯定了一些远远超出当时医学范围的特别现象。比如，肯定"不说一句话就能在两个心灵之间传递思想，读平常无法阅读的密封的信，感觉的交谈——用指尖代替视觉等"。这个报告告诉我们，麦斯默尔术是与人体特异功能联结得很紧密的。从帕腊塞耳苏斯到麦斯默尔，在人体特异功能方面是有发展的。麦斯默尔术与斯维登伯格相比，增添了不少科学的外表，特别是1820年后新成立的那个委员会，是在科学研究的名义下进行调查的。

这个委员会的报告惹起了强烈的异议，不仅因为它强调了治疗确实有效，而且也因为报告涉及了心灵感应、天眼通、感觉的换位等。于是第三个委员会又被任命了，第三个委员会的结论指出，"动物磁性说"本身就是一种戏弄。于是麦斯默尔术的名誉被弄得很臭，在巴黎是活动不开了。但是麦斯默尔术在19世纪初，早已从法国传播到德国、英国和美国。它被法国第三个委员会否定之后，在欧美另外一些国家却继续流行，而且同人体特异功能这种伪科学结合得越来越密切了。因此，麦斯默尔可以被看做现代唯灵论的先驱者。

在这里我想插进来讲一个问题。近年来在我国"磁疗"讲得很多。由于没有见到根据充分的科学报告和医学界权威性的判断，我们对它不敢说什么，认为这是一个应该以严格的科学方法进行研究的课题。不妨先从证实或否定疗效开始，然后进一步探讨其解剖学、生理学或仅仅是心理学方面的机制。由于后者的复杂性，一时得不出结论是可以理解的。但是必须坚持进行真科学的研究，而不是像麦斯默尔和他的追随者那样归因于人体特异功能这种伪科学。近年来日本厂家来我国推销磁疗设备，北京某著名大学的"教授"在转销产品时就把这种医疗设备与"耳朵认字"、"意念移物"等人体特异功能联系在一起。帕腊塞耳苏斯的时代距今已400余年，在这方面，进步为何如此迟缓？

四、降 神 术

接着该讲到福克斯两姐妹了，那是19世纪40年代发生在美国纽约海斯韦村的事情。这两姐妹先是说用叩击的音响同这个家族被杀害的人的鬼魂通了信息，然后又同一切愿意与人交往的灵魂通信息，说她们可以成为神媒或灵媒，再经过适当的符码设计，这种叩击就可以成为人神交往的一种方法。对于这件事的真伪也作了许多"调查"，但没有采用严格的科学检验方法，反而引起了更多的人对这种"心灵现象"的兴趣，有一些人就在研究这种现象，结果不但涌现了更多的这种神媒（或灵媒），而且对现代唯灵论的流行起了很大的作用。

福克斯姐妹所表演的降神术是继麦斯默尔术后的一个"新事物"，后来表明，它对人体特异功能这类伪科学的推动作用非常大。

当然在这方面作出贡献的不仅有福克斯姐妹，有一名叫达尼埃尔·坦克拉斯·霍姆的苏格兰人，他的影响也非常大。霍姆可以表演，只要他在餐厅里，任何人都不动，餐厅里的桌子晃个不停，碟子在空中飞转，墙壁内"喀磴""喀磴"地连声作响，据说哈巴德大学也专门派出由学者组成的调查委员会去登门拜访，研究他"意念力"的情况。这个调查委员会对霍姆有一次去参加的"意念通信会"的情况作了生动的描绘："当时他的意念力极其旺盛，刚一走进会场，桌子就'咯嗒''咯嗒'地动起来。不一会儿，整个房间里的东西也都动起来了。人们以为是手鼓的响声，可是在空中却出现了一只手挥动着手帕。'诸位先生，欢迎你们！'听到那种寒暄的话，大家都圆瞪着眼向四周巡视，是谁在那里打招呼呢？咦！三角钢琴在那里弹起来啦。'啊，那不是三角钢琴在空中飘浮起来了吗？'一位来宾指着说。'真的哟，啊!起来了,那个重东西飘起来啦.'大钢琴飘飘悠悠在空中浮动。它与自己弹的乐章合着拍子,跳起舞来。椅子也围着钢琴,高兴地跳起舞蹈。这么重的东西从头上掉下来可了不得!人们纷纷向房子的角落里躲避。这时,霍姆自己的身体也飘浮到空中去了。霍姆的身子悬坐在椅子上面5厘米的空中,好像吊起了一样……"

搞这种降神术(spirit-rapping)和请神术(spirit-seeing)的人,于是也得到一个名称"灵媒"或"神媒"。像霍姆这种神媒出现了不少。达文波特兄弟、库克小姐等都是当中有名的人,一时间在美国和欧洲这种弄神弄鬼的表演搞得非常热闹。而在这个时候对于人体特异功能这种伪科学最为重要的事,便是有几个当时的大科学家卷进了宣扬伪科学的活动中去。

五、几个使自己丢脸的大科学家

人们会怀疑,在本人的专门领域作出了重大贡献的科学家怎么会搞起伪科学来,甚至不少人由此产生一种想法:像这样的大科学家相信和热衷的事也许不至于是欺骗活动吧。其实这样的想法是不符合事实的。不但当今有的科学家积极参与伪科学的活动,在历史上也是这样。就在福克斯姐妹、霍姆等灵媒活跃的那些年份,就有像华莱士和克鲁克斯这样的大科学家也参加到这种迷信活动中去了。

华莱士是功勋卓著的动物学家。他是和达尔文同时提出物种通过自然选择发生变异的人,在这方面他不仅是科学家,而且应该承认他是伟大的科学家。可是就是这位伟大的科学家,却同时又是一个可怜的人体特异功能这种伪科学的鼓吹者。在这方面他在历史上起了极恶劣的作用。

华莱士在他写的一本书中,说他在"自然科学这个部门"发生兴趣,并且热心研究,最初进行实验的时间是1844年。在那一年他听了一些江湖术士关于麦斯默尔术的演讲之后,就在他自己的学生身上做了同样的实验,开始进入这个伪科学的圈子。1865年,当他在热带地方旅行考察了12年回到美国之后,"桌子跳舞的降神术"的表演,使他深深地陷到泥潭中去。他希望大家不仅要相信前一节我们介绍的霍姆,相信前面我们没有具体介绍的另一个神媒达文波特兄弟,相信已经可以看出是为了花钱搞活动并且大部分已经一再地暴露出骗子面目的"神媒"们制造出来的虚假的"奇迹",而且进一步要大家去相信那些在古代被人信以为真的神灵故事。那时候不但摄影已经成为很普通的事,而且人们也已经会在摄影中弄虚作假,用一种手法"照出"模模糊糊的(也有比较清楚的)"神灵"或鬼魂的照片,用来证明它们的真实存在。这种照片的伪造本来是一看就可以知道的。这种只要有一些常识就可以辨别的事情,华莱士这样的科学家竟完全相信,认为它是真实的。难怪恩格斯指出他"处理得何等轻率"。华莱士就是这样轻率,成为神媒团体的一员,很积极很虔诚的一员,而且在1875年出版了一本宣扬这种人体特异功能的书,书名干脆就叫"论奇迹和现代唯灵论"!

华莱士先生的热心使得他一再自己欺骗自己,他开始这种研究的时间并不长,就很快地变成内行——搞伪科学的内行。华莱士就是一个集动物学、植物学的内行和人体特异功能、神媒的内行为一身的人。

华莱士是个生物学家,可是他用他自己不懂的第四向度空间来解释神灵现象,在他看来,好像神灵证明了第四向度空间,也好像第四向度空间证明了神灵的存在。他声称自己已经证明在第四向度空间中火不会伤害人体等。

自然科学家中又一个搞人体特异功能这种伪科学活动的著名的内行是英国的威廉·克鲁克斯。他是化学元素铊的发现者和辐射计的发明者。人们也承认他是一个大科学家。他大约在1871年起才开始接触"降神现象"。在这件事情上他比华莱士要晚几年。他的特点是为了这个目的应用了许多物理仪器、力学仪器。经过一个并不很长的时间,克鲁克斯就像华莱士那样被这些搞唯灵论把戏的人的表演迷住了。他"研究"过许多神媒,上面提到的霍姆也是他的"研究"对象之一。可惜的是在这种研究中,克鲁克斯也有同华莱士一样的性格,那就是面对这些江湖骗术,不是怀疑它(我们姑且不对他提出能一下子识破并否定这些骗术的更高的要求),探究真理何在,而是如恩格斯指出的"不惜代价地使所有这些现象重现出来",于是他就"掌握"了大量证实这些神媒(也就是能与鬼魂来往的人)的这种特异功能是真实的的"事实",并且把神媒的研究结果写成一本书,即《灵学现象研究》。

一个与克鲁克斯有过交往的神媒名叫库克小姐。这个神媒让克鲁克斯拥抱她,以便相信她的坚固的物质性,让他察看她每分钟的脉搏次数和呼吸次数,最后还让克鲁克斯先生与她自己并排照相,照相之后,就在这个屋子里绝对地消失了。真是来往无踪。可是有一次在库克小姐的降神会上，有一位在场的教士毫无困难地确定了，神灵从里面出来并在里面消失的那间屋子，是有一扇暗门的。这位教士当场戳穿了这位库克小姐的欺骗行为，可是克鲁克斯这时候没有表现出一个科学家应有的态度，却去替库克小姐辩护，使得这位教士很生气，在文章中指出克鲁克斯的举动"使我对这些表演中也许有一点'真实'的东西的信心受到了最后的致命打击"。

像克鲁克斯这样的大科学家也参与弄虚作假，这就使得看这种表演的人一定要有高度的戒心才行。英国大百科全书关于"灵"的条目中也写道："欺诈问题侵袭着这个领域。在心灵研究的历史上夹杂着一些可耻的人和事。例如，有借此谋取钱财的，有关心死后生存的。在美国和英国就发生过这样的情况。"

六、伦敦心灵研究会

从时间次序来看，19世纪20年代麦斯默尔术在法国名誉破产不能继续行骗之后，它就向欧洲大陆的法国和海峡对面的英国、大西洋对岸的美国传播。在形式方面，除了原有的之外，还发展起降神术和请神术。华莱士在1844年还只是受麦斯默尔术的影响，到1865年降神术对他就起到主要的作用，而使克鲁克斯深受影响的也是降神术。在降神术的推动下，华莱士、克鲁克斯等这些科学家的参与，在人体特异功能这类伪科学的演变史中是有划阶段意义的。不是个别的自然科学家而是若干个自然科学家，不是一般的科学家而是著名的大科学家进入这个伪科学的行列之中，当然"壮大"了这种伪科学的声势，使它带有更大的欺骗性。这是美国和英国的状况，在欧洲大陆也有自然科学家参加进来了。例如，德国莱比锡大学的教授、天体物理学家莱尔纳也很快成为一个灵学家。他埋头研究第四向度空间，发现"在第三向度空间里不可能出现的许多事情，在第四向度空间里却是不言而喻的"。他甚至请求一个或几个神媒帮助他确定第四向度空间的细节。在俄国则出现了传播降神术的著名化学家布特列罗夫等。

早在1869年，伦敦就出现了英国降神术的周刊《唯灵论者》，1874年用"唯灵论者报"的名称改出报纸。这些出版物起了把各地"唯灵论者"联系起来并向社会扩大影响的作用。在 19 世纪后半叶，存在一个"唯灵者的运动"。当时"唯灵论者"们认为降神术的表演巩固了唯灵论的地位，并且认为可以把这样的奇迹作为一种新宗教的基础，像梅叶尔斯、劳奇就是这样的人。但是也有像里契特那样的生理学家，他们也承认超常能力是事实，但是不承认唯灵论者对这些超常能力的解释。为了"团结"所有这些相信人体特异功能的人，在 1882 年成立的"学会"不再使用"唯灵论者"的旗号，而使用"心灵研究"的名称。

1882 年伦敦心灵研究会的成立是这种伪科学的一块里程碑，这个研究会拥有好几位英国著名的自然科学家，除克鲁克斯之外，还有汤姆逊，他写了一本通俗介绍各部门科学的书《科学大纲》，20 世纪 20 年代译成中文出版，这一部编写很好的书却在最后加上了"灵学"一章，一派胡言。这个会的会员还有上面已经提到的劳奇，他也是个著名的自然科学家，研究数学。1888 年在美国也成立了一个类似伦敦"心灵研究会"的组织，后来在大多数的欧洲国家，特别是荷兰、法国和意大利也相继建立了这样的组织。

当然自然科学家中热衷于这种神媒和伪科学宣传的在任何时候都是少数。就是在 19 世纪七八十年代伦敦心灵研究会成立前后这种伪科学活动猖獗的时候，大多数科学家还是有比较清醒的头脑的。1875 年俄国圣彼得堡大学物理学会设立了一个"神媒现象考察委员会"，这个委员会的成员中有著名的化学家、元素周期表的发现者门捷列夫和其他科学家。委员会要求在俄国传播降神术的人提供"真正的"降神现象的材料。考察后，委员会的结论是："降神现象发生于无意识的动作或有意识的欺骗，而降神术则是迷信。"这个结论曾发表于 1876 年 3 月 25 日的《呼声报》上，委员会判断降神术的材料则出版于 1876 年。

七、恩格斯的《神灵世界中的自然科学》

对人类社会进步事业高度关怀、密切注意的恩格斯，在 1872 年 5 月，也就是华莱士那本《论奇迹和唯灵论》一书出版前不久，写信给李卜克乃西，谈到他对美国的马克思主义者和相信降神术的资产阶级知识分子划不清界限这一点表示很不满意。1878 年恩格斯写了一篇《神灵世界中的自然科学》，系统地论述了这个问题。他这篇论文就是从革命的利益出发而写的。

恩格斯这部哲学著作写作的时间，距今快120年了。但是今天重谈起来，仿佛也是针对在我国流传了好多年的人体特异功能的伪科学而写的。在这本著作中，恩格斯介绍并批评了华莱士、克鲁克斯和策尔纳教授的可悲的行为。不过恩格斯这篇著作的重大价值，不只是指出一些有卓越成就的自然科学家堕落成为灵学降神术内行这样的事实，主要在于指出产生这种现象的认识论的根据是经验主义。恩格斯写道："当我们要寻找极端的幻想、盲从和迷信时，如果不到那种像德国自然哲学一样竭力把客观世界嵌入自己主观思维的柜子里的自然科学派别中寻找，而要到那种单凭经验、非常蔑视思维、实际上走到了极端缺乏思想的地步的相反的派别中去寻找，那么我们就大致不会犯什么错误。它的始祖，备受称颂的弗朗西斯·培根，曾经渴望应用他的新的经验归纳法来首先达到延年益寿，某种程度上的返老还童，改换容貌，脱胎换骨，创造新种，呼风唤雨。他抱怨这种研究被人遗弃，他在他的自然历史中开出了制造黄金和完成各种奇迹的正式的方子。同样的，伊萨克·牛顿在晚年也埋头于解释约翰启示录。因此，无怪乎近年来以几个绝不是最坏的人物为代表的英国经验主义，竟似乎变成了从美国输入的招魂术和请神术的不可救药的牺牲品。"在文章的中间，恩格斯指出这些人为了研究降神现象，带来了许多物理仪器，但是没有带来"主要的仪器，即怀疑地批判的头脑"，因而没有使自己的头脑"始终保持工作能力"。在文章的最后部分，恩格斯指出："这里我们已经了如指掌地看清了，什么是从自然科学到神秘主义的可靠的道路。这并不是自然哲学的过度理论化，而是蔑视一切理论、不相信一切思维的最肤浅的经验论。证明神灵论存在的并不是先验的必然性，而是华莱士先生、克鲁克斯先生之流经验的观察。""经验主义轻视辩证法便受到这样的惩罚：连某些最清醒的经验主义者也陷入最荒唐的迷信中，陷入现代的降神术中去了。"

恩格斯不仅指出经验主义是一些自然科学家陷入到唯灵论泥坑中去的原因，同时还指出"单凭经验是对付不了降神术士的"。对于这个问题，恩格斯讲了两个情况："第一，那些'高级的'现象，只是在有关的'研究者'已经着迷到正像克鲁克斯自己天真无邪地叙述的那样，只看见他应当看到或希望看到的东西时，才能够显现出来。"这就是说，如果一个想对付降神术的人，想凭自己的经验去否定降神现象时，如果他不能看到这种现象，就是因为他没有"着迷到"那个程度。

"第二，降神术士毫不在乎成百件所谓的事实已经暴露出是骗局，成打的所谓的神媒也被揭露出是一些平凡的江湖骗子。除非把那些奇迹一件一件地揭穿，否则这些降神术士仍然有足够的活动地盘。就像华莱士关于伪造的神灵照片所明明白白地说到的一样。'伪造的东西的存在，正好证明了真的东西的真实。'"

恩格斯这篇文章最后一句话的前半句是严肃的教导："要驳倒顽固的请神者，势必要用理论的考察，而不能用经验的实验。"后半句引用赫胥黎的机智的讽刺："我认为，从证明唯灵论是真理这当中所得到的唯一好处，就是给反对自杀提供一个新论据，与其死了借某个每举行一次降神会就赚一个基尼的神媒的嘴说一大堆废话，倒不如活着做个清道夫好些。"

后来到1886年11月，恩格斯又在给左尔格的信中写道："美国人由于显而易见的历史原因，在所有理论问题上都远远落后，他们虽然没有从欧洲接受中世纪的制度，但是接受了大量中世纪的传统、宗教、英国的习惯（封建）法、迷信、降神术，总之接受了过去对做生意并不直接有害而现在对愚化群众非常有用的荒唐东西。如果那里存在有清醒理论头脑的人，能先告知他们，他们自己的错误会造成什么后果，能使他们弄清楚任何一个运动，要是不始终把消灭雇佣劳动作为最终目标，它就一定走上歧途，遭到失败，那么许多蠢事都可以避免，整个过程也将大大缩短。"[①] 这就是说，不能让群众受降神术、超心理学、人体特异功能的危害，这对于革命和建设都是很重要的，任何时候，在这样的问题上我们都应该有清醒的理论头脑。

八、"超心理学"

超心理学（parapsychology）是唯灵论在20世纪的产物。从本质上说，它同19世纪的唯灵论没有什么区别。

---

① 《马克思恩格斯全集》，第36卷，第567页。

超心理学同它的前身——心灵研究，一脉相承。心灵研究肯定的那些奇迹它都肯定。但是应该指出超心理学有它自己的特点，那就是建立起一套更带有科学外表的测试方法。早在 19 世纪末，里契特就把猜纸牌的方法引入了心灵研究中。接着 20 世纪初，斯坦福大学的科夫耳（G. E. E. Conver）使这种实验定量化。而 1930 年以后杜克大学的莱因的工作，对超心理学的创立起了最重要的作用。超心理学、ESP、PK 等术语都是莱因创立的。他用来做 ESP 实验的典型方法就是让猜纸牌的去猜隐蔽的随机排列的纸牌的顺序，然后按照概率论来计算猜中的次数是否超过机遇，有无超常现象。他用来做 PK 试验的典型方法是让被试者在掷骰子时希望某一面朝上，然后看达到目的的次数，是否超过机遇，有无超常现象。

研究这些超常现象时，超心理学形成了一套独特的术语，因为在实验中用于测试的材料并不向被试者呈现，所以不称之为"刺激"而称之为"靶子"。把被试者的反应叫做"呼叫"（call）。如呼叫和靶子相合，这样的一个反应就叫做"射中"，并把反应和靶子相比进行评分，根据射中的多少计算得分。"靶子"如果是某个人的思想，这种 ESP 就叫做"传心术"；"靶子"如果是个客观事物，这种 ESP 就叫做"天眼通"；如果被试者呼叫时"靶子"不存在，这种 ESP 就叫"预知"。

超心理学这套测试（test）方法的特点是：玩弄抽象的概率论的数学游戏，把本来相互间没有、也不可能有因果关系的两种因素，牵强附会加以联系，并从中得出反唯物主义的、非物理学的、非生理学的结论。超心理学的著名代表人物莱因本人就作过这样的公开声明，虽然他又不认为这样的事是"超自然的"。

超心理学虽然注意"系统的测试证据"，但是它不仅并不排除"非系统性的证据"，并且十分重视非系统地收集到的各种"报告"，尽管超心理学家也不得不承认这些"报告"有歪曲或夸张，但还是企图用那种烦琐的统计与概率计算的结果间接地使人相信唯灵论者、心灵研究者直到超心理学家们自己所宣传的种种奇迹。并且，即使有些超心理学家本人不去进行各种奇迹的研究，但是他们既然力图证明各种非物理、非生理的心灵现象的存在，也就自然而然地支持了各式各样创造"奇迹"的报告。

关于超心理学的实质，对它的创立起最重要作用的莱因讲得非常清楚明白,他为《美国百科全书》写了一个"超心理学"的条目,这个条目的释文是:"已经证明了的 ESP 的主要特点之一是其与时空'定律'无关。莱因就明确表示许多 ESP 的测试是'反对物理学的解释'的,说'预知 ESP 发生的这种能力是物理学的假说已被否定,ESP 是非物理的'。他还说'PSi(超心理现象)没有显出物理学的性质,与更高级的思想过程有比较密切的关系,更像是人灵敏的、富于创造的灵魂的机能'。"有的超心理学家甚至不同意ESP(超感官知觉)这个术语,因为这个术语从字面上看使用了属于认识范畴的"知觉"这个词,没能彻底与心理学的"偏见"决裂,主张不用"超感官知觉"这个词,而把它改为 PSi。一句话,在外国"超心理学"或"心理研究"的专家,有不少人明确否认"超感官知觉"属于"认识"的范畴,否认它们是心理的物理现象。同样,他们之中也有不少人明确否认心灵运动是一种心理的物理现象,而把它们都看成神秘现象、特异现象。

超心理学家鼓吹的奇迹,通常与欺诈直接联系。他们和 19 世纪的神媒一样,不断被揭露出与之相关的人进行了欺骗活动,使得有些百科全书在"超心理学"这个条目的释文中也写下了"欺诈侵袭着这个领域",在它的历史上,"夹杂着一些可耻的人和事"。

九、新中国成立前的灵学和反灵学

现在我查到的我国"灵学"出版物,是丁福保等翻译的《近世催眠术》。这本书出版于清代宣统三年七月。书中直接讲灵学的内容不多,但也传授了一些类似可以"伸直他的四指于方燃之火,手如煤黑,而不会感热"的描述。这个丁福保,是个医生。他就是 1918 年《灵学丛志》创刊号上撰写"似于扶持'灵学'最为有为"的奇文——《我理想中的鬼说》的作者。《近世催眠术》一书虽未使用灵学这个名称,但我还是把这本书作为一本灵学家的著作来看待。

灵学的名称在我国究竟最初出现于哪一年尚待查考。1916 年其在神户成立时,所用的名称还是"中国精神研究会"。而在 1918 年春,上海成立灵学会时,就正式使用灵学这个名称了。唯灵论、心灵研究本来发源于欧美,但它传入中国,却是以日本为媒介。这些东西传入日本后,取得了太灵道和灵子术这两个名称，而灵学这个名词是我国自己使用开来的。

在上海成立的"灵学会"和它所办的《灵学丛志》，介绍了灵学会的宗旨就是办起一个"盛德坛扶乩"，并把乩录编辑成此丛志。什么圣贤仙佛、妖魔鬼怪都被请到这个盛德坛来舞文弄墨、吟诗赋词、发表时论。除此之外，在丛志中，有时也有几篇"著作"。第一期中就有上面提到的丁福保的《我理想中的鬼说》和俞复的《答吴稚晖书》两篇文章。

丁福保的《我理想中的鬼说》一开头就说："人死为鬼，鬼有形有质，虽非人目之所见，而禽兽则能见之也。"这位丁福保先生，虽然倡导有鬼论，但还有些羞羞答答，或者知识不足，不敢肯定世上有一种特异人也可以看见鬼，而赋予禽兽这种特异功能。丛志出版后就受到陈文齐、钱玄同、刘半农的猛烈抨击。① 陈文齐驳丁福保说："试问禽兽见鬼，丁君何由知之？动物之有心作用，本非人直接所能知。人但能观其发表于外之动作，用以推知其内界之作用耳。禽兽见鬼，必非丁君直接所能知，然则丁君果藉何道以推知禽兽是必能见鬼耶，俗传狗于夜中见鬼，则哭声呜呜，此村妇之谈，贤如丁君，想必不引此为论据。"丁文荒谬绝伦，不睹作者姓名，已不敢信为人间所作。刘半农也愤慨地说："圣妖人辈自造之谬论，如丁福保谓禽兽等能见鬼？丁某似非禽兽，不知何由知之，又言鬼之行动如何，饮食如何；丁某似尚未坠入恶鬼道，不知何由知之。"

俞复的文章里说："夫科学之见重于当世，亦以事事徵清实象，定其公律，可成为有系统之学而已。以今日所得扶乩之徵验，则空中之确有物焉，不可诬矣。"陈大齐对这一点的驳斥是："今之科学，以经验为基础，以事实为根据，通诸事实，求其公理，以成系统之学问，此诚不易之定论也。然所谓经验，所谓事实，亦有真妄之别，非谓耳目之见闻如是，即此经验便可以造成学问，必慎思明辨，察其无妄，然后可引以为学问之基础。梦中所见所闻，固梦者之经验，而方梦之际，亦梦者所引以为真事实。及醒后与外界对照，始知其为幻境。精神病者之见神见鬼，是精神病者之经验，亦精神病者所引为真事实，而旁从观之，莫不笑其诞妄。今假有人以梦时及精神病者之

---

① 1918年5月《新青年》上的几篇文章，包括陈独秀的《有鬼论质疑》，是我国反对灵学的最早的文章。

经验为基础,用以创造新学。吾知世人必哗笑其侧,且目之为精神病者矣。扶乩现象明属变态现象,乃珍重视之,欲藉以新创'灵学',其何以异于引梦时及精神病者之经验为基础以新造科学者之所为耶。"

俞复的文章,说了"鬼神之说不张,国家之命遂促",这是一句很有代表性的话,从这句话中可以看出他心目中的国家是怎样的,他们主张"鬼神为道德之根本"。

陈大齐、刘半农和鲁迅当时都对此作了批评,当然以鲁迅的批评最为深刻。鲁迅写道:"现在有一班好讲鬼话的人,最恨科学,因为科学能教道理明白,能教人思路清楚,不许鬼混,所以自然而然地成了讲鬼话的人的对头。于是讲鬼话的人便须想一个方法排斥他,其中最巧妙的是捣乱,先把科学东拉西扯,羼讲鬼话,弄得是非不明,连科学也带了妖气……另外还有感慨的话,说科学害了人。……照他们看来,这般可恨可恶的科学世界,怎样挽救吧!《灵学丛志》内俞复先生答吴稚晖书里说过,'鬼神之说不张,国家之命遂促',可是最好是张鬼神之说了。鬼神为道德根本。"鲁迅正是揭露了这样的史实:"其实中国自所谓维新以来,何尝真有科学。现在儒道诸公,却竟把历史上一味捣鬼不昭人事的恶果,都移到科学身上,也不问什么是道德,怎样是科学,只是信口开河,造谣生事,使国人格外惑乱,社会上罩满妖气。……据我看来,要救治这'几至国之灭亡'的中国……只有这鬼话的对头的科学!——不是皮毛的真正科学!"

《新青年》发起的对灵学的批评是尖锐的,也是不得已的,因为灵学所宣传的这类东西实在是非常愚昧的,本来是不值一驳的,但是当时看到迷信很流行,而又看出它们想自我打扮成为科学,于是不得不发起这次进攻。钱玄同说了这么一句话:"真倒霉!真晦气!我们的《新青年》杂志并非厕所的矮墙,供给人家贴'出卖伤风'、'天黄黄,地黄黄,我家有个夜啼郎……'这一类把戏的,然而今天竟不能不自贬身价,在这《随感录》中介绍这种怪物的著作。真倒霉!真晦气!"刘半农很气愤地写道:"陈万年(陈大齐)先生以君子之道待于人,于所撰《辟"灵学"》一文中,不斥'灵学会'诸妖孽为'奸民',而姑婉其词曰'愚民',余则斩钉截铁,劈头即下一断语曰'妖孽'曰'奸民'作伪,用以欺人牟利。"

鬼神迷信,从古有之,但是以《灵学丛志》为代表的鼓吹灵学在中国的兴起是有特点的。尽管中国科学远不如英、美、日等国发达，尽管中国的灵学有自己的特有传统迷信的特色，但还是具有西方心灵研究的一些特点，如摄神灵照片这样的事情就是古代所不可能有的事。在《灵学丛志》上就登有出售 39 种"盛德坛仙灵相"的广告。照有明月仙子、多宝魔王等仙灵玉照。广告上载明摄影日期，照相时有的用 100 瓦电灯，有的用 500 瓦的电灯，多数为熄灯时照出的仙灵，而且引述西方的灵学的事迹作为神灵存在的旁证。

设在上海的灵学会所创办的《灵学丛志》是最早的一本灵学杂志，在 1920 年 9 月北京创办《灵学要志》的时候，与《灵学丛志》是姐妹刊物。

《灵学要志》是北京悟善社办的。这个北京悟善社同上海盛德坛一样都是搞扶乩请神的。当时全国这类的乩社很多，仅这悟善社在江西、山东、云南、甘肃、江苏的南京和常州就有分社，《灵学要志》的发起在该杂志第一期中就讲得很清楚：它是一位叫做孚佑帝君的神灵创办的。换句话说，该杂志是个"神办"刊物。

在这期创刊号上有一篇《灵学要志缘起》，其中写道：他们办这个刊物是一个叫做"孚佑帝君"的下命令创办的。说这位"孚佑帝君"1919 年春天在他常去布道的河南省广善坛上说，请广善坛的积极分子到北京去"结缘"，于是在这一年的阴历闰 7 月 6 日在北京设坛。在这一天，这位帝君在乩坛上"命参考灵学丛志，精付铅印，名曰灵学要志"。

在这期杂志上登了孚佑帝君的灵照，关于这张灵照，有一篇《孚佑帝君摄影记》对其详加说明，原来第二年即 1920 年的阴历 2 月 23 日，第一期《灵学要志》快出版的时候，他们"叩请神灵摄影"，帝君回答说他本来准备"命此社照盛德坛摄取诸神佛及灵鬼真像，奈社中人诚伪参半"，怕有疏忽致以"人言置疑"。要他信得过的王伙渠和戴向予两个人在 26 日"侍照"，并说那时候视"能显像与否，须祝诚感"的情况如何而定。可是 26 日那天，因为王秋渠"于照相一事，向未涉猎"，"于光线步位，及各种手续，全属茫然，误将照相机距离黑幔中心，而电光则直射于黑幔之顶上，且所用电灯，系人力车灯，其光力之小，自不待言"，结果未照出。2 月 29 日这位帝君对没有照片"深以为憾"，批评照相的布置未周，说"神仙体轻而微，不若人物之重而著"，拍照比较困难，指示要"先派人练手术……所有应用各物，均须先事预备……"悟善社"于是遵谕由朱君品三约同王戴两君连日赴照相馆研究手术"。

在创刊号上，这位帝君还为杂志的封面题了字，并为杂志的出版写了序。

这个刊物的比较重要的事都须请示这位神君。例如，在它的一卷十二期上登出的《悟善社发行灵学要志简章》中第八条写道：如代销全卷十份以上奉赠全卷一份，"如代销数能再加多由本社随时呈请神示酌予奖励之"；第九条，"凡赠人在二十部以上而求神赐福者"，"由本社特别呈请神示酌核批行之"；第十条，"凡捐助百元以上的，由本社呈请神示酌予奖励其特别捐助者特别奖励之"。

《灵学要志》创刊号上载有《西人灵学记载》一文。文虽不长，也值得注意。因此种材料得之不易，抄录全文如下：

《鬼语》一书，为美人核治博士逝世后，附体于英女士拨柯氏而成之者。其中所述，多人世所不经耳语。考西籍中此等著作甚多。最初有瑞巅普者首为幽灵之记述。后有奥利芬（此为著作之鬼名）著《科学的宗教》、摩西斯丹著《灵教》二书皆盛传于世。又鬼语载冥间亦有图书馆、储蓄甚富。有派拉塞尔舍斯著一书，推论灵魂有三种：①人类灵魂。即曾有人世生活之经历者也。②原子灵魂。谓灵魂之已发自觉性，而未有其经历者也。③神类灵魂。乃高等灵魂之一种，无物质生活之经历者也。神类灵魂，又可分为两种：一善灵，一恶灵。此在灵魂界常得见之，其身项四围，均有极大之光明。故其辨别亦甚易。盖凡善灵眼中，恒有慈爱智慧之神光四射，而恶灵眼中，则含有毒焰。恶灵亦有时候假装善灵，然此可以欺生人，而不能欺灵魂云。

1918年中国已经明显地受到西方心灵研究的影响。1919年5月陈独秀写了一篇只有1000多字的短文——《有鬼论质疑》，这是一篇挑起争论的文章，于是就有一位叫易乙玄的立即起来回答陈独秀的质问说："人之能见鬼形，或闻鬼声者，因富有一种之灵力。感觉不过灵力之利用品而已。所谓灵力，为先天的，常住的，自存的……灵力弱者与鬼交通之难否。一视其灵力之强度如何以为定，夫灵力之有强弱，一如感觉之依人而异也。至感觉所及之物，不尽能为科学所解释……近世心理学者，多谓感觉应属于精神上的物质，故能与科学接近，而又能与心灵哲学接近。西洋近虽有以精密器械证明有鬼，然究不过示人以信，止人之谤，而此超自然之理，则终非科学所能解释，亦如科学之不能诠哲学也。"他又说："鬼非普通人眼所能见，诚然。若谓今人之于鬼，犹古人之于微生物，则差矣。微生物非借显微镜不能见之。若鬼富有灵力之人则易见，否则不易见，此盖有难见易见之别。而微生物则直能见不能见耳。夫微生物可用显微镜见之，故能施以科学的解释。盖有显微镜即可见微生物，今不能谓人有灵力即可见鬼也。"他还说："人所居者为显界，鬼所居者为幽界。"

这位易乙玄在回答陈独秀的问题时，卖弄他对西方心灵研究的知识，针对鬼能显形但不能发音写了这样一段话："夫鬼者，其状貌虽能自现，而发音则必藉他物，始能闻于人世。例如，1847 年，美国教徒 John W. Fox 家发生怪音，初尚以为其女所设弄，后经 Crookes Home、Oliver 诸博士证明确系鬼之敲音，而此音似出自壁间者。故 Crookes 有言曰：'Rapsand porcussire sounds varying in loudness from a mere tick to louds thuds, which appeared to be caused by an unseen in tellegout operator.'"易乙玄信上的这段话就没有译成中文，为的是以西方灵学名家的言论，来加深他的观点。这位 Crookes 不是别人，就是恩格斯在《神灵世界中的自然科学》一文中批评过的在金属铊的发现上和辐射计的创作上有重大科学贡献，但迷信神灵现象直到自己弄虚作假的那个英国物理学家克鲁克斯。

易乙玄信中提到的那个 Oliver 就是奥利佛·劳奇，他也是一个有名的自然科学家，他同克鲁克斯都是剑桥大学的教授。知道 Crookes、Oliver 这样的人名，能从一本书上抄下一段 Crookes 的话，而且在后面还说了一句"与鬼交通事，近世已渐发达，如传心术、降神术、念写等"。这位易乙玄对西方心灵学研究看来是有一些知识的。但是他的知识似乎也有限，因为他并不知道 Fox 的女儿们的行为的确被揭露为骗局，成为一件丑闻。而霍姆是一个继 Fox 而起的，也能使家具、墙壁发音的神媒，并不是什么"博士"，但是我们不要去苛求这位易乙玄，在被称做信息时代的今天，我国的人体特异功能的宣传者尚且那么起劲地宣传以色列籍超人杰勒，而不知道他已在五六年前已被揭露为骗子，在信息不那么灵通的 1918 年，我们怎能过高地要求这位易乙玄呢？

1918年12月的《新青年》上发表了一个署名"莫等"的人的来信，认为"摄鬼照会写"应该肯定，王星拱和陈大齐予以回答，莫等又写信，用了题目"鬼相和他心通"。这位"莫等"对西方灵学家有一种特别相信的劲头，并且说，"类似鬼相，即上来所说他心通之事，是我实验过的"。他也遭到陈大齐的驳斥，陈还写了一本反对灵学的书——《心灵现象学》。

1918年《新青年》杂志上的这场斗争，是科学与反灵学的第一场斗争。

第五章 加强自然科学与社会科学联盟,加强哲学工作者与科技工作者的联盟

我和自然辩证法*

条条道路通向共产主义。对我来说,把马克思主义作为科学体系来接受,使自己成为马克思主义者,学习和研究自然辩证法起了重要的作用。

与许多同时代的青年革命知识分子也许没有多大不同,使我走到党领导的革命道路上来的不是哲学,而是 20 世纪 20～30 年代半封建半殖民地旧中国的现实。当时从年龄上说我正处在一个人世界观形成的时期,我经历的种种事实,使我不仅反对帝国主义的压迫,而且十分痛恨人剥削人、人压迫人的现象,并且在进大学后开始追求共产主义,和友人一起自发地到群众中去做点宣传和组织工作。但是最初实在不懂得多少道理,如果说还有点理论知识的话,那也是很不系统的。我只看过几本小册子,懂得的只是关于阶级和阶级斗争的一点道理和一点最基本的共产主义常识。后来我也买到过几本马克思主义理论著作,如陈豹隐翻译的半卷《资本论》,可是一因自己水平低,二因译文实在难懂,啃了一下没有啃动。结果还是"行动在先",我在几个简单的概念指导下参加了革命活动。

我认真阅读而且自己觉得读懂了的第一和第二部马克思主义的科学著作就是包括有许多自然辩证法内容的《反杜林论》和《唯物论与经验批判论》。

---

* 本文原载《一个新的哲学学派正在中国兴起》,江西科学技术出版社,1996 年,第 525～540 页。

那是在 1936 年，我在清华大学读四年级的下学期。我选读了哲学系的一门"形而上学"。讲课的是"五四"运动的参加者张申府教授。感谢他在学习参考书目中列入了上述那两本书（不是中译本而是英译本），它们就摆在阅览室里，借起来非常方便。这样我在图书馆里从头到尾读完了这两部重要著作。

这两本书大大提高了我对马克思主义科学的认识。在读这两本书之前，我只是把马克思主义当做一种关于社会政治的革命主张来看待。我相信它是正确的，而且非常合乎我的心意。但是不知道它在哲学上竟是这样的博大精深。这两本书一下子把我吸引住了，在科学上完全征服了我，也把我带到了一个新的境界。

在这里我想插进来讲一讲再早一点的情况。我在初中一年级的时候，莫名其妙地对中国古代哲学发生了强烈的兴趣。从思想内容来说，完全没有值得讲的，也没有什么可讲的，只有一点，它竟使我对哲学发生了兴趣，而且这兴趣经久不衰。20 世纪 30 年代初我到上海的高中读书，对当代自然哲学产生了兴趣，在东方图书馆、大同大学图书馆和坐落在亚尔培路的中华学艺社图书馆，翻阅过上百本有关的书籍，绝大多数没有细读，也有看得稍微仔细一点的，绝大多数都早已忘却。不过也有一些至今还记得的，比如，在怀德海的一本书里，他以空间为纵坐标，时间为横坐标，画了一根表示速度为光速的质点运动的直线，他说，如以纵坐标为轴，在以这条直线旋转时形成的面为界限的"圆锥体"内是不可能存在任何事件（event）的，理由是世界上不可能有比光速快的运动，在这本书中他大讲构成宇宙的是事件而不是物质的道理。又如一个名叫莱因巴哈的德国科学家有一本书，在这本书里，他从在金属球上静电荷只存在于其表面这个事实，对电的本质发表了一大通议论。这样的议论很多。我读了这些东西产生了许多疑问，觉得有许多自然哲学问题要研究。我上大学时就是抱着对自然哲学的兴趣选学理论物理学的。我在上海大同大学学了两年之后转入清华大学，在四年级写毕业论文时，我的导师是周培源，选的毕业论文题目是关于广义相对论的。论文当然是理论物理学的，但我在头脑中却在考虑着一个很大的问题。当时我想，自苹果从树上年复一年地落到地上不知道经过了多少年，牛顿才找到了万有引力定律，为什么之后这么久牛顿都没有对为什么会有这样的定律作出说明呢？我很想探讨一下困难所在，想利用写论文的机会先好好学一点广义相对论。但是在那个时候，我还只是有研究自然哲学问题的兴趣，却不懂得要用辩证唯物主义的观点和方法去作这样的研究。当时"物理学危机"叫得很响，或者已经叫了许多年，但是对我国学者来说还是比较新鲜。我对这种观点也没有批判的能力。总之，在政治上我虽然已经明确地站在马克思主义的立场上，但是在自然哲学方面我的思想还是不清楚的。

　　正在这样的时候，我读了恩格斯和列宁写的那两部著作，这两部书对我的思想产生了极大的影响。可是那时正是群众革命运动的高潮，又处在抗日战争的前夕，我积极参加党领导下的青年运动，在自然哲学方面的认识虽然有了提高，但是并没有时间和精力从事自然哲学和自然辩证法的研究。

　　1936年暑假我大学毕业后，在去广州就业之前，在老家上海参加当地的"救亡活动"。这时候上海的同志正酝酿成立一个"自然科学研究会"。这个组织的性质是党的外围团体。以前这种性质的团体，有团结作家的左联，有团结社会科学家的社联，还有团结新文字拉丁化积极分子、世界语积极分子的团体等，但是没有团结自然科学工作者的团体。党一直没有团结自然科学工作者的团体的原因是自然科学家中"左倾"分子比较少。在1936年情况就不同了。"一二·九"运动后，在原先学自然科学的人中，越来越多的人表现出一种要求进步的倾向。这个研究会就是在这样一个背景下发起的，这个会的酝酿工作我没有参与，但是我被团结进去了。它的第一次会我有机会参加了，在这次会上除了李光、邹强等同志是熟人外，还认识了好几位同志，廖庶谦、孙克定、章汉夫、陈珪如、钱保功等就是那次会上认识的，第一次会艾思奇同志没有到，但是开会时提到了他，说他是这个会的发起人之一。

　　第一次会是在上海大世界旁边的东方旅社开的，只讨论了会务，并讨论了沈钧儒、邹韬奋等七君子的公开信，没有讨论自然科学理论问题。以后几次会是在震旦中学开的，倒是讨论了自然辩证法问题，讨论的对象是辛垦书店出版的果林斯坦的《自然科学新论》。这本书是《自然辩证法》在原苏联出版后写的，有介绍和评述恩格斯这本书的内容。米丁的《新哲学大纲》的中译本[①]是那年6月出版的，这本书当时也被定为我们的学习"参考书"。

---

　　① 由艾思奇翻译。

那时候新知书店刚建立，要研究会的同志写一套通俗宣传自然科学的小册子，为此还专门开了一个作者会，我也答应他们写一本，可是没有交卷。

在我去广州后，这个研究会的活动我就再没有参加。

在广州虽然没有类似上海自然科学研究会这样的活动，倒有一点读书的时间，也继续关心自然辩证法方面的问题。岭南大学物理系的教员每周有一次习明纳尔，有一次轮到我主讲，我以"辩证法和物理学"为题作了一次报告。报告后系主任（美国人，基督教徒）站起来一连提了六七个"为什么"来责问我。后来我觉得自己真傻，对这样的人讲辩证法真是白费气力。不久后因为我在广州组织的一个青年团体被国民党破坏，我就离开了广州。

从 1937 年初到 1939 年 7 月，我一直在国民党统治区做党的青年工作，没有接触有关自然辩证法的工作。依我所知这两年在国民党统治区也没有人从事这方面的活动，而 1938 年在延安却成立了一个新哲学会，在动荡的年代，延安解放区成立这样的学术团体我感到是很难得的。

到延安后有两件事是应该说一说的。

第一件事就是上面说的新哲学会。这个会成立时同自然科学没有多大关系，在 1940 年 6 月下旬召开的年会上，提交年会的论文中也没有关于自然辩证法方面的内容。只有我在这次年会的发言中讲了点自然辩证法方面的例子，得到了亲自到会的毛泽东同志的注意。这个事实，我在《科学的光辉在延安闪耀》这个回忆录中叙述过了，在这里不再重复。

第二件事是 1939 年 5 月在延安建立了一个自然科学研究院。这个研究院在 1939 年年底开过一次科学讨论会。在会上曾强调过要运用唯物辩证法来研究自然科学。这个研究院成立时我不在延安，那个讨论会我也没有参加。我参加的是 1940 年年初开始筹备延安自然科学研究会的工作。这个研究会的组织工作在开始时屈伯川同志和我做得比较多，我和他一起向毛泽东同志汇报。请毛泽东同志出席研究会的成立大会的情形，在上面提到过的那个回忆录里也记载了。

延安自然科学研究会成立大会是在 1940 年 2 月 5 日举行的。毛泽东同志亲自到会演讲。开会的情况延安《新中华》报有过报道，成立会议的宣言也在这家报纸上全文登载过。毛泽东同志在讲话中强调了马克思主义哲学对自然科学的指导作用，并指出，"在中国共产党领导下，进行了社会主义改造,改变了生产关系",取得了更好的"改造自然的先决条件",这样的"社会制度是有利于自然科学发展的"。他强调了马克思主义者"要来研究自然科学,否则世界上就有许多不懂的东西,那就不算一个最好的革命者"。会议的性质和它的隆重举行,使得它在我国自然科学史上占据了一定的地位。延安自然科学研究院差不多与研究会同时成立,也改组为延安自然科学院,成为革命根据地第一所多学科性的自然科学方面的大学。在自然科学研究会成立后,自然辩证法的研究就有了进一步的开展。

  在这个研究会成立大会的宣言中,有一条就是开展自然科学和社会科学统一问题的研究,也就是主张要在自然科学的基础上研究辩证唯物主义和在辩证唯物主义的指导下研究自然科学。于是负责这个研究会日常工作的驻会干事会就建立了一个从事自然辩证法方面工作的小组来组织推动这方面的工作。1940年党中央号召加强干部的理论学习,规定每年5月5日的马克思诞辰日为干部理论学习的节日,于是党中央各单位就带头组织读书会。其中最有名的有洛甫小组和陈云小组等。在6月评定学习模范小组时,位列前两名的就是这两个小组。洛甫小组就是每次开会都由洛甫(张闻天)同志在中央宣传部主持的学习米丁写的《辩证唯物主义与历史唯物主义》一书的小组。陈云小组就是陈云同志在中央组织部主持的学习艾思奇和吴亮平同志写的《唯物史观》的小组。这两个小组我都参加了。有关延安这些小组的情况,1979年我在《读书》杂志上发表的那篇文章《怀念"读书会",组织"读书会"》中提到了,在这里就不多写了。当时除了有名的洛甫小组、陈云小组外,八路军军政学院何思敬等同志也组织了《资本论》小组。在这样浓厚的读书空气下,我们自然科学研究会得到徐特立同志的支持,组织了一个学习自然辩证法的学习小组。当时我在中央青委宣传部做文化活动方面的工作并且兼任延安中山图书馆的主任。于是就在中山图书馆(有时借用延安文化俱乐部——两家是近邻),每星期都举行会议。

  这个学习小组用的学习材料主要是《反杜林论》。同志们手上都有这部著作的中译本,而没有恩格斯的《自然辩证法》。好在中山图书馆有阿杜拉斯基编的马恩全集(德文本)。在这部全集中《反杜林论》和《自然辩证法》编在一卷里。对《自然辩证法》的翻译工作我比较早就开始了,对《反杜林论》的校译工作是在每次开会前做好准备。每次开会前先由个人在自己的书上作修改然后讨论。到整风前,《反杜林论》的哲学部分已基本上学完。

关于自然辩证法方面的工作不只在学习小组中经常进行,研究会还在《解放日报》上办了一个《科学园地》的副刊,也经常登一点有关自然辩证法方面的文章。恩格斯的关于写《自然辩证法》的总计划草案,我就以"自然辩证法著作大纲"为题在这个副刊里发表。1940年11月出版的《中国青年》杂志也发表过我翻译的,并请景林同志帮我校对过的《从猿到人过程中劳动的作用》。

在战争烽火的岁月中,中国共产党和党领导下的延安自然科学工作者并没有忘记纪念牛顿这样一位伟大科学家。延安自然科学研究会举行了纪念牛顿300周年诞辰集会,《科学园地》发表了徐特立同志的纪念文章。

由于毛泽东同志的建议,1944年延安大学开设了全校师生都听的大课,这门大课包括三个方面的内容:①自然发展史;②社会发展史;③与当前现实结合的理论问题。第一部分的讲授由我担任,第二部分的讲授由张如心同志担任(他当时是延安大学副校长),第三部分的讲授由周扬同志担任(他当时是延安大学校长)。

由于在1939~1945年的6年中我一直没有离开陕甘宁边区,对其他抗日革命根据地和国民党统治区自然辩证法方面的工作了解得很少。这些地区的工作也有许多成就,这是毋庸置疑的。

我们不能夸大延安时期在自然辩证法工作方面的成就,但是也不能否认所进行的这些工作的意义。在革命时期需要进行马克思主义的教育,在革命即将取得全国胜利,社会主义建设逐步发展的时期,对我们的干部是如此,对包括科学教育工作者及技术工作者在内的广大知识分子也是如此。作为讲社会发展史的引言,自然发展史的学习如在延安大学所做过的那样,被证明是有成效的。1948年党中央机关在河北平山县时也采用这个办法,学习成效也不错。于是在新解放的城市中,从讲自然发展史,到讲从猿到人过程中劳动的作用,进而讲社会发展的历史就成为一项卓有成效的马克思主义思想的启蒙教育。

除了在在职干部教育系统进行这方面的教育外,干部学校和高等学校也有开设这种课程的。1949年我自己就在当时的协和医院上过课。1955年北京大学哲学系也开设了《自然和自然发展史》的课程。

解放初期，自然和自然发展史学习的广泛进行，使对恩格斯《自然辩证法》中译本的要求很迫切。于是就在延安时期我翻译的基础上做出版中译本的准备。这个工作由曹葆华同志负责。为了便于广大干部和知识分子的学习，在全部译文定稿之前就先出版了《自然辩证法导言》和《从猿到人过程中劳动的作用》单行本。这个单行本几年中重版了许多次。从恩格斯《自然辩证法》的札记中我们也选出一部分，编成一本书出版，书名为"辩证法与自然科学"。这样在全译本出版之前就可以初步满足学习的需要。全译本是1955年才出版的。

全国解放使自然科学事业的地位大大提高。国家建设需要我国的自然科学有一个迅速的发展。在科学力量上除来自革命根据地的自然科学工作者（他们的人数不多）外，原先在国民党统治区工作的大量人才现在也开始为人民服务。在组织机构上，人民政府接收了原先为国民党政府管辖的中央研究院，建立了中国科学院。全国高等学校、农业、工业、交通等部门的科学研究机构也相继建立。在这种情况下，用马克思主义武装我国的自然科学工作者和用马克思主义来解决科学研究者讨论中发生的问题等就成为必须认真看待的问题。从1952年起，中央宣传部的领导要当时部内的理论宣传处（这个处当时由我负责）研究科学工作中的政策与方针问题，并与中国科学院及其他科学机构保持较密切的联系。以后这个工作由中央宣传部设立的其他同志负责的科学卫生处（后改为科学处）来负责。1954年起我又兼科学处的工作。由于要做好任何工作都应该掌握有关这项工作的规律，科学处的同志就把研究自然科学的规律性作为自己的任务，把"论科学"作为一个研究的课题。在工作中，科学处的同志深感一定要研究自然辩证法，认识到它是党领导科学工作的一个科学基础。大家看到越来越多这样的事实：当我们的工作做得正确的时候，在后来总结时会认识到这是在辩证唯物主义的正确指导下的结果，而当我们的工作长期没有成绩或遭受损失时，后来总结起来往往就是因为违反了马克思主义或者误解了马克思主义。例如，错误地批判某些本来完全正确的科学观点，就同对自然辩证法的误解有关。遗传学问题就是一个典型的例子。李森科批评他的对手时有一条论据叫做"偶然性是科学的敌人"。我们就议论：辩证唯物主义什么时候有这样的论点？恩格斯在《自然辩证法》里不是明明白白地讲偶然性和必然性之间的辩证统一吗？不是明明白白地把"必然的东西被说成是唯一在科学上值得注意的东西,而偶然的东西被说成是对科学无足轻重的东西"当做一种错误的观点予以批评吗?又如李森科反对遗传物质的存在,我们就议论:遗传物质的存在在哪一点上违反了唯物主义?难道遗传物质不是物质而是什么精神的东西吗?类似这样的例子还有,这就说明了学习和研究自然辩证法的必要。1956年夏天在青岛举行的遗传学座谈会上,我们不仅努力去贯彻党提出的百家争鸣的方针,而且也对辩证唯物主义、自然辩证法的原理在遗传学中的应用进行了阐述。

自然辩证法包括的内容如此广泛,以至于在这个领域要取得扎扎实实的成果难度是非常大的,这就需要在我国建立马克思主义的哲学工作者和自然科学工作者的联盟,需要哲学工作者和在各个领域的自然科学工作者的努力,需要有一个全面的规划,也需要有一个专门的研究机构。于是在我国制订1956~1967年的12年科学远景规划时,专门制订了《自然辩证法——数学和自然科学中的哲学问题的规划》,并且决定在中国科学院哲学研究所内建立一个自然辩证法研究组,我兼任了这个组的组长。这个人数不多的研究组是我国第一个专门研究自然辩证法的组织(现在它已扩大为一个研究室了)。这个研究组从1956年10月起就办了一个刊物——《自然辩证法研究通讯》。《自然辩证法12年研究规划草案》就全文发表在这个刊物的创刊号中。这个刊物一直办到"文化大革命"前夕,一共出了27期。这个研究组前后还招收了近20个研究生。这些同志今天大都成为自然辩证法研究的骨干。由于同志们的努力,这个研究组的工作应该说是有成绩的。

要开展自然辩证法的研究,仅仅依靠哲学所这个研究组当然是不行的,还需要高等学校和自然科学方面的研究机构进行这方面的研究。而且这样做还不够,还有必要成立一个群众性的学术团体来团结广大的有志于自然辩证法研究和发展马克思主义的这个组成部分的同志,实现列宁提出的马克思主义哲学工作者和自然科学工作者的联盟。早在1954年或1955年,李四光同志在和我的一次谈话中,就建议成立自然辩证法研究会,我完全赞同他的意见。我自己也想到,党领导下的上海自然科学研究会和延安自然科学研究会的革命传统应该在新中国有所继承,因此就一直想推动这样的一个研究会的成立。但是这不是一件容易的事情。1956年制订自然辩证法研究规划和哲学所自然辩证法研究组成立之后,我认为成立这种性质的团体的时机比较成熟了,可是由于1957年的政治运动,我们不可能进行这样的事。到了1958年才有了进行这种工作的可能性,于是这一年4月上旬我们在北京进行座谈,部署开展自然辩证法的活动,4月下旬又在上海座谈,提出成立群众性的学术团体的问题。上海的同志决定筹建上海自然辩证法研究会。当时我们的想法是先成立若干个省市的组织,然后在这样的基础上再成立全国性的组织。上海自然辩证法研究会是成立得最早的。黑龙江的研究会开始酝酿的时间略为迟一些,在那里采取的步骤是以哈尔滨工业大学为活动中心,先建立这个校的自然辩证法研究会,然后再来筹备全省的研究会。经过这样一些过程,再加上其他原因,黑龙江自然辩证法研究会正式成立的时间是1966年2月。广东省的自然辩证法研究会筹备委员会建立的时间也不算迟,在1962年、1963年就已开展活动。北京市的自然辩证法学会筹备组于1963年夏正式成立。通过《自然辩证法研究通讯》和这些自然辩证法研究会,各研究机构、各高等学校及许多部门中热心于自然辩证法研究和学习的同志相互间一直保持着相当密切的联系。

从1956年起,不少高等学校设立了一个自然辩证法教研室,在学校里讲授这门课程。有的学校还招收了这方面的研究生。1958年高级党校开办了一个自然辩证法研究班。我国的自然辩证法研究,由于党和政府的重视,由于哲学工作者和自然科学工作者的积极努力,有了长远的规划,在研究所中有了专门的机构,有了专门的刊物,在高等学校开设了专门的课程,有了研究生,有了群众性的学术团体,连党校也办有专门的研究班,组织形式之齐全,在世界自然辩证法的历史上恐怕也是没有的。

在1958年"大跃进"中我也犯过头脑发热、夸大主观能动作用、对客观可能性重视不足的错误,这表现在我在管理科学工作岗位上所做的一些事情上,也表现在我写的一些文章里。1982年5月我编了一本"文化大革命"前我在哲学方面所写的论文、所做的演讲、所做的笔记的集子。这本文集里面收录的一篇1958年我在《哲学研究》上发表的文章,它明显地表现出这种思想倾向。在这篇文章后,我加写了一段后记,讲了我为什么在这个集子中收进这篇东西。应该承认我写的带有这种错误思想倾向的文章不止这一篇。比如,我在《红旗》杂志上还发表了一篇根据当时对小麦高产的浮夸报道所写的文章。

在"文化大革命"前的20世纪60年代还有几件事是应该说一说的。

第一件事是由日本物理学家坂田昌一的《基本粒子的新概论》一文所引起的。中国科学院哲学研究所编辑出版的《自然辩证法研究通讯》1960年出到第15期，遇到了要整顿现有刊物的事情，我们自己感到领导力量不强，就和哲学所的领导商量，认为如果可以在《哲学研究》上多登些自然辩证法方面的文章，这个刊物就可以不办，于是就停下来了。后来感到这样做不妥，在1962年8月又把它恢复起来了。坂田这篇文章的译文就登载在这期复刊号上。1963年11月16日毛泽东同志听取了聂荣臻同志对于中央科学小组和国家科学技术委员会关于1963～1970年科技10年规划的汇报。汇报中间毛泽东同志说，社会科学也要有一个10年规划，有一本杂志《自然辩证法研究通讯》，中间停刊好久，现在复刊了，复刊了就好，现在第二期已经出了。他接着问这个刊物是哪里出的？我回答了毛泽东同志提出的这个问题，但当时我不知道他为什么会对这本杂志这样注意。回家后翻了这两期杂志，推断这是坂田的文章的缘故。在一年多后的1964年8月23日，毛泽东同志接见前来参加北京科学讨论会的坂田时，对坂田说他读过坂田的著作，赞扬坂田的文章写得好。当时我在场，听到这话，就完全证实了我的推断。第二天，毛泽东同志把周培源同志和我找到他的卧室，从坂田昌一的文章讲起，谈了很长时间的自然辩证法问题。由于毛泽东同志在谈话中讲到李政道、杨振宁所发现的宇称不守恒这种物理现象时说，什么东西都是既守恒又不守恒，并问质量守恒、能量守恒是不是也是这样。因此，在星期天与坂田坐船游昆明湖时，我们讨论了质量与能量守恒问题，并把讨论的结果写成信给了毛泽东同志。第二年5月《红旗》再次发表坂田的译文并加了编者按语，同一期还登出朱洪元、龚育之和我的文章，其来由就是1963年毛泽东同志对这篇文章的重视。这期《红旗》杂志上对《研究通讯》发表的坂田文章还作了评注。朱洪元、何祚庥同志后来在对粒子问题的研究中发展起层子类型的理论，与运用自然辩证法的观点有较大的关系。

第二件事是编写《自然界的辩证发展》一书。计划中的这一部分是多卷本的巨著，包括天体史、地球史、生物史、人类史、工业史、农业史、医药卫生史七卷。它要以辩证唯物主义的观点为指导，以现代自然科学的成就为基础，提供一幅自然界辩证发展的完整图景。当时我们把这样一部书看成是对广大干部和知识分子进行辩证唯物主义世界观教育的良好读物。这部书不但要有思想性、科学性，对我国的科学成就要充分肯定，而且要雅俗共赏、图文并茂。为了编写这部书，1965年8月在大连召开了第一次会议，但这次会只部署了六卷，工业史这一卷直到1966年2月才在沈阳开会专门进行研究。在沈阳的会上，大家认为，工业的范围比较广，在沈阳开会时有些方面的人没有邀请，需要再开会。于是接着又到上海和杭州继续开会。这个工作一直到"文化大革命"爆发才布置完成，而进一步的工作就做不下去了。在"文化大革命"后上海科技出版社想采用编写这部书的构思，出版一套《图解科学普及全书》。中国自然辩证法研究会为此书成立编辑委员会。1983年1月已经出了第一卷《人类的黎明》。

第三件事是扩大自然辩证法研究范围。1956年拟订自然辩证法研究规划时，我们所注意的只是数学和自然科学中的哲学问题。这一方面的工作无疑是非常重要的，自然辩证法必须在这样的研究中作出成绩。后来逐渐发展起运用辩证唯物主义研究工农业生产中存在着的问题的这样一种研究。对这种研究，李昌同志重视得比较早。当这种研究开始的时候，我是没有多少自觉性的，只是有一种聊备一格的思想。而且应该承认这种研究开始的时候水平不高，哲理性不强，似乎够不上自然辩证法研究的水平。有一些研究甚至有一点把自然辩证法庸俗化的味道。但是不久后发现，这样的研究比研究基础自然科学中的哲学问题有强大得多的群众基础，而且可以收到比较好的效果。到1964年我们大家就懂得要重视在生产斗争和科学实验中运用哲学，运用自然辩证法，提出应当把在这种运用过程中可能发生的庸俗化倾向同不可避免会发生的一些幼稚现象加以区别，指出在摸索过程中，有些成果水平不高，但是只要态度是认真的，还在继续学习，继续提高，就不能说是庸俗化的，不要因为怕幼稚就不敢探讨。当时我们认为，有些文章虽然幼稚一些，但却是健康的、有益的，应该热心地帮助文章的作者提高。经过多年来的实践，应该肯定这样的看法。

上面说的是我对1966年自己所接触到的一些有关自然辩证法的事实的回忆。由于任何人所接触到的事实都有局限性，有许多事我不知道，或者知道了但印象不深，对它的意义了解得不够，而且一个人的回忆免不了有不准确的地方，所以我无意把我的回忆看成是许多年来这一领域的非常准确的历史资料。要对我国自然辩证法工作、思想、事业的历史作出比较准确、全面的评价，需要收集比较完整的资料，并对所收集到的资料加以研究，弄清历史发展的脉络。因为时间关系，我不可能进行这样的工作。我写这个东西的目的，仅仅是在研究这一领域历史的同时提供一些我所了解的事实资料，谈一点我自己有过的看法。怎样利用我写的材料还要由研究这方面问题的同志自己来决定。

在"文化大革命"中有一段很长的时间我是住在所谓的"牛棚"里的，不能与外界有什么接触，因此，对有关自然辩证法的问题没有什么接触。后来在可以逛书店之后，对当时有关自然辩证法的出版物，在自己"财力"许可的范围内，还是尽可能地买回来看看。从这些出版物中，我看到了"四人帮"如何利用自然辩证法达到他们反动目的的一些情况。还得说一句住"牛棚"的好处，因为当时有了比较多的空闲时间，对新出版的《马克思恩格斯全集》中的马恩通信，倒有机会从头到尾地读了一遍。在1972年"解放"后未分配工作，倒有了时间把以前翻译出版的恩格斯《自然辩证法》重新校译了一遍。"文化大革命"后，在领导同志的关怀和支持下，自然辩证法的工作的发展得到了以前未有的好条件。在这许多年中，自然辩证法的队伍中也曾出现过无视恩格斯著作中明确的，而且至今仍是十分正确、十分中肯的论述的现象，受到经验主义与唯心主义思潮的袭击，而且这个问题还没有完全过去。这证明坚持辩证唯物主义来看待一切问题并不总是那么容易、那么一帆风顺，也证明了学习研究自然辩证法的重要性。总的来说，这样的现象并不是什么了不起的事情。在自然辩证法的领域中，发展的主流是健康的。不论在数学自然科学的哲学问题和自然科学史的领域内，还是在自然科学与社会、自然科学与社会科学相互关系的领域内，不论在对天然的自然还是对人工的自然进行研究的领域内，不论在研究、教育还是在出版工作中，不论在理论探讨中还是实际应用中都是这样。对于1966年后我在有关自然辩证法研究工作方面所经历过的事实的回忆，今天就不再接着写了，因为这些大家比较清楚，并且以上我写的也已经太长了。

规划、联盟、学风和学习问题 *

下面讲一下关于制订自然辩证法研究规划的方法和通过 1979 年夏季讲习会对研究生进行复试的问题。

制订自然辩证法规划，应该包括两部分：一是规定了要做的事，成文后经过与各单位协商，领导批准，是要用行政的力量保证执行的，它具有某种法定的效力，前几个月起草的那个规划就是属于这样的规划。在 1956 年我们还搞了另外一种规划，这就是后来在《自然辩证法研究通讯》第一期发表过的那种不具有法律效力的学术性规划。这种规划是由若干个人或单位写的关于如何从各方面研究自然辩证法的意见书。意见书既对现在的情况进行分析，也指出要研究的问题和应该采取的措施等。写法上也不要求完全统一，并且同一题目可以由几个人来写，看谁讲得透彻、讲得好。这种规划虽然不具有法定效力，但是能在群众中产生启发和动员的作用。理论研究常常要用理论观点来启发，所以这两种规划都是非常重要的。

参加这次讲习会的，还有今年（1979 年）报考自然辩证法专业初试合格的研究生考生。通过参加讲习会，请他们听报告、作记录、组织讨论，作为一种复试的方法进一步考察和了解他们的工作能力和研究水平。

---

* 本文写于 1979 年，原载《一个新的哲学学派正在中国兴起》，江西科学技术出版社，1996 年，第 540~542 页。

自然科学工作者和哲学工作者联盟的问题，是列宁在《论战斗唯物主义的意义》一文中提出的一个非常重要的问题。为了建立这个联盟，我国的哲学工作者不但要积极从事社会实践，而且应该懂得必要的自然科学知识，懂得越多越好。懂得越多，他们概括出来的哲学观点对自然科学工作者就越能有所帮助，哲学工作者要向自然科学工作者学习，多向自然科学工作者请教，哲学工作者帮助自然科学工作者不是用现成的结论，而是要作研究，拿出好的研究成果帮助自然科学工作者。从自然科学工作者来说，自己也要进行哲学的研究，认真学习，自觉运用马克思主义、列宁主义、毛泽东思想研究自然科学所需要的哲学知识，如各门自然科学方法论，自然科学工作者不能等待哲学工作者来提供，而应积极地自己掌握这些研究自然科学所需要的哲学武器，用来指导研究工作。这样，我国的自然辩证法研究就可以发展得更快，自然科学的研究也可以得到更有力的哲学指导。

自然辩证法研究会应该体现这个联盟，参加自然辩证法工作的人有三种：一是对自然科学有兴趣的哲学工作者，二是对哲学有兴趣的自然科学工作者，三是专业的自然辩证法工作者。在这三种人中，第二种人应该是主体，应该力争有更多的第一种人成为第三种人，专业的自然辩证法工作者应该起媒介的作用，促使更多的自然科学工作者和哲学工作者参加这方面的工作。但是不能要求自然科学工作者花费太多的时间，使他们感到有负担。

关于学风和学习问题。我们的学风有好的一面，这是党中央、毛主席长期培育的理论联系实际的学风，但是也要承认还有不好的学风，这是"四人帮"的毒害造成的，要下工夫肃清这种流毒。研究自然辩证法要从实际出发，从研究自然科学出发，做一些实际工作，不然连研究的问题都不清楚，怎么能谈得上进行自然辩证法的研究呢？有些青年人确实花了很大工夫写出一本又一本的东西，可惜没有走上研究正道，不是实实在在去研究问题，而是喜欢在进行认真研究之前就去创造什么"体系"，自称发明了什么规律等，这反映了我们的教学工作和社会风气中存在着问题。我们要在学风上多下工夫，使得青年同志少走弯路，把精力用到应该用的地方上去。

搞自然辩证法的人至少应该学习两个方面的东西，一是自然科学，二是哲学。知识面要宽一点，但不同学科的学生也要有不同的侧重。至于侧重哪些方面，需要好好研究。在《通信》上可以开辟个专栏，请些自然科学工作者和哲学工作者，介绍一些学习方法，提出些问题，列出书目。

　　自然辩证法工作者，特别需要懂外语，这样可以直接接触国外有关文献，很快地知道现在人家都在研究些什么问题。

紧密结合我国中心工作搞好自然辩证法研究*

前些时候,国家科学与技术委员会召开了一个全国科技会议,又搞了一个汇报提纲。这里面有方针问题、科学技术和经济社会发展的统一问题、科学技术要为社会发展服务的问题。虽然自然辩证法工作的某些方面离经济工作远些,但是,为经济社会发展服务这样一个总的思想还是一样的。整个社会主义建设都要符合社会主义的目的。自然辩证法的工作,对于这样一个方针问题要考虑,对于这样一个思想目标要搞清楚。

我国到底采取怎样的一种发展战略?我们是不是要走美国那样的路?历史、时代都不一样了,我们要研究中国式的现代化的道路,找一种适合于中国社会主义社会的生活方式、消费方式。我们不一定追求国民经济发展在数字上高得不得了,我们可以要求给人们带来愉快幸福的物质生活、文化生活、精神生活和伦理关系。

我们提现代化也很久了。在社会主义改造后,全国就有四次重提现代化,现在的问题是更深一层地去理解发展战略问题。到底要怎么做?从长远看,我们是不是一定要变成美国那样的社会?这些问题的提出和解决,要靠大脑的思考,这就需要自然辩证法。思考中要运用许多自然科学知识和社会

---

* 本文是作者1981年在中国自然辩证法研究会常务理事会上的讲话,原载《一个新的哲学学派正在中国兴起》,江西科学技术出版社,1996年,第544~547页。

科学知识，要把自然科学和社会科学的研究很好地结合起来，把科学技术和经济社会发展问题的研究很好地结合起来，考虑这些问题要有战略眼光。

对今后自然辩证法的工作谈几点意见。

第一，关于科学技术和经济社会发展的统一问题的研究。这当然不是自然辩证法本身的工作，但是我们作为发起单位，应该抓一抓，至少有两个方面的工作要做。一是科学技术的社会功用，假定我们把自然辩证法作为一个科学群，那么，这个功用与自然辩证法有关。二是这个统一本身就是个哲学问题，中心思想就是自然科学和社会科学的结合问题。搞自然科学的人、搞技术的人要关心经济和社会的发展，关心经济和社会发展的有关学科；搞社会科学的人，也要关心自然科学学科。对许多不定型的东西、交叉的学科，大家都应抱一种积极的态度。对不明确谁来管的地方，就主动多管一些，这是有好处的。

第二，关于自然科学哲学问题的研究。这是自然辩证法本身的工作，也是比较难的，但是这些年来是有成绩的，水平也有提高。这个工作不做，我们就会变得不务正业，但务了正业，也要兼顾不同范围。马克思主义者相信，辩证唯物主义是可以对自然科学起作用的。当然，如果辩证唯物主义不发展，就是干巴巴的那么几条，也会使人感到用处不是很大。这方面，我们要提倡研究，特别是提倡科学工作者研究。我们还是要宣传，要做组织工作，要知难而进，不能知难而退。

第三，要出一本自然辩证法的百科辞书。这是一个基础的工作，很有意义。要组织一个班子来搞，了解一下有多大力量，不一定很急，但是一定要做，用渐进的方式来做。通过这个工作，可以明确一些问题，可以吸收自然科学家参加，这是和自然科学家合作的好方式。

第四，要提出启发人思考的问题。哲学就是要启发人思考。这几年比以前有进步，但到目前为止，我们的学术活跃程度还赶不上西方。他们提的问题比较多。有许多观点，我们还是要引进和改造。自然科学方面、技术方面的指导思想，也有一个引进和改造的问题。和外国人接触，必然带来许多观念的不同，这就要考虑有没有可以吸收的，吸收了，也就引进了。也要考虑还有没有要改造的地方，当然还要有自己的创新，创立新的学科，创立新的概念，这个工作要自觉地进行。引进对我们来说，应该只是一种启发，一种借鉴。我们自己还要研究。搞科学研究要强调研究，引进也要强调研究。马克思主义也有消化、研究、发展问题。现在我们有一个好的条件，翻译、出版了许多书，到底研究得怎么样，写出了多少笔记，写出了多少评论，有没有人看，看的结果如何，和自然辩证法、马克思主义比较一下又如何，这些都要研究。

我们这些搞马克思主义的人，对马克思主义总有一种深厚的感情，什么事都要和马克思主义挂挂钩。当然，有些问题与马克思主义没有关系，也不能硬拉。但是，有些问题，本来就和马克思主义有关系，那就要讲马克思主义的传统。所以在谈到引进外国技术、外国观念时，来温习一下马克思主义观点是必要的。搞自然辩证法也有这个问题，马克思、恩格斯作为伟大的人物给我们留下了很多宝贵财富，但是，我们的工作不能只是停留在那个时候的水平上，要把马克思主义提高到现代水平，这个工作要做。引进外国观念、科学时，要形成自己的观念、科学。这个工作是困难的，不是随意的，不能像有些青年人那样看得很容易，动辄就要创造一个学科。我们不能只搞引进，还要创新、改造，我们也要提问题，启发启发外国人。

还要自己制造哲学武器*

在会上发了筹委会的工作报告，这个报告是钟林、周林同志起草的，由龚育之同志作了修改，现在发给到会的同志们，希望同志们提意见。对于已经做过的工作，是否有什么重要遗漏，或者提法不恰当的？对将来要做的工作，有什么需要补充或修改的？经过大家讨论修改后，就把它作为我们过去工作的一个总结，也作为今后一个时期应当做些什么事情的一个共同意见。这也是我们的一件集体的创作。这个报告不在会上念了，就发给大家看，讨论后修改。这是一件事。

会议怎么开，我再作点补充。把我国建设成为高度文明的、高度民主的社会主义现代化强国，这是我们长期的目标。现在我们是要为实现第六个五年计划而奋斗。在第六个五年计划期间，我们要完成国民经济的调整任务。我们走进了调整时期，还要走出调整时期。国民经济的调整，具体说，就是要使国民经济结构合理化。所谓国民经济结构，大致上就是指产业结构、部门结构、产品结构、企业组织结构、技术结构等。这个国民经济结构的含义，不同于马克思所说的社会经济结构的概念。为了使国民经济结构合理化，就要进行企业与管理机关乃至国家的整顿，要提高科学水平、管理水

---

* 本文写于1981年10月，原载《一个新的哲学学派正在中国兴起》，江西科学技术出版社，1996年，第547～549页。

平、工作水平。总之，要贯彻调整的方针，要以改革促调整，以整顿促调整，以提高促调整。要全面贯彻八字方针，这是我们当前时期必须坚持的方针。通过调整，要克服现在还没有从根本上克服的困难，要消除现在还没有消除的潜伏着的危险，要从被动转化为主动，为今后的发展做必要的准备。在现在这样的情况下，要十分强调振奋精神。因为精神不够振奋的情况在一部分干部和群众中是确实存在的，这表现在工作上的懒散和思想上的懒散。我们今天不应当低估实现高度文明、高度民主的现代化社会主义国家的复杂性、艰巨性和随之而来的长期性。低估了这种复杂性、艰巨性和长期性是错误的，但缺乏信心，有悲观情绪也是没有根据的。缺乏信心和悲观的原因，或者是看不到历史发展的必然性，或者是看不到有利条件，看不到振奋精神的力量，看不到马克思主义科学的力量。我们要把自己摆进去，积极为社会主义现代化建设事业奋斗。

要看到我们科技工作者、科技组织工作者、自然辩证法工作者、哲学工作者振奋精神，积极为社会主义建设事业奋斗的重大意义。我们能够作出贡献，我们应当作出贡献。建设需要科学，需要技术。现在我们要把各项社会主义事业牢固地建立在科学的基础上。我这里讲的是"各项"，而不是一项两项；是"牢固"，而不是随随便便的。我感到在我们的国家建设中、人民生活中，科学的力量是十分巨大的。现在在我们的各种机构中，权力机构臃肿庞大，智力机构薄弱残缺。权力机构臃肿庞大，一件事情要经过一道道关卡，这是会误事的，而智力机构则是有促进作用的，所以要经过长期努力，把智力开发出来。建设需要科学，科学需要创造，创造需要理论思维，而锻炼理论思维的能力只有靠哲学。我们要从马恩列斯毛的著作中学习哲学，向哲学家学习哲学，在实际工作中学习哲学。我们不但要掌握已有的武器，还要自己制造武器。不仅要学习，还要应用。自然辩证法的应用是多方面的，工业、农业、资源利用、医学……是过去常讲的应用领域。在这些方面，近年来我们看到了自然辩证法应用的前景。企业和国民经济的管理、计划、重大项目的建设措施等，也有许多问题，我们都可以参与研究，作出贡献。我感到，经济中有宏观问题、微观问题，除此之外，是否还可以提出一个"中观"问题。有许多"中观"问题要去解决。我说的"中观"问题，是指一些具体问题，但这些具体问题的解决，对国民经济有重大作用或有某种普遍意义。

我们不必太拘泥于自然辩证法这个名词。它的内容和对象，要放到历史中考察，要从工作的便利出发，要把自然辩证法的旗帜举得更高。如果这个设想对的话，那么我们这个会就应当是把大家的精神振作起来的会。所以，决定多安排一些大会发言，大家来谈意见，怎样把这个学科发展起来，发挥作用。会上要有热气，要振奋精神。我们大家本身就很积极，大会收到了600多篇论文，这就表明了积极性。在科学技术问题上，对于边缘的、临界的地带，与其做缩手派，不如做伸手派。社会科学、自然科学要加强联系和结合。现在科学院和社会科学院分了家，也许"天下大事，分久必合"。是否可以把自然科学的学术团体和社会科学的学术团体联合起来建立一个混合委员会，这有利于在交叉地带作战。

再讲一点我对自然辩证法工作的看法*

这次开的是理事会，不是学术会议，也不是一般工作会议，它要行使选举出来的第二届理事会的职权，选举常务理事会和正、副理事长，并讨论这一届理事会和下一年工作的问题。

今天我提出四个问题供大家讨论：

第一，自然辩证法在我国社会主义建设事业中，究竟应该起到一些什么样的作用；

第二，究竟哪些人应该是我们进行宣传的对象，希望哪些人重视自然辩证法、学习自然辩证法；

第三，我们应该做些什么工作，才能更好地发挥自然辩证法的作用；

第四，这届理事会应该做一些什么工作。

这四个问题我都不想多讲了。要讲的话，第二个问题我想强调一下，自然辩证法的对象，面可以宽一点，那就是不仅是过去我们常讲的那些对象，而且一切与自然界打交道的工作部门、学术部门也应该对自然辩证法给予适当的重视。因而我们应该理一理，分分层次，按照不同的情况，向他们提出不同的要求。在第三个问题中，我想强调一下全面地展开工作，开好学术会

---

* 本文是1986年12月16～19日在中国自然辩证法研究会第二届理事会开幕式上的讲话，原载《一个新的哲学学派正在中国兴起》，江西科学技术出版社，1996年，第554～558页。

议、办好报纸和刊物、抓好自然辩证法教学、做好咨询工作，还要吸收新会员健全组织；在第四个问题中我特别希望认真研究一下 1987 年的工作，其中我特别关心《方法》这本专门讨论聪明和愚蠢的杂志，因为这是一个创举，是全国独一无二的杂志，办好它很有意义，但也很困难，现在工作并没有上轨道，因此本届理事会要特别关注这个工作。

今天我想利用这个机会再讲一点我对自然辩证法这个学科的认识。

从我们过去的工作范围来看，我把自然辩证法看做一个科学群或科学部门体系，它有以下两个特点。

第一点，自然辩证法是在马克思主义的旗帜下，具有马克思主义特色的一个科学群、科学部门体系。

自然辩证法首先是马克思主义创始人恩格斯的一部未完成的著作的名称。完成这部著作是恩格斯和马克思共同创建马克思主义哲学这个伟大工程中的一个重要组成部分。这部著作虽然未能完成，但研究和写作中发展起来的思想，已反映在他们的其他著作和他们的实践之中。以后这部未完成著作的出版又给全世界哲学界贡献了一部充满智慧的典籍。作为对自然界的一般规律和自然科学方法论的科学论述的自然辩证法，同历史唯物论处于并列的地位，它也是辩证唯物主义的应用和证明，属于我说的自然辩证法科学群或科学部门体系的其他科学领域就是以辩证唯物主义、历史唯物主义和上述狭义的自然辩证法为指导的。因此，这个科学群或科学部门体系也就是具有马克思主义的特色或色彩的诸科学部门的总体。

当然，大家对马克思主义的理解不会完全一样。这是很自然的事情，但是我们在自然辩证法这面旗帜下工作，就表明我们接受了马克思主义。这一点，我认为不应该含糊，而要鲜明。当然这是我个人的意见，同志们有不同的看法，可以讨论。我认为在自然辩证法研究的领域中，即便对带有根本性的问题，都应该同其他科学领域一样贯彻"双百方针"，我愿意参加这种讨论。

参加自然辩证法学术活动、参加中国自然辩证法研究会和各地自然辩证法研究会的有许多自然科学家。我们这个研究会也非常关心自然科学的发展，努力为自然科学的发展服务。但是必须明确指出，即使运用马克思主义的哲学去研究自然科学，也不能使自然科学成为马克思主义。马克思主义是一种哲学社会学说，但哲学不能代替科学，科学也不是哲学学说。规定马克思主义之所以是马克思主义，就是运用其辩证唯物主义、历史唯物主义的哲学研究当代历史所得出的社会主义的、共产主义的结论。

自然科学更不是这样的一种社会学说，而且不是任何社会学说。我们提倡运用自然辩证法研究自然科学，只是使这种研究带有某种马克思主义的色彩罢了。

第二点，自然辩证法作为科学群或科学部门的体系，虽然其中包括许多不属于哲学的科学部门，但是整体说来，我们的研究都是带有哲理性质、哲学思维性质的，我们的研究都同对自然一般规律、自然科学一般方法论的运用分不开。从自然界的特殊规律中概括出来的一般规律、从自然科学各部门研究方法论中概括出来的一般方法论，对研究特殊和个别起着指导的作用，可以提高智慧。讲聪明就是要在别人没有看出规律的地方看出规律，在别人没有看到哲理的地方看到哲理，从而提高自己的聪明度。因此我认为，明确自然辩证法科学群或科学部门体系带有哲理性质这一点是很有必要的。

我现在受到一次谈话的启发正在思考这样一个问题。摆在我们面前的有两对矛盾：一是自然和社会，一是物质和精神。自然和社会、物质和精神，四者都可以成为哲学和科学研究的对象。自然和社会间的关系、物质和精神间的关系也可以成为哲学和科学研究的对象。再进一步说，自然和社会这对矛盾、物质和精神这对矛盾之间的关系也可以成为哲学和科学研究的对象。而只有把这些研究融成一体，才能更好地从整体上认识世界、改造世界。哲学家、科学家在这方面做了大量的工作，而要更系统、更周密地研究如何把各种研究成果汇集起来，还有许多工作要做。我认为可以先在结合部下工夫，首先从不同的角度来研究结合部的问题。比如，对自然和社会的关系，可以从自然科学的角度来研究，也可以从社会科学的角度来研究，然后再在超出自然科学和社会科学的范围进行更高的、综合的研究。比如对农业是国民经济的基础这一问题，从自然科学的角度来研究，那就是根据物理学、化学、生物学、生理学的原理，研究通过植物生长从阳光中吸取能量，从土地中吸取物料，这对于人的生活是必不可少的，又从社会科学经济学的角度，得出人一定要先取得食物等消费资料，才能从事其他经济和社会活动，然后综合起来明确农业是国民经济基础的规律。这个规律一向被看做经济规律，我认为，应该说它是建立在物理学、化学、生物学、生理学等自然科学，经济学这一社会科学，生态学、农学等自然科学和社会科学交叉科学基础上的一个"自然·经济"规律。这只是个别问题的例子，还应该推广到整个自然和社会这对矛盾上去。对物质和精神这对矛盾也要这么研究。比如，对精神和物质间的关系同样既可以作自然科学的研究，也可以作社会科学的研究，既可以从物质方面出发来研究，也可以从精神方面出发来研究，这样问题就更复杂了。因此就有许许多多复杂和困难的问题摆在我们的面前，需要我们常说的三个联盟来奋斗，这三个联盟就是哲学家和科学家的联盟、自然科学家和社会科学家的联盟、理论工作者和实际工作者的联盟。进一步说，在哲学家、自然科学家、社会科学家内部也有一个联盟问题。

我国自然辩证法的工作，如果从 1936 年上海组织自然科学研究会算起，到今年整整 50 年。新中国成立以来，这方面的研究有了很大的进展。粉碎"四人帮"后我们重新恢复这项工作的时候，得到小平同志的大力支持，研究会也是小平同志代表党中央批准的。我也非常荣幸地被小平同志指定多做这方面的工作。这些年我们的工作，自己看来有这些或者那些不满意，但是不久前访问德意志联邦共和国一位著名的哲学家时，在向他介绍我们的自然辩证法研究工作后，他很羡慕我国的哲学能在社会上产生这么多方面的作用。我们对自己的工作要有更大的信心，在本届理事会期间要作出更大的贡献。

促进自然科学与社会科学联盟要做的十件大事*

第一件事是继续造舆论。使得更多的人了解这种联盟是世界科学发展的一个重要趋势，使得更多的人了解这种联盟对实现我国四个现代化的重要意义，使得各有关部门尤其是自然科学与社会科学两大科学部门中的工作者了解促进这种联盟是自己的重要责任。这种舆论要使上至领导下至青年学生对这一点都有较高的认识。这种认识提高了，这种联盟的建立和发展就有了思想基础。

第二件事是要求在自然科学工作部门与社会科学工作部门工作的同志各自争取主动。两大科学部门的联盟应该是两大科学部门共同的事业，只有在自然科学部门工作的同志主动与社会科学结合，在社会科学部门工作的同志主动与自然科学结合，这个联盟的建立和发展才有可能实现。现在自然科学工作部门采取了主动，科协最近成立了一个"促进自然科学与社会科学联盟工作委员会"，而社会科学部门还没有类似的行动，希望社会科学工作部门抓紧这方面的工作。

第三件事是希望自然科学工作部门与社会科学工作部门建立定期召开联席会议的制度。现在我国自然科学和社会科学工作分属两个部门，这种做法在历史上起过好的作用，但已不那么适合国家现代化建设的需要，对于自然

---

* 本文原载《自然辩证法报》，1987年3月19日第6期，第二版。

科学、社会科学两大科学部门的结合有不利的影响。但是已经形成的历史事实不可能在短期内改变,在目前比较容易做到的是建立每年召开一次联席会议制度,在这样的会议上有准备地讨论一年中有关自然科学、社会科学相结合的若干项大事。如果做到这一点,可以解决两大科学工作部门分立而带来的一些问题。

第四件事是自然科学部门与社会科学部门每年共同召开若干次学术会议。这对促进两大科学部门的联盟可以起到很大的作用。这样的会议是制造两大科学部门必须建立联盟的舆论场所,也是加强两大科学部门学者之间的联系,建立他们之间友谊的场所。当然两大科学部门各自召开学术会议时也要注意吸收另外一个科学部门的学者参加。

第五件事是两大科学部门合作为政府和社会提供科学咨询。比如,关于国土的开发利用、保护改造,关于建设方案、技术措施的经济可行性分析,关于城乡经济社会发展的战略和规划等,都是自然科学或社会科学一方面的研究不容易解决的。要把我国各项社会主义建设事业牢固地建立在科学的基础上,不论是宏观性质的问题还是微观性质的问题,都需要两大科学部门的学者联合起来共同考察、共同研究。

第六件事是两大科学部门的学者要有比较多的机会一起来研究科学发展的规律和做好科学工作的经验,对科学政策、科学管理进行学术研究,为政府和科学机构做好自己的科学工作提供科学成果。当然自然科学与社会科学各有其特点,但是科学有其一般的规律,科学工作者有共同的经验。几年来,我国以自然科学为对象的科学学研究有了可喜的进展,但是以社会科学为对象的科学学研究却至今没有动静。在今年(1978年)5月纪念我国"双百方针"提出30周年的时候,我曾著文希望在我国早一点把以社会科学为对象的科学学研究开展起来,希望这件事早日成为现实。

第七件事是推进自然科学、社会科学、交叉科学的发展。自然科学要与哲学、经济学、社会学、历史学及其他哲学社会科学结合起来,哲学社会科学也要与数、理、化、天、地、生等基础科学与技术科学结合形成许多新的科学部门。为此就要在研究机构、高等学校等方面开展这种工作。成立这方面的研究会是推动这些学科的建立发展的有效手段。现在中国科协已有中国自然辩证法研究会、中国技术经济研究会、中国未来学研究会等体现两大科学部门联盟的科学群众团体，应该支持和加强这些团体的工作，而且应该吸收具有这种性质的科学群众团体为科协团体会员。

第八件事是培养既有自然科学技术知识又有哲学社会科学知识的人才。比如，培养科学技术编辑和记者、科学技术管理的干部等。这种具有两大科学部门知识的人才很需要，应该有专门培养这种人才的专业和课程，对科学工作的开展包括两大科学部门联盟的发展会起到积极作用。

第九件事是两大科学工作部门举办的报刊要为促进自然科学和社会科学联盟的事业作出贡献。当然这样的工作要因报刊本身的性质而定，但是为促进这种联盟提供园地这件事是应该积极进行的。

第十件事是自然科学工作部门和社会科学工作部门所拥有的资源由在两个部门工作的同志共享，如图书资料、会议场所等，为两大科学部门的学者提供方便，这也是促进这种联盟发展的一件大事。

编辑自然辩证法百科全书的设想*

先说一点历史情况。编中华人民共和国百科全书是 1956 年搞哲学社会科学 12 年规划时作为一个重大的项目被提出来的，定下来以后也做了一些工作。比方说，1957 年刘导生同志和我到莫斯科谈判有关中苏在社会科学方面的合作，参观了苏联百科全书的编辑部，了解了他们的工作。这个工作并没有很好地组织下去，而到"文化大革命"就完全停了。

"文化大革命"以后百科全书的工作能搞到今天这个情况，应该说是同姜椿芳同志的努力分不开的，他一家一家地串门，一个一个地拜访，把这件事组织起来了，当然之后还有许多同志的努力。这也说明一个问题：有一个同志那么积极，当然也有很多同志支持，这个事就办起来了。现在已经成立了百科全书的出版社，并经过中央批准定下了总编委主任、副主任，不过现在全体委员的名单还没有定下来。现在大百科定下来出 70 卷，已经落实了 50 个学科。中华人民共和国这么大的一个社会主义国家、一个东方古国，应该有一部自己的百科全书，这个道理是可以理解的，但要编出一个有我们自己的特点的百科全书。这部百科全书的方针，一个是要有马克思主义指导，一个是要反映中国的特点。这两条在 1956 年也是很

---

* 本文写于 1982 年 2 月 28 日，原载《一个新的哲学学派正在中国兴起》，江西科学技术出版社，1996 年，第 561~564 页。

明确的。但是要做到这些是很困难的，当时没有组织起来，后来一晃几年就过去了。

现在有了稳定的政治局面，我们有信心一定要把它搞出来，当然水平有限，我们只能一版一版地提高水平，用这部百科全书我们可以检阅一下我们各科的水平，所以我们决定还是积极地来干。

马克思主义的指导非常容易变成讲空话。话说以后没有具体办法不就等于讲空话吗？讲这个话容易，真这么干就很不容易。我们采取什么办法在百科全书中体现马克思主义的指导作用呢？一个是开会强调，要大家注意这个问题，这一点当然是主要的，但是还要有别的具体办法。于是我想了这样一个主意，那就是搞一部《自然辩证法百科全书》。这件事在1979年成都自然辩证法会议上提出来，但当时没有讲得很清楚，今天在这里再讲一讲。整部百科全书主要是两类内容，一类是自然科学的，一类是社会科学的。是否可以请一些人把有关自然科学各卷中可能和马克思主义产生关系的条目、大一点的条目，编到这本自然辩证法百科全书里面去。重复就重复一点儿。这样对于百科全书中的马克思主义指导问题就有一个集体来研究工作的办法。现在百科全书采取分卷分科的办法，容易组织。将来在70卷出齐以后再按拼音或按笔画编排出版第二版，可以避免重复。这时候我们这卷的条目就可以发挥作用。同样一个条目，如"大爆炸理论"，天文卷里有，我们这里也写一个条目，将来讨论时可以进行比较，各取所长。我们用马克思主义观点研究过这个问题，比较时可以有一些帮助。通过编这两本百科全书，我们可以具体地来做关于马克思主义指导的工作。通过比较，他们有好的地方，我们就向他们学习，我们有好一点的地方，就吸收我们的。我认为，这是我们在贯彻马克思主义指导方针上值得做的具体的工作，是我们所能做到的那种程度的马克思主义的指导。

这里面有一个问题，即这部自然辩证法百科全书和哲学卷自然辩证法部分的关系问题。《自然辩证法百科全书》里面有一卷是哲学卷，哲学卷里应该有自然辩证法的部分，这是肯定的。哲学卷大概有六七个部分，如果一卷有120万～150万字，加强卷为180万字，分到自然辩证法名下只有几分之一，最多只会有40万字，篇幅太少，而单独出自然辩证法卷可以有100多万字，条目说明可以详尽、讲得充分。在这部百科全书中要特别强调思想性，没有把握的东西经过研究可以变成有把握的。最后还是没有把握的也可以写，不要躲避问题，事实上有绝对把握的很少。哲学卷内不可能把与马克思主义有关的自然科学问题都讲清楚，而这部百科全书可以对自然科学的有关问题讲得多一些，于是就采取了这种做法。有些问题不一定是哲学性特别强的，比如说学科的名称，我觉得也都应该有，像心理学、物理学等大的学科都要有。但在哲学卷的自然辩证法部分就不必写了。我们这一卷的目的是努力使百科全书中自然科学各卷更好地贯彻马克思主义的指导。具体的科学知识我们不管，在哲学上有争论的问题要写，有几种见解，可以介绍几种见解进行评论。写作者的见解如何，要署名，既代表百科全书也代表其本人。弄清这部自然辩证法百科全书的性质、目的，弄清它在百科全书中的地位，这样框架的工作才好去做。

框架问题到底怎么解决，这是一个最大的问题。有了框架，每个框架的工作就可以组织起来。这个问题现在我还未考虑好。现在这部百科全书和哲学卷自然辩证法部分两件事一起设计，工作一起进行是个好办法。据我所知，哲学所还没有对其中的自然辩证法这一部分提出什么要求，我们走在前头，只好自己先来考虑。

我们还要想一想哪些分学科的条目容易被漏掉，如"自然"这个条目我和范岱年查过，他发现许多百科全书中没有。自然和超自然、自然和精神、天然的自然和人工的自然及被我们认识了的自然和未被认识的自然等，都需要我们去研究。又比如"科学"这一条应该放在哪一分卷？要考虑容易遗漏的条目。又如"灵学"，这算哪个学科？在这部自然辩证法百科全书中应该有这样的条目，说明它们是怎样的一种伪科学。看来"伪科学"也应该是一个要写的条目。

类似的问题会有许多，不要忘记。关于编辑这部自然辩证法百科全书的主要经过，叙述、设想就是这样。

关于时间，还是按延安时胡乔木同志讲的"从容地赶快"。这句话很符合辩证法，比较合适。

关于中间产品的问题。有人提出，为了缩短战线保证70卷，停办"百科知识"，我感到太可惜了。我的意思是"百科知识"首先要为"百科全书"服务，要加强这个方面，可能会影响一些销路，但总比不办要好。作为副产品还出了一些书，也可以解决一部分经费。出书也好，出刊物也好，我赞成椿芳同志的意见，首先要有利于出百科全书，因为 70 卷就很不容易了，特别是长期的东西在中期应该有所表现，可以鼓舞士气。参考其他单位的处理办法，向社会科学院提出建议，把编百科全书当做科研成果。

关于科学分类的几点看法*

在这次会议上,我想讲讲科学分类问题,这方面我过去写过七八篇文章,现在把这些想法拿出来供大家讨论。从七个方面来讲这个问题。

第一,工业、工程学、农学、医学等不是纯粹的自然科学,它们本身是社会的现象,是交叉的学科,这些学科是从部门来说的,还有一些学科是从空间范围、地区来说的,如城市科学、农村科学……过去这些学科的地位不明确,实际上也属于这类交叉的学科。

第二,有些学问可从两方面来看。像教育、科学这样一种现象,从认识科学角度看,它们既是认识现象,又是社会现象。所以可以分出教育认识现象学、教育社会现象学、科学认识现象学、科学社会现象学等。

第三,过去我曾画过一张表,是自然科学、社会科学互相交叉和在交叉以外密切结合着的如数学、哲学等这样一个关于分类的菱形图式。这个图式有一点不足的是,没有把数学作为一个门类。因为它既不在自然科学里面,也不在社会科学里面,它是自然科学、社会科学里的某一个普遍性的侧面。按照这个原则,系统学、信息论等也算这一类。图中没有把它们放进去,这是其不足之处。

---

* 本文写于1983年1月,原载《一个新的哲学学派正在中国兴起》,江西科学技术出版社,1996年,第564~567页。

第四，我曾提出过一个新的设想，把知识分为基础科学和应用技术两大类。基础科学专门研究事物的客观方面，研究不以人们意志为转移的客观事实和规律；而应用技术专门研究如何依据我们掌握的客观知识，运用我们掌握的工具来达到预期目的。这里所说的科学与技术指的是自然方面有科学和技术，社会方面也有科学和技术。一个是研究客观的，一个是研究主观的，包括研究经济计划、经济战略。这种分类方法同一般讲的技术科学概念是不相吻合的。我认为"技术科学"的概念是不明确的。所以我提出基础科学和应用技术的分类方法。

第五，基础科学包含对科学事实的记载，如对天文的观察、对地球的观察，找到科学的事实和规律，其中包含历史性科学、描绘性科学，也包含理论性科学。所以基础科学不等于理论科学。理论科学是基础科学中找出规律的那部分，在掌握规律之前，对客观事实的描绘也属于基础科学。另外，基础科学不等于对一般规律的掌握，也包括更加具体一点的、客观的研究。数学原理、应用原理、假定条件、推论、演算等也属于基础科学。所以可以这样说，研究物理学，研究分子、原子、基本粒子是基础科学；研究电机当中的运动，也属于基础科学的范围。因为机器一经制造出来就不是主观的东西，而成了客观事物了。总之，基础科学不等于基本原理、基本原则的研究，只要是研究客观规律的，就是基础科学。所以基础科学包括最根本的东西，也包括具体的东西。具体的东西可能和应用接近一点，但它还是基础科学。事实上基础科学和应用科学在工作上是难以分开的，但在理论上是可以分开的。

第六，哲学是个科学群，后来分化了；自然辩证法也是个科学群，它也处在不断分化的过程中，这个分化没有完成。分化就是建立许多学科的过程，也是自然辩证法本身不断深化的过程。比如，城市是个自然现象，有关城市的研究开展起来后，就分化出去了，留给自然辩证法研究城市问题的范围就缩小了。

自然辩证法有个开拓性的作用，哲学对具体的实证科学的推动作用，无非就是这样。我们不能代替具体科学的研究，但我们对很多实际问题可以有所启发。

第七，有这么一种可能，建立一个门类比较齐全的科学体系，这在一个小国是不可设想的，但是在中国却有可能。有一个外国代表团希望能对中国科学预测一下，哪一门科学能发展得比较快些。我认为，经济科学会有一个大发展，因为我们经济建设的问题很多。在自然科学方面，农学、医学、地学也会发展得快些。需要以现代工业作基础的科学可能发展要慢一些，但也会发展的。只要在开足马力建设社会主义的情况下，中国科学就一定会有很大的发展，中国将来会出现许多大科学家。因为这是社会的需要，而社会的需要会比 100 所大学更能推动科学的发展。

最想要说的话*

在纪念马克思逝世 100 周年的时候，总有一些我们最想要说的话。前些天我在中央党校纪念马克思逝世 100 周年学术报告会上的论文——《发展作为社会主义建设的科学的马克思主义》中谈了我的一些看法。①

我想讲一讲和发展自然辩证法关系比较紧密的问题，就是自然科学的研究。如果能够很好地掌握思维方法、掌握哲学、掌握辩证唯物主义来研究自然科学、研究一般科学，我想会取得很好的效果。辩证唯物主义是人类智慧的结晶，是总结人类在思考问题的方法里面最好的东西。用这个方法去研究自然科学，研究物理学、化学，并不是要使物理学、化学变成马克思主义，而是要对物理学、化学的研究起到好作用。从一般科学角度来说，马克思主义科学和一般科学并不是截然分开的。马克思主义从历史上来说，就是建立在一般科学基础之上的，马克思主义又可以对一般科学有所推进。按辩证法来说，任何科学的区分都有一定的相对性。

现在我们在京的自然辩证法界的部分同志聚集在一起纪念马克思逝世 100 周年，探讨自然辩证法工作面临的任务时，我觉得确有许多问题值得研

---

* 本文写于 1983 年 3 月，原载《一个新的哲学学派正在中国兴起》，江西科学技术出版社，1996 年，第 567、568 页。

① 其摘要发表在 1983 年 3 月 14 日《人民日报》第五版，这里从略。

究。例如，马克思主义与自然科学、马克思主义与自然界等问题在科学技术飞速发展的今天，值得我们很好地研究。可惜，这方面供我们研究的材料还太少，说服力还不很强，但我们始终不怀疑这个问题能够得到解决。我们现在做的工作，有些比较见效，能够起到一些作用，如用马克思主义来研究人工自然的问题，城市会议、农业会议讨论的就是这类问题。用马克思主义的观点来分析一些现实工作中的问题，分析城市、农村、技术等，似乎容易见效一些，这也算是我们的一点特色吧。当然不是说对基础科学可以不重视，只是这方面的工作难度大一些，需要长期的、坚持不懈的工作。研究人工自然界，要沾社会的边，这方面有许多很有趣的问题，如农业辩证法，农业如何下定义，它要通过生物的生命运动来取得产品，但这里就发生一个矛盾。取得产品靠生命过程，也还要靠终止生命的过程，水稻成熟要收割，这里面就有辩证法。农业作为一种生产活动和农业作为一个社会生产部门是不完全一样的，这需要研究。城市、农村、技术这些都是自然概念，怎样理解？有没有它自身的规律？这一类问题的研究都是这几年在自然辩证法的研究中发展起来的。还有许多问题从自然辩证法的角度来研究是会有所帮助的。总之，要把马克思主义和对自然界的研究，包括对人工自然的研究，很好地结合起来。

充分意识到肩上的重任*

临床是一种特殊的自然过程,既是天然的自然过程也是社会的自然过程,是两重意义的自然过程。和开矿过程类似,矿体是天然的,而开矿是社会过程。研究特殊的自然过程会加深对一般的自然过程的理解。临床医生是劳动者,当然主要是脑力劳动,医生靠学识和经验来诊断疾病和观察医疗效果,临床思维水平正是临床医生学识和经验的体现。

各种人都是从不同的路径接近马克思主义的,我在清华大学读书时选修了形而上学这门功课,老师指定列宁的《唯物主义和经验批判主义》、恩格斯的《自然辩证法》为参考书,阅读这两本经典著作,使我以后进一步从政治上接近了马克思主义。今天我们研究医学辩证法,从医学方面接近马克思主义,也会加深我们对辩证唯物主义的认识。我们今天学习马克思主义的自然辩证法,各方面都给予鼓励,崔月犁部长从各方面给予热情支持、鼓励医务工作者学习。我们应该充分认识到马克思主义是人类文化的最高结晶,去努力学习和掌握它。当然,我们用自然辩证法研究医学,不是要成为哲学家,或去创造哲学体系,而是通过用辩证唯物主义观点研究医学,使医学研究取得事半功倍的成效。

---

* 本文写于1983年11月,原载《一个新的哲学学派正在中国兴起》,江西科学技术出版社,1996年,第568、569页。

昨天，我在整理文件时又见到我们研究会的小报——《自然辩证法报》创刊时给邓小平同志的信，这封信邓小平同志看了，而且批给当时所有的中央领导同志，所有的中央领导都圈阅了。我不由得回忆起中国自然辩证法研究会的建立过程，我们研究会的建立，是邓小平同志亲自批准的。自然辩证法研究受到党和政府这样的重视，想来想去，全世界也找不到第二个这样的国家，我觉得我们有志于此的同志们要充分意识到肩上的重任，把学习、研究、宣传、运用自然辩证法的事情办得卓有成效。

第二部
聪明学、治学方法及其他

最充分地适应新世纪的时代*

"最充分地适应自己的时代"这个提法，是我从《我们称他为将军》中抄下来的。这是一部传记小说，小说的主人翁是马克思的亲密战友恩格斯。小说中叙述了恩格斯和他的朋友奥斯渥德1848年在莱茵河畔的一次谈话①，在这次谈话中恩格斯说：只有那种最充分地适应自己的时代、最充分地适应本世纪关于世界科学概念的哲学才能称之为真正的哲学。他说，这样的哲学是时代精神的结晶，是时代文化活生生的灵魂。时代变了，这样的哲学体系从内容到形式都将随之变化。这样的哲学可以深入当代人的内心，使他们的心中充满着爱和憎，影响当代的现实世界。他们的哲学将成为世界的哲学，而世界也将成为哲学的世界。这部小说因家中书多而藏书的空间太小，一时找不出来，以上只是凭自己的记忆来写的。好在我并非把它作为经典来引证，只是想向读者交代一下我曾受这些话的启迪。在这里，恩格斯不只要求适应时代，而且要求最充分地适应时代。世界上总是有几种不一样的人：有的留恋旧时代，力图阻挠新事物的成长发展；有的人随大流适应新时代；有的人站在时代发展的前沿，最充分地适应时代，对现实世界起促进作用，时代呼唤这种人。

---

* 本文原载《聪明89》，沈阳出版社，2004年，第1～4页。
① 这个谈话没有被收在《马克思恩格斯全集》中。

关于当前的时代，1995年我在中国太平洋学会召开的国际学术会议的发言中提出一个观点，那就是从20世纪下半期世界开始进入了历史大调整时期。我的基本观点是，第二次世界大战中资本主义世界遭受重大失败之后，开始了调整，经过调整，资本主义恢复了活力。经济文化上去了。与此同时，社会主义国家沉醉于既得的胜利，思想更加僵化，经济文化水平下降，一上一下形成鲜明的反差，导致了20世纪90年代初发生的那次"地壳"变动，苏联解体，东欧剧变。社会主义也不得不进行调整，这就是社会主义的体制改革。于是世界历史进入全面调整的历史时期。我认为，很可能整个21世纪仍处在这个世界历史大调整时期。我认为，经过这个历史上的大调整，资本主义国家不再是原来那样的资本主义国家，社会主义国家不再是原来那样的社会主义国家，国际关系格局也不再是原来那样的格局。世界的变化将是非常巨大和深刻的。

还有一个从生产力或者说从产业结构的角度来看的时代。对于这个问题，国内外有不少议论。近些年来发轫于美国，提出了一个"知识经济时代"的概念。经过一番斟酌，我基本上接受这个提法，开始进行研究和思考。看来在21世纪的某个时期，世界有可能进入这个时代。

我认为当前主要的问题是对时代问题认真进行研究、开展讨论，这就是说，在提高和普及的问题上着重在提高，现在我们的研究太薄弱了。关于从生产力的角度提出的时代问题，目前的情况可以说只是简单地介绍外国人讲的话。虽然书出了不少，但都带有"急就章"的味道。内容不准确的地方不少，并且整个说来存在着杂乱和肤浅两方面的问题。至少从社会经济政治的角度来看的时代问题，以及从两个不同角度看的时代之间的关系，在我国可以说连必要的关注都缺乏。在研究得还很不够的情况下，要求人们做到最充分地适应自己的时代，是难以实现的。要把时代问题研究得很透彻是很不容易的。问题很复杂，研究这个问题的经验资料也不充分，因此需要用很大的力量、用比较多的时间来进行，而且一定会有不同意见的争鸣，不能认为在很短的时间内就可以解决，但同时我们也要看到，事情还有比较容易的一个方面，那就是我们可以在"大方向"问题上求得在大多数人那里取得共识，而把某些难以解决的问题保留下来作为长期研究讨论的题目，这也是我们常说的实行"求同存异"的方针。现在是要把这种初步的研究工作做好，我认为做好这样的工作，用不了特别长的时间。

在这里我想引用马克思给友人的一封信上所写的关于"通俗"问题的一段话。这一段讲的是有关他的《资本论》的问题。马克思在信中对友人说，他的《资本论》第一卷的最前面几章是很不通俗的，后面那些章比较容易读一些。可是只要科学的基础一奠定，通俗化也就比较容易了，现在我们所要做的工作便是为时代问题的观点奠定科学的基础，以后我们就可以在中国提出切合现实情况的主张，用相应的色彩和笔墨通俗地阐述这个题目，动员广大的经济工作者、文化工作者、社会工作者们有效地赶上时代步伐。

这篇文章，也可以视做对我国学术界的一个建议。我们要有鲜明、科学的 21 世纪的时代观，有新世纪感。讲 21 世纪，不是一般地讲未来 10 年、20 年或者 30 年、50 年。要这样来想问题，任何时候都可以做，而现在我们要有新世纪感，要有"最充分地适应进入新世纪后我们的时代"这种认识和实践。我希望对时代问题已经有了某些研究或者准备对这个问题进行研究的学者们在做了必要的准备之后，就时代问题发表演讲，写出文章，由某些学术团体召集一系列学术会议，展开一次"最充分地适应我们时代的问题"的讨论。这篇文章如果能起到一个引子的作用，我就会感到十分高兴了。

从聪明学的角度话改革和开放*

关于改革和开放的文章很多很多,但从聪明学的角度写的我还没有见到过。《方法》既然是一本专门讨论聪明和愚蠢的杂志,在这一期编辑部发表的《聪明的改革和改革中的聪明》、《后进赶先进的聪明学》等文章,表示特别欢迎从聪明学的角度来评价和完成改革和开放,我认为是非常必要的。

一、提出和积极推行改革和开放是大聪明的事

得来这个聪明实在不易。回过头来看看新中国成立后的30多年,我们做了许许多多聪明的事。如果不是这样,伟大的成就怎能取得?但是我们也确实做了许许多多愚蠢的事。"做了第一件蠢事之后,最好不要做第二件更大的蠢事",这本来是很明白的道理,但是恩格斯在1892年还这样提醒德国社会主义民主党,可见要做到这一点不那么容易。在十一届三中全会以前的长达20多年的日子里,已经看出体制上有严重弊端,可是我们却一直追求"一大二公",坚持旧体制,而且有的还在这上面再加上更不适合我国经济社会发展的东西。锁国政策的危害不难看出,但是当时有一种观点,仿佛和外国人来往多了,就会损害我国社会主义的纯洁性。人是有思

---

* 本文原载《一个哲学学派正在中国兴起》,江西科学技术出版社,1996年,第306~310页。

维器官的动物，而且发展到了可以接受理论指导的阶段，人是最聪明不过的。但是如果受到错误理论的政治观点的指导，听任它们的支配，反而更不容易纠正错误。新中国成立初期有一次听毛泽东同志作报告，他讲：猪碰了壁会回头，受错误观念支配，人碰了壁有时不肯回头，一直碰到头破血流还不肯回头，在聪明这一点上人反而不如猪。听了这话，我倒没有认为人受到了侮辱（我是人，我当然不愿意受侮辱），而觉得毛泽东同志讲了一个有益的哲理，给我留下了清晰的记忆。正在做蠢事的人是不会承认自己蠢的，但是在中国人做了一件最大的蠢事——进行了长达10年之久的"文化大革命"之后，惨重的损失教育了中国人民，大家学得了一种大聪明，那就是要把改革和开放当做总路线、总政策来认识，并用它来衡量一个人是否真正关心和积极参加建设我国伟大的社会主义事业。从我国历史中，从对社会进步的科学研究中，认识改革和开放是大大聪明的事，对于我们加深对改革和开放总路线、总政策的认识是有益的。

为什么改革和开放是大大聪明的事？回答这样的问题，说简单很简单，说复杂也相当复杂，说简单是因为我们的改革开放不是今天才开始，大家在实践中已经看到了改革的好处。讲一些大家都很熟悉的话，占用别人的时间，本身就是不聪明的事。说复杂，是因为在改革和开放提出来之后，人们看到的现象并不尽如人意，由于出现了一些问题，有人对改革就有点不放心。而要讲清楚那些道理，如讲清楚在物价、工资等方面大家都还有意见的问题，不是说明改革和开放本身有问题，它仍是大大聪明的事，那就不是简单地讲一篇话可以解决得了的。因此还要研究如何讲道理，研究如何说——更重要的是研究如何做。还有一些一般性的关于改革和开放是大大聪明的哲理性和科学性的道理要讲。比如，在改革的问题上提出要以是否有利于社会生产力的发展作为判断改革成败得失的标准，就一下子使许多怀疑改革、妨碍改革的东西受到相当的打击。在改革开放方面，马克思在《剩余价值论》一书中讲，"再生产"一个科学成果"所必要的时间和它原始生产的必要劳动时间是无法相比的"，这就是"引进比自己去发明人家已经发明的东西，社会进步的速度会快些"的一个很有说服力的道理。

二、要多想出些、多运用些聪明点子来做好改革开放的工作

因为改革开放是一件大大聪明的事,它需要一种强大的力量冲破阻力,为自身的贯彻开辟道路。但是事在人为,有或者没有更多的人来为改革和开放的事业去奋斗,改革开放的进程是不一样的。这里说的奋斗是多方面的,其中有一个方面就是去想出聪明点子和推广聪明点子。不付出大量劳动,改革和开放是不会有很好的进展的。韩愈有一句话:"业精于勤荒于嬉",我把"业精于勤"改为"业成于勤",把"业"扩大到整个社会事业。而"勤"与"劳"是分不开的,"勤劳"和"勇敢"又常常是连在一起的。为了把改革和开放的事业有力地推向前去,既要勤劳,又要勇敢,但是值此之时,还要学聪明、用聪明,收到事半功倍之效。《方法》第二期开辟了"出聪明点子"和"推广篇"的栏目,我认为如果这两个栏目办得好,对于改革和开放事业也会起一定的作用。有人也许这样想,改革需要规范化,只要少数人动脑筋,领导作出决定大家来办就是了,用不着大家来想。对于这个看法我有这样几点想法:在社会有分工,专门研究改革开放的、在同改革开放密切相关的岗位上工作的人,出聪明点子、推广聪明点子的事情当然要做得多些。但是我们要知道,并不是提出的每一个主张都会实行的,要根据各式各样不同的情况选择最好的办法去做,而要选择就要有可供选择的若干比较聪明的点子。想出的聪明点子越多,人们就越容易从中选择出符合实际情况的最好的点子。同时,主张提出后,更要大家来观察研究,提出各种改进意见。由此可见,要关心出聪明点子和把聪明点子推广出去这件事情,就需要更多的人、更多的推行改革开放的积极分子。我认为出主意和推广是有密切联系的。一项重要的改革措施——承包制,不仅它作为一个聪明的点子,需在被想出来之后才能推广,而且,①为了更好地推广承包制,要求进一步想出办法来完善它;②各式各样的情况需要有各种形式的承包制,也就需要在承包制上继续想出聪明点子;③为了能继续创造和挑选出最好的办法,就要求有更多的聪明点子被想出来,想出的聪明点子越多,就越能选出最好的形式,所以出点子是推广的前提。总之,只有在普及中才能知道如何

选择。只有普及了,在实践中取得好的效益,改革才能巩固、才能发展,想出来的聪明点子才有意义。所以我认为,有更多的人为《方法》杂志第二期开辟的"出聪明点子"和"推广篇"这两个栏目撰文对改革和开放也会大有裨益。

关于聪明学的几个问题*

聪明学是关于聪明和学聪明的一门学问。

一、什么是聪明

聪明是内在于人自身的、善于认识世界与从事社会实践的一种能力。

聪明是一种属于认识范围的现象,也是属于社会范围的现象。什么是聪明?应该既从认识论的角度,又从社会科学的角度来作出回答。

聪明有其客观的标准。

从认识论的角度来看,聪明与否要从是否能敏捷地、正确地、深入地掌握客观事物的本质来衡量。从社会科学的角度来看,聪明与否则会因价值观的不同而有不同的评价。

聪明与否,既有定性的问题,也有定量的问题,即存在聪明度。

二、聪明的对立面是愚蠢

聪明首先是个人的聪明。思维的器官,即大脑,是人的躯体的一个组成

---

* 本文原载《一个哲学学派正在中国兴起》,江西科学技术出版社,1996年,第324~331页。

部分。同时，由个人组成的集体，作为一个认识和社会实践的主体也有聪明和愚蠢的分别。

什么是聪明，这是一个复杂的问题。

深入研究这个问题，可以从以下一些工作着手。

1）查阅各国大型、中小型辞书中关于"聪明"的含义和与之相近的词汇的条目。这样做可以了解对聪明所作的规范化的解释已经达到怎样的水平。我在研究"土地"、"计划"、"统计"等问题时这么做了，感到对自己颇有帮助。在这篇文章里我不打算介绍查到的内容，也不打算评论，只是希望在方法上也能看到这方面的资料和评论。

2）阅读古今哲学家、思想家的著作，对有关论述进行介绍、归纳和发挥。这样的工作的重要性比前面讲的当然要高得多，难度也大得多，但值得在这上面多花些时间。哲学的主要内容之一就是研究聪明。哲学家们讲了许许多多精辟的关于什么是聪明的论述，应该努力把它们介绍出来，并且对这些论述进行系统的研究。我也希望哲学界的同志来做这个工作，在《方法》杂志上向读者介绍。

3）根据自己长期积累的知识（包括理论知识和历史知识、间接知识和自己亲身的体会）对"什么是聪明"这个问题进行深思，并且把思考后形成的看法与对现实生活中有关这方面问题的现象加以对照。这个做法对深化自己的认识也有很大的好处。

三、智 愚 观

对行为的评价，有善否、美否，与之相应就有道德观、艺术观。在这之外，人们还问这么做值得不值得，这样就有一个价值观的问题。近年来谈论价值观的文章逐渐多起来了。正确的价值观的树立是很有意义的。树立了正确的价值观，在评论人们做事究竟值得不值得时就有了正确的标准。对于自己，如果每做一件事先问一下这么做值得不值得，就不会糊里糊涂地干事，就会防止浪费自己的精力和时间去干对社会进步没有价值的事。现在我们提出建立智愚观，就是要求去评论人们的某一行为究竟是聪明还是愚蠢。对于自己，每做一件事，也要问一下这么做究竟是聪明还是愚蠢。如果我们这么做了，也就会防止出现不考虑是否聪明而糊里糊涂地做事的现象，防止去做蠢事。当然建立智愚观不但要求从聪明与否的角度来评价各种行为的明确而强烈的观念，而且也包括对聪明与否的正确认识，即要有正确的智愚观。由于智愚观的问题现在才提出来，还处在争取得到社会的公认的阶段，因此就要大力宣传。

我认为，如果在我们中国建立智愚观的工作收到了成效，在若干年后，将有千百万中国人能够经常明确地用聪明还是愚蠢的观点评价各种行为，我们的社会进步，包括改革和开放，就会得到不小的帮助。

四、学　聪　明

各人大脑的物质状况不一样，会影响人的聪明。这样的道理是应该承认的。但今天只能抽象地承认，因为科学直到现在还只是对未充分发育的大脑（如儿童的）、退化的大脑（老年人的）和病态的大脑与聪明的关系得出了确切的结论，而对正常的大脑物质状况的差异对人的聪明的影响还没能得出可靠的结论。同时，社会环境、自身的社会实践（包括学习的状况）对一个人的聪明的影响都十分明显。应该肯定，聪明可以学得而且应该努力去学聪明。这将肯定有重大的积极作用，它有助于克服某一些人消极的、自卑的心理，鼓励他们努力学聪明。

但是如果只是抽象地讲这样的道理，还不能使更多的人有充足的信心和决心去努力学聪明。有必要介绍许许多多学聪明成功的事例和经验，把道理讲得更具体、更生动、更丰富。一本专门讨论聪明和愚蠢的杂志是不够的，应该有更多的人做这样的工作。

应该说在世界上有许许多多聪明的社会实践，也可以看到听到许许多多聪明的话。所以说，如果有心，就可以随时随地学到聪明。这是学聪明的一个重要的方法，不过还要细心琢磨一下，这么做、这么说究竟聪明在什么地方。这里并没有什么神秘色彩，并不要求提高到很高的程度，关键是要努力去体会。

五、聪明学与方法论

学聪明可以说就是学方法。

如果我们能够从某一认识活动或社会实践的成功或失败经验中总结出一条或若干条方法，我们就学得了或少或多的聪明。

在这里，有一个从个别到特殊与一般，和从特殊与一般到个别的道理可以说一说。

某一认识活动和社会实践是个别，从这些个别的活动经验中学聪明，就是从中发现超出于只有个别意义的东西，即具有特殊或一般意义的东西，这种具有特殊或一般意义的东西就是方法。如果我们找不出这种超出于个别的方法，我们也就没有学到可以应用于其他活动的东西，就谈不上学到什么聪明了。所以我们提倡随时随地去琢磨个别事物中的特殊和一般。

但是在现实生活中，我们从事的只能是个别的活动。我认为，即使是从事对社会的进步提出具有一般性的指导方针或者在科学研究中发现一般性的客观规律这样的工作，仍然是个别的活动。从个别实践经验总结出来的方法只有重新应用到个别的实践活动中去取得成功，才有实际的意义。而这个成功与否又是对总结出来的方法的检验。

学聪明、用聪明、检验聪明、学方法、用方法、检验方法，是同一系列。聪明学与方法论在很大程度上是同一的东西。

这里讲的方法论是广义的，即"在各种活动中都有其方法论"这个意义下的"方法论"。哲学中讲的，有时指的是最一般的方法论。唯物主义辩证法是总结人类智慧最高的一种一般的方法论，也是关于聪明和方法的最一般的道理，学好唯物主义辩证法，对学聪明来说是最重要的一件事。

六、聪明与工具

人是制造和使用工具的动物，因而也就是最聪明的动物。在学聪明中有一个重要的方面就是制造和使用合用的工具。关于如何学聪明要说的话很多，在这篇文章中只想讲最重要的问题。聪明与工具的关系就是其中之一。

黑格尔在《历史哲学演讲录》中写了这样一段话："人为了自己的需要，通过实践和外部自然界发生关系；他借助自然界来满足自己的需要，征服自然界，同时起着中间人的作用。问题在于，自然界的对象是强有力的，它们进行种种反抗。为了征服它们，人在它们中间加进另外一些自然界的对象，这样，人就使自然界反对自然界本身，并为了达到这个目的而发明工具。"马克思在《资本论》中引用了黑格尔在《小逻辑》中讲的一段话，其中黑格尔把这称为人类理性的"狡智"。[①] 在这里讲的主要是生产实践。推而广之，人要善于动用的工具不只是自然物，甚至不只是物质工具，还可以包括精神工具。正如需要各式各样的物质工具适用于各式各样的目的一样，为了聪明地达到各式各样的目的也需要各式各样的精神工具。在聪明学中应该有重要的一章"工具篇"。

七、聪明与知识

这个"智"与"知"的关系，是聪明学中的又一个重要的问题。

这种关系有两个方面。

一方面是"知"对"智"的作用：知可以看做聪明地处理问题的精神工具，也可以看做聪明所产生的来源。

它之所以是前者，是因为只有掌握了必要的知识，聪明的思想、聪明的办法才能在实际生活中发挥作用。

它之所以是后者，是因为聪明是在知识的基础上运用知识形成的。聪明是知识在人自身内部的结晶。

因此，学聪明的一个努力方向是增长自己的知识。而且，不但要去积极掌握与自己想学的聪明密切相关的知识，有些看来似乎与想学的聪明没有什么关系的知识，有时也可以启发自己的智慧，具有触类旁通的作用。

还有一个方面是"智"对"知"的作用，那就是求知也要靠聪明。用聪明的办法去求知，同用愚蠢的办法去求知，收到的效果是很不相同的。今天，流行用死记硬背的办法来增进知识，除了对学外国语这样的事情有一些

[①] 参见拙作《哲学论文、演讲和笔记》，人民出版社出版，第348、349页，在那里我引述了黑格尔、马克思、列宁的论述，并发表了自己的一些感想。

用处外，恐怕很难说是聪明的办法。甚至在学哲学这个讲聪明的学问时也常常采用不那么聪明的办法。

因此，在学聪明这件事情中，应该包括在增进知识中学聪明。

从两个方面来解决"智"与"知"的关系，就可以使两者处于良性的循环之中。

八、学聪明的模式

目的不同，学聪明的路子也就不会一样。

对一个建立起智愚观的人来说，每做一件事都要考虑是聪明还是愚蠢。但是社会实践还是可以分类的，因此可以分类研究学聪明的模式。比方说，由于社会主义经济仍然是一种商品经济——社会主义商品经济，社会主义生产企业的目的就是要在满足社会需要的同时取得自身的经济效益。因此企业经营者要学的聪明就是：①要生产出社会所需要的（也就是市场所需要的）、在数量上适当、在质量上受到欢迎、竞争能力强、可以取得比较好的经济效益的产品；②要能很好地为自己的产品开拓市场，在市场上建立起本企业产品的信誉，同顾客建立起密切的联系。在这样的要求下又有一个更具体层次的要学聪明的问题，如怎样解决原料问题、怎样改进技术设备和工艺、怎样降低成本、怎样改善企业的管理、怎样及时和正确地掌握市场信息等。可是同样是经济工作，对一个乡、一个县的经济管理机关来说，学聪明要解决的问题就不一样了，学聪明的路子也就不一样了。比如，他们要考虑到如何发挥自己所拥有的经济资源和自然资源的作用，如何从地区外争取到本地区所需要的各种力量的援助，如何正确地实施本地区发展的战略和规划，如何保持和改进本地区的生态平衡。这就需要另外一个学聪明的模式。不同的学聪明的模式，要求运用不同科学部门的知识，因为我们讲的学聪明是一件具体的活动，所以学聪明模式的问题是应该注意研究的。

九、聪明人要做笨事，学聪明要下笨功夫

这里说的两个"笨"，含义并不相同。

前一个"笨",是不顾个人利害得失,坚持原则,其实这是一个人立身处世的大聪明。

后一个"笨",指的是踏踏实实,不怕花时间,不怕耗费精力。

但是,这两个"笨"有一个相同的对立面——"取巧"。中国的语汇中,"巧"是一个褒义词,而"取巧"是个贬义词,现在我们用的就是这个贬义词。"笨"通常是贬义词,可是在这里同"取巧"一对立就成为褒义词了。

不做这样的笨人,不下这样的笨工夫,是办不成什么事情的。

什么是聪明*
——聪明学中的一个基本问题

大家知道,在哲学中有一个"什么是真理"的问题,对这个问题有各式各样的回答:"真理就是符合客观实际的认识"、"真理就是有用的认识"、"真理就是在逻辑上能够自圆其说的认识"、"真理就是表达出来很美的认识"……对"什么是真理"各种回答的差别,有些是不带根本原则性质的,有些则属于原则上的分歧。哲学家们对这个问题的不同回答,使他们分属于不同的学派。当然各个不同的哲学学派都有其追随者。"什么是真理"是哲学中一个基本的问题。对"什么是善"、"什么是美"这样的问题我们也可以说类似的话。它们是"伦理学"、"美学"中的基本问题。现在我们讲的"什么是聪明"也可以说是"聪明学"中的基本问题。在"聪明学"这门学问发展起来之后,对这个问题的不同回答,也会使"聪明学"的研究者形成不同的学派。

对"什么是聪明"这个问题,我的看法是,它首先指人们在从事某一社会实践活动时的聪明。人们的天赋与长期学习和工作中形成的品质,就是以社会实践中的聪明为基础的。一个聪明人或者一个聪明的集体,他们所从事的社会实践经常是聪明的,当然并不排除有时也会做蠢事。但是他们蠢事做得少,聪明事做得多,所以应该承认他们是聪明的人或聪明的集体。

---

* 本文原载《聪明89》,沈阳出版社,2004年,第11~14页。

对"什么是聪明"和对"某一社会实践是否聪明"这两个问题的回答也是密切联系的。前一个问题要求作出一般性的回答，后一个问题则要求作出具体的回答。一般性的回答是从具体的回答中概括出来的。对"什么是聪明"这个问题的回答中的道理就存在于对一个一个的社会实践究竟是否聪明这些问题的回答的道理之中。后者也是前者的基础。

对于某一社会实践是否聪明的问题，我认为总是要由它带来的效益作出判断。"效益"这个概念不同于"效果"，而"效果"这个概念又不同于"结果"。"结果"可以同社会实践无关。天然的自然界也有"原因"和"结果"这一对辩证法范畴，它们就是同人类的社会实践无关的。而"效果"这个概念指的是社会实践的结果，而且既然称之为"效果"，总是同某种目的性相联系的。但是"效果"这个概念可以是积极的，也可以是消极的。只有积极的效果我们才可以称之为效益。

说到社会实践带来的效益，又可以从主体和客体两方面来讲。

从主体方面来讲，任何效益总是某个认识和实践主体的效益，它是因主体之异而异的。即对某个主体来说是效益，对另外一个主体来说未必是效益；对某个主体来说是效益大的，对另一个主体来说未必就大。社会上有众多的这样的主体，这种情况决定了对同一社会实践是否聪明和其聪明度会有众多的评价。进一步说，社会上众多的主体是可以归纳为若干类型、划分为若干层次的，因此，对同一社会实践聪明与否和聪明度大小的评价也可以归纳为若干类型、若干层次。

这些都是客观上存在的情况，应该客观地对之进行考察，在聪明学的建设中大家来做一番细致深入的调查研究工作，对社会主义实践中有关聪明与否和聪明度的问题进行大量的观察，对观察到的东西进行分析评论，然后进行系统的整理和概括。聪明学研究，不但要求在理论上深入，而且要求有极为丰富的内容。

在这里我还想讲一下这个道理：不同的主体因为其地位的不同会有一种倾向，强调能给自己带来最好效益的社会实践是最聪明的，这种倾向也是在"什么是聪明"这个问题上发生分歧的原因。比如，我是个社会主义者，我就强调全社会的效益和社会主义社会各当事者的效益应该取得很好的协调，我主张社会主义社会中的各当事者一定要关心全社会的效益，不要将自身的效益和全社会的效益对立起来，我的这个倾向同非社会主义者的倾向就不一样。

从客体上讲，任何社会实践都会产生某种效果，这种效果（它们的效益）究竟是积极的还是消极的，如果这种效果是积极的，积极的程度（效益的大小）又是怎样，对于这样的问题客观的结论应该只有一个，但是人们的看法却可以不一样。这是不同的人有不同的理论观念、理论修养，不同的人有不同的思想方法的缘故。

对某一社会实践是否聪明和其聪明度的不同看法，不只是由于社会实践主体的不同。对于同一个主体，某一社会实践究竟是聪明的还是愚蠢的，或者它的聪明度有多高，人们的看法也不总是一致的。这种不一致来源于对这个主体的利益所在的看法的不一致。应该承认，即使是对从事这一社会实践的主体来说，自己的利益所在也不总是看得很清楚的。比如说，某些人做某些事自己以为很聪明，以为这么做了可以给自己带来很大的效益，其实并非如此，反而给自己带来很大的损失。自以为得计，结果却非常失策。世界上自以为聪明而其实极其愚蠢的人实在太多了。偏见和非理性的行为，常常是导致愚蠢的原因。

从同一个主体所看的某一社会实践究竟聪明与否、聪明度大小的问题应该说是比较简单的。在这里，认识符合客观实际，对于使得自己的社会实践能够带来比较好的效益是起决定作用的。这样"聪明"和"认识正确"两者是结合在一起的，或者说聪明、认识正确、效益联结在一起了。为了尽可能少做蠢事，一个带普遍性的问题就是必须强调对具体事物作具体分析。用列宁的话说，这一条是"马克思主义的精髓和活的灵魂"，不实行这一条就不能真正了解自己的利益所在。当然，不了解自己的利益所在也还有其他原因，对于这种原因也要作具体分析。

聪明学是一门怎样的学问和它的学科建设*

一、聪明学是一门怎样的学问

研究"聪明"和"学聪明"的学问就是"聪明学"。这句话也算是对聪明学是一门怎样的学问这个问题的回答。但是这么回答是远远不够的,还需要讲清楚它在整个科学体系的地位和特点。在这里首先要回答一个问题,这个学科属于哪一个大科学部门。我们知道,大的科学部门可以分做自然科学、社会科学、哲学和数学。我一向不赞成把哲学归属于社会科学,也不赞成把数学归属于自然科学。1954年中国科学院成立各学部时,我坚持设立"哲学社会科学学部"。我认为,聪明既然同时是社会现象和认识现象,对聪明的研究也就必然同时归属于社会科学和哲学。我认为,要明确聪明学是社会科学中的一个学科。在《方法》创刊后的第二期就发表了这样一篇文章。

(一)谈谈作为社会科学的聪明学

对聪明,可以从认识科学和社会科学两个角度进行研究。因此,聪明学

---

* 本文原载《一个哲学学派正在中国兴起》,江西科学技术出版社,1996年,第343~366页。

既是认识科学的一部分，也是社会科学的一部分。

作为社会科学的聪明学，是从社会角度来看聪明的，它研究聪明的社会规定性；研究聪明在社会生活和社会发展中起着怎样的作用、具有怎样的意义；研究怎样学得立身处世和善于对社会进步作出贡献的聪明。作为社会科学的聪明学，既要研究聪明的客观方面，也要研究聪明的主观方面。

从社会的角度看聪明，就有一个立场问题，有一个聪明用在什么地方的问题，有一个聪明的社会内容问题。一心为私、不顾人民利益的人的聪明，就不是我们要的聪明。由于人的目的不同，对抱一种宗旨的人来说是聪明，对抱另外一种宗旨的人来说就不是，甚至是十分厌恶的东西。比如，上面所说的那种人会把损公肥私的聪明看做自己的一种本领，而我们则对之深恶痛绝。我们今天所要的是一个社会主义建设者的聪明。

我们要探讨的聪明问题包括"大聪明"、褒义的"小聪明"、贬义的"小聪明"、"真聪明"及"自以为聪明而实际上并不聪明"，等等。

在现代社会中，事实上总存在一个对社会生活、社会发展起着引导作用或领导作用的组织和机构。在我们的国家中，这就是中国共产党和它的主要机关。他们的聪明智慧所起的重大作用，我想是用不着多讲的。在这里我特别想要提出的是广大干部、广大职工乃至整个民族聪明程度的伟大作用，这是因为历史归根到底是群众创造的。生产实践及各方面的社会实践的主体是群众，因此，一个民族的聪明程度对社会生活和社会发展起着基本的作用。同时，领导集团是从社会上选拔出来的，整个民族的聪明程度是领导集团聪明程度的基础。人民群众、先进分子和领导人物在历史上的作用是历史唯物主义曾经展开研究讨论过，并且得到了基本解决的问题。现在我们讨论的问题的基本回答，也包括在那个问题的讨论结论之中。

由于社会生活的复杂性，各个人在社会中所处的地位有相同的地方，也有不同的地方，所以各个人在学聪明中要做的事也就有相同的方面，即大家都要学习"大聪明"，同时又要各自按照自己的具体状况有重点地学习不同的聪明。在学"大聪明"这个共同的事情上，对高级的领导工作者、马克思主义理论研究工作者和教育工作者与对一般的技术工作者和直接生产劳动者来说，也不会有相同的要求。至于各个人在不同的工作岗位上需要重点学习的聪明，则与《方法》第一期上发表的拙作《关于聪明学的几个问题》中谈到的"学聪明模式"直接有关。

对作为社会科学的聪明学要展开研究的问题很多，内容也很多。下面这篇短文只是简要提出了其中一些问题，作为进一步研究这个问题的引论。

这篇文章写得很简单，的确如文章末尾所说的那样，对要研究的许多问题都没有涉及。例如，社会科学的子学科非常之多，经济科学、政治和法科学、社会学都是很大的学术领域，它同这些广阔的科学部门关系如何，以及聪明学作为一门社会科学，它的地位和特点又怎样，在这篇文章中都来不及讨论。同时很明显我们又不能说聪明学完全是社会科学的一个学科。聪明学既然同时又是哲学的一个学科，就必然会有一些研究领域不属于社会科学的范围。当然也不能说聪明学完全是哲学的一个学科。在1989年我写了这样一篇文章。

（二）聪明学与哲学

有一种说法，哲学就是研究聪明、使人聪明的学问。也可以说，哲学就是聪明学。因此没有必要去谈论另外建立与哲学不同的聪明学这样一门学问。在讲聪明学时，对这个说法，是必须讨论清楚的。

我认为这个说法有对的地方，但又不尽然。为什么说这个说法有对的地方呢？那是因为：①哲学的确有一个任务——甚至有一个中心任务，要去讲怎样看问题才是聪明的，要起使人聪明的作用。但是哲学又是多种多样的，有科学的哲学，有反科学的哲学，有讲理性的哲学，有反理性的哲学。哲学和宗教的关系、政治的关系、社会进步的关系多种多样，哲学和聪明的关系也多种多样。有一些哲学或者说这些哲学中的某些论述的确在研究和聪明有关的问题，目的在于使人聪明，客观地讲，也的确有能使人聪明的作用。但是也有另外一些哲学或者另外一些哲学论述，只会把人们引入迷途，起着引导人们去做蠢事的作用。而且就是这样的哲学，也还是有讲聪明，有使人聪明的外表，否则就不成其为哲学了。一般地说，哲学中总有使人聪明的内容，越是高明的哲学，它包括的使人聪明的内容越多。②聪明学的确有一个重要的组成部分，即探索聪明学中有关的哲学问题。聪明学是一门哲理性很强的学科，在研究聪明学时会遇到许多哲学问题，同时在聪明地思考、聪明地实践中，许多哲学原理、哲学知识对此也都很有好处。哲学上讨论的许多方法论，也就是聪明学中关于聪明地思考、聪明地实践的方法。因此，不论从哲学方面来说还是从聪明学方面来说，这两门学问都有共同的地方，哲学和聪明学是分不开的。

为什么我又认为那个说法"又不尽然"呢？那是因为哲学和聪明学各有自己的外延，它们终究是不同的概念。

就哲学的外延来说，比方说，它包括探讨宇宙的本体（本体论）这样一个非常重要的组成部分。提出宇宙本体问题，把这方面问题讨论得深刻，讨论得比较清楚，对于一个人变得更聪明些，当然可以起到积极的作用。关于宇宙的物质性的讨论，都可以起这样的作用，但是总不能说关于时间空间是有限性还是无限性的讨论属于研究聪明，或目的是使人聪明的范围。这些研究是为了弄清楚关于宇宙本体的大道理。所以哲学的外延中应该说包括聪明学外延中没有的东西。

就聪明学的外延来说，比方说，它包括探讨在各种类型的工作和生活中如何聪明地行事的问题。这种研究虽然属于方法论的范围，但这种研究所考察的是具体对象中的问题，不属于哲学。如果我们把聪明术也列入聪明学的范围，那么聪明学的外延与哲学的外延的差别也就更大了。

根据上面所说，哲学与聪明学可以视做互相交叉的学科，不过在这里的交叉不是地位平等的两门学科的交叉。

> 所谓哲学和聪明学"不是地位平等的两门学科的交叉"，就是可以把聪明学视做哲学的一个部门，只是在画哲学和聪明学两个学科外延的示意图时聪明学不完全在哲学这个大圈圈之内罢了。既是认识现象又是社会现象的现象，不只是有聪明一个，对这种现象的研究的学问也不只是有聪明学一门。创造学、教育学等也是这样的学科，而聪明学同它们的关系又正好很密切，于是我连续写了《聪明学与创造学》、《聪明学与教育学》。

（三）聪明学和创造学

1) 姊妹科学。这两个新学科很接近。它们各自的对象——聪明和创造有着密切的联系。不仅如此，它们的建立也是属于同一类型的。聪明和创造，都是在人们的工作和生活中常常会遇到的。想问题、做事聪明不聪明，有创造性还是没有创造性，当然对一个人的工作和生活发生不小的影响。由于整个社会生活是有血有肉的无数个人的活动的总和，因此从整个社会来说，聪明和创造的问题也非常重要。同时不论聪明还是创造，涉及的面都很宽广，几乎说不上什么活动领域同它们没有关系，而且它们涉及的问题又非常复杂。所以关于聪明和创造都有许多的事情值得注意、值得研究，因而建立这两个新学科成为很有意义的事。一个对社会生活很重要而本身又庞大和复杂的对象，对它进行包括基础研究在内的全面和系统的研究，就是建立一个新学科。建立新学科没有什么神秘的，问题是选择的对象究竟对社会生活是不是真的那么重要，它究竟有没有这么多的内容需要研究。聪明和创造可以成为新学科建立的对象，选择它们建立聪明学和创造学，本身既是一件聪明的事，也是一个创造。

2) 从基本概念到具体应用。这两个新学科有一个相同的地方，那就是它们的建立首先都需要把它们的对象的基本概念考究清楚，作为建立新学科的依据。有这样的情况，一个很重要的概念人们常常使用，但是一经推敲会发现它们是未曾经过研究的概念，因而词义不明确、不深刻。编辞书之所以是一种创造性很强的工作，原因之一就是要认真地做深入研究这些概念的工作。聪明和创造既然作为两门新学科的对象被研究，第一件要做的事当然是要把它们的基本概念搞清楚。当然，这样的工作只是建立这两个新学科的起始，需要一层一层地深入研究，一层一层地去解剖，一直到应用技术乃至技巧。这是聪明学、创造学这种类型的学科的特点，具备了这种特点，这两个新学科才能吸引人，才能在多方面给人们以帮助。我把学问分为两部分，一是以发现客观规律为任务的基础科学，一是以发明工具和技术为任务的应用技术。我说的科学既包括"硬科学"也包括"软科学"，我说的技术既包括"硬技术"也包括"软技术"。"聪明学"和"创造学"既包括"软科学"也包括"软技术"。软技术包括社会技术和思维技术。

3）创造——学聪明的结果。对探求事物的客观规律，我们说"发现"。对新工具和新技术，我们说"发明"。不论发现还是发明——或者那些说"发明"似乎过分了一点的发现和发明，都是"创造"。凡是创造，都是超出常规、超出已有事物的行为。一位外国教授从他在好几个国家传授思考技术的情况中得出结论说，许多"智商"高的人在创造方面却是很差劲的。创造的能力是可以培养出来的。创造性的提高和创造成果的取得常常是学聪明的结果，而学聪明不是无规律可循的。为了有效地学聪明就要懂得如何才能学得聪明的道理，其中包括懂得对那些妨碍自己学聪明的东西注意防卫。这样的东西是很多的，如盲目地相信各式各样的权威、接受流行的观点、惰于思考、对发生在自己周围的事物不注意仔细观察，尤其不去留意有些什么新的东西等。凡是妨碍自己学聪明的东西也就都是妨碍提高自己的创造能力的东西。同时，创造是自己学得的聪明的试验场所和在实践中学聪明和巩固自己学得的聪明的活动领域。

4）创造的社会条件。创造是一个人主观能动作用的发挥。创造既是人的一种能力，也是这种能力的发挥。创造能力的发挥靠内在的动力——对创造有一个明确的、强烈的社会目的性。比如，我们有把我国建设成为社会主义的伟大强国的目的，这种目的就驱使我们动脑筋去从事达到这个目的的创造。这种目的性可以是全局性的也可以是比较具体的。创造的动机也就可以是一般的和定向的。创造能力的发挥常常也需要一定的物质条件，如从事某种硬科学硬技术的创造有时就需要有实验的条件，就是从事某种软科学软技术的创造又何尝不需要一定的物质条件，而这些条件的取得又往往不是个人力所能及的。物质条件常常就是社会条件中的一种。从事创造还常常需要其他的社会条件，如需要一个集体来共同创造，需要社会肯定这种创造活动，使这种活动的成果在社会实践中得到应用等，后者可以视做对创造最大的鼓励。可是这样的社会条件往往不是现成的，而是要靠自己去争取。有时还可能遇到有意的阻碍乃至破坏创造的力量，这就要求本人的坚持和积极奋斗。总之，为了创造需要去创造对自己有利的社会。创造学和聪明学都包括一个分支，即作为社会科学的聪明学和创造学。

5）挡不住创造者前进的步伐。创造同社会进步在某种意义上可以看做同义语。社会的前进趋势是任何力量阻挡不住的,创造也是任何力量阻挡不住的。社会越向前进,创造的意义越高。创造万岁,而从事创造则是人最大的一种乐趣,创造为乐。创造问题的关键还是在勇于创造、善于创造,不能勇于创造,就失去了创造的力量,就谈不上创造,而为了在创造过程中有所发现,有所发明,创造者要学得关于创造的聪明,不论对创造本身还是对为创造创立最好的条件,都要去寻找最好的方法。

(四) 聪明学和教育学

聪明学是我们正在提倡,也可以说刚刚开展提倡要去建立和发展的一门学问。在我国(也可以说在全世界),至今没有开过一次聪明学的学术讨论会,没有成立一个"聪明学研究会",没有一个"聪明学研究所",没有一部聪明学的专著和教科书,没有一所大学开设聪明学的课程。现在在中国,只有一家专门评论聪明和愚蠢的杂志——《方法》。聪明学就是这家杂志倡导的。《方法》创刊至今已有一年的历史。经过一年的努力,"聪明学"开始有人知道了,有人研究了;但是,应该承认,研究得还很少,讨论得还很少。这种现象当然是很容易理解的,这是一门新学科嘛!

可是,另一门与聪明学相邻、性质上类似的学问——教育学,则是一门历史很久的学问了。讲教育思想、教育原理、教育哲学的著作,在我国,可以追溯到春秋时代;在西方,则可追溯到古希腊、罗马。即使是与近代学校制度相联系的近代教育学的研究,也有几百年的历史了。

在我国,教育学既有学会,也有研究所,有众多的学校,包括专门培养师资的高等学校和许多设有教育学课程的学校,我国有众多的教育学专家,有丰富的教育经验。在教育这个领域里,也存在着许许多多的问题,但是存在这样一种现象:教育学的研究和讨论很不活跃。可以调查一下,看看教育学界全国一年开多少次教育学方面的学术讨论会,发表多少篇教育学方面的论文,学者提出多少关于教育改革、发展教育事业的建议,其中被采纳或被部分采纳的又有多少。调查的结果会告诉我们比经济学方面不知少多少。我当然不会要求教育学的研究和讨论要达到与经济学的研究和讨论同样的程度,经济建设是中心,经济学的研究和讨论理所当然地会比教育学的研究和讨论要多得多。但是，党的"十三大"把教育与科学视为与农业、能源和交通并列的重点；对教育和科学的体制改革，党中央也作了专门的决议。这些年，对教育学的研究和讨论及教育工作的状况，社会上，特别是知识分子和他们的代表们意见之大，也达到了必须给予高度重视的程度。与这些情况相比，这些年对教育学的研究和讨论，不论在数量上，还是在提出问题与发表见解的分量上，都太不足了。这就不能不说是一种难以理解的现象了。

应该遵循怎样的教育学来指导我们的教育工作，是我国教育领域中一个必须探索解决的问题。我提出这个问题，不是说我国只该有一个统一的教育思想作为国家的指导思想。如果这样要求，既不现实，而且有害。我认为在教育学的领域里，应该实行百家争鸣、百花齐放的方针，鼓励教育学家们按照自己的观点参加有关教育学、教育指导思想的讨论和从事教育事业的实践。在教育实践中，我主张多样化。只有多样化，才能适应多种不同的需要，也只有这样，才能更好地发挥教育工作者和社会各界在发展社会主义教育事业上的积极性。但是，我还是认为整个国家总应该在百家争鸣、百花齐放中，开展有关教育学、教育思想的讨论，把各种不同的教育思想明白地讲出来，让大家来讨论、评论。只有允许开展自由讨论，既允许总结过去成功的经验，也允许总结过去阻碍教育事业发展的种种教训，特别是允许对教育改革提出各种不同的意见，同时又勇于革新，勇于在实践中探索，才能不断提高我国教育学的研究水平和教育工作的实际效果。我认为，在我国不可能也不应该只有一个统一的教育思想作为国家的指导思想，但是我国一定要有较现在水平显著提高的教育思想来指导我们的工作。

聪明学和教育学是两门性质很相近的学科。聪明学是以显示人的智慧为对象进行系统研究的学科。提高人的智慧，当然是为了更好地掌握知识，更好地掌握事物发展的规律。教育学是以教育这种培养人的社会活动为研究对象，揭示教育规律，用以指导教育实践的一门学科。聪明学与教育学两者之间存在着密切的关系。提高人的智慧，要进行教育，要掌握教育学的原理和丰富的知识。为了做好教育工作，为了使教育工作能适应我国发展生产力的需要，也要讲求聪明学，采用聪明的方法，而活跃教育领域中的争鸣的气氛，又是开拓思路、启迪聪明的必要途径。同时，教育学可以分为"作为社会现象学的教育学"和"作为现象学的教育学"。这两个学科也应视做姊妹学科。两者的关系十分密切。

我写这篇文章的目的，就是希望研究聪明学的人能够重视采用教育的手段，发展人的聪明才智；同时也希望研究教育学的人能增加一个聪明学的视角，使教育能发挥更大的社会效用，促进我国四个现代化建设的发展。

交叉学科、边缘学科这样的名词早就有了，我也常用。在研究"聪明学"性质的时候，我发明了"横向科学"这个名词。这是我写的《再来说说聪明的对象和它作为横向科学的性质》的后半篇。

（五）聪明学具有横向科学的性质

对这个问题我想用一句话来表示，那就是聪明学是一门"横向科学"。

"横向科学"是我作出的一个概括。与横向科学相对的是纵向科学，我认为，不但一切基础的自然科学、社会科学是纵向科学，就是边缘科学也是纵向科学。基础科学在自然科学的范围内，指的是以自然界各式各样的物质和运动形式作为对象分门别类建立起来的诸科学部门，如物理学、化学、生物学等。基础科学在社会科学的范围内，指的是根据社会生产、经济基础和上层建筑的各个领域分门别类建立起来的诸科学部门，如经济学、政治学、法学。科学部门可以在整个科学体系中用纵向的若干平行线来表示。在其中许多条平行线的边缘就是人们说的边缘科学，它们也属于纵向科学。

除了纵向科学外，还有人们常说的交叉科学。交叉科学是大量的。事物之间存在着联系，决定了交叉科学是大量的。我认为，平常人们视作自然科学的医学、农学和各类工程科学，其实都是自然科学与社会科学的交叉科学。医学的对象是人体，现在的人体就不是天然的自然物，它是人类社会进步的产物。而且不只是人体，就是疾病乃至作为病源的微生物，也都是社会的产物。因此，医学不是单纯的自然科学，而是自然与社会科学的交叉科学。关于农学（包括畜牧业的微生物培养业），我们可以看到它的对象——农作物和饲养动物，都不是天然的自然物，它们都是人参与的以人的活动为主体的自然过程。因此，农学也不能视作单纯的自然科学，而是自然科学与社会科学的交叉科学。至于工业，更是人类社会独有的现象，在天然的自然界是根本不存在的。在天然的自然界永远不能产生哪怕只是一把最简单的石斧，更不要说什么机器了。

平常的人们视作纯粹社会科学的一些科学部门，如经济科学中的某些部门，如生产力经济学、技术经济学就是与自然科学交叉的部门。交叉科学不是纵向科学，它的形象不是与纵向科学平行的，而是偏斜的、许多与纵向科学相交叉的线。

一般的交叉科学还不是我在这里讲的横向科学。近代科学的发展出现一种新的趋势，那就是产生这样一些科学部门，它几乎同所有的基础科学部门、许许多多的边缘科学及别的交叉科学部门发生关系，因而它的形象是贯穿各纵向科学部门的一条横向的线。聪明学就是这样的部门。一个人的聪明有它的生理的基础，因此聪明学就包括自然科学和实质上是交叉科学的医学。同时聪明是一种社会现象，在聪明学中当然包括社会科学的研究。聪明学又可以包括对聪明的哲学研究，它同哲学有许多共同的内容。聪明学与心理学是不能分开的，而心理学本身就是自然科学、社会科学与哲学的交叉科学，聪明学具有横向科学的特点，我认为是很明显的。就这一点来说，教育学、创造学等同聪明学有许多相似之处。关于聪明学与创造学是姊妹科学，我在《聪明学与创造学》[①]一文中谈了一些看法；关于聪明学和教育学，我在《方法》1988年第5期中也讲了一点看法，但都语焉不详，我希望在将要召开的"聪明学研讨会"上，聪明学作为一门横向科学的特点，能够得到必要的阐发。

在研究聪明学是一门怎样的学问时，我还提出了一个"聪明学与愚蠢学"的问题。在这篇文章中，我不是把聪明学与愚蠢学当做两个学科去讨论它们之间的关系问题，因为两者本来就是一回事。聪明和愚蠢互为对立。聪明学和愚蠢学研究的都是聪明还是愚蠢的问题。但是聪明学和愚蠢学这两个名词所侧重的角度不同，它们给人们的印象也不同。

（六）聪明学和愚蠢学

我认为建立和发展一个科学学科是一件严肃认真的事，但也不是一件神

---

① 见《方法》，1988年第1期。

秘的事。我对某一科学学科下了这样一个定义："某某学"就是以某某为对象的包括基础研究在内的全面的系统的科学研究。以"聪明"为对象的包括基础研究在内的系统的科学研究，就是"聪明学"。我希望有志于建立和发展"聪明学"的人，能够多花一些气力去从事这样的研究。我相信《方法》这样一本"专门评论聪明和愚蠢的杂志"，对于为建立"聪明学"而积累实践经验资料和思想理论资料，更广泛地开展有关"聪明学"的讨论将起到重要作用。同时，我也认为，聪明的对立物"愚蠢"也可以成为进行包括基础研究在内的全面的系统的科学研究的对象。这就是说，建立和发展一门"愚蠢学"，也完全是可能的。

当然，聪明与愚蠢是一个事物的两个侧面，是对立统一的两极。讲"聪明"离不开"愚蠢"，讲"愚蠢"也离不开"聪明"。因此"聪明学"和"愚蠢学"可以看做也应该看做一门学问。《方法》就不是只评论聪明而不评论愚蠢或者只评论愚蠢而不评论聪明的杂志。在全面地研究聪明时不能不同时研究愚蠢，全面地研究愚蠢就要研究聪明。但这不是说，"愚蠢学"这门学问不能成立。在能否成为一门学问这一点上，"聪明学"与"愚蠢学"拥有同等的权利，即"聪明学"如果能够成立，"愚蠢学"也能够成立。上面说的只是两者可以看做一门学问，而不是相互独立的科学学科罢了。

"聪明学"和"愚蠢学"可以看做一门学问，并不是说只能要一个名词，不要另外一个名词，因为讲聪明学和讲愚蠢学各有侧重。如果我们把聪明学看做侧重研究聪明的学问，我们就可以把愚蠢学看做侧重研究愚蠢的一门学问，专门研究愚蠢的表现、愚蠢的根据，专门研究针对愚蠢的原因去防止干愚蠢的事，以及人们应该注意些什么等。有时候从愚蠢，即聪明的反面这个高度来展开，可以收到比仅仅从正面去讲聪明更多的效果，给人以更深的印象。

对愚蠢进行包括基础研究在内的全面系统的科学研究，过去做得并不多。我也只是在这篇文章中提出这个问题，没有来得及作仔细的研究，一个有生理缺陷的人干愚蠢的事，不在这里研究。一个生理上完全健康的人，仍然常常干出愚蠢的事的原因何在呢？对这个问题可以作一般的原则性的回答，比方说我们可以指出这是由于思想方法上的毛病，可受到认识以外其他因素的干扰，如因贪图过分的利益（这就是所谓利令智昏）或者因某种恐惧，那就是吓昏了、吓傻了，也可以因为盲目信任崇拜、受骗上当等。在美与丑的问题上，大家知道有"美学"，但也存在"丑学"，也有"丑学"著作。"美学"和"丑学"也可以和应该是同一门学问，但这并不妨碍"丑学"的存在和它的意义。不过我在这里还是想讲一句，当我们要用一个名称来表示研究美与丑的学问时，我主张使用"美学"这个词儿，同时，当我们要用一个名称来表示研究聪明与愚蠢的学问时，我也是主张使用"聪明学"这个词儿，这样"丑学"与"愚蠢学"就有"美学"与"聪明学"一个分支的意义了。

在这期《方法》上，发表了几篇评智论愚的文章。这些文章的发表可以为建立和发展聪明学和愚蠢学提供经验资料和思想资料。在人的一生中，免不了要受许多次骗，上许多次当，受骗上当的行为无论从什么意义上说都不可能是一种聪明的行为，受骗上当之后又不肯承认受骗上当，更不是一种聪明的行为。这种情况在对待所谓人体特异功能这种反科学宣传的问题上表现得最为突出。因此我认为，在提倡聪明和聪明学的同时，专门讨论一下愚蠢和愚蠢学是很有必要的。

我还写了篇《聪明学与聪明术》，讲了两者间的关系。

（七）聪明学与聪明术

系统地研究聪明和学聪明的学问叫做聪明学。具体地处理一件一件事情的本领，叫做聪明术。在中国，很早就有"学"和"术"两个字。这两个字有时被连在一起用。对较为专门的学问，我常称之为"学术"，而"不学无术"指的就是那种知识浅薄的状况。有时这两个词被分开来使用，"学"就是学问，"术"就是技巧、技艺，如武术、医术。现在我们就是按照上面说的那个定义，分开来使用聪明学和聪明术这两个词的。

聪明学和聪明术是密切相关的。学了聪明学，懂得比较多的关于聪明和学聪明的道理，就会在对待一件一件的事情上表现出来，变得能够更聪明地去处理这些事情。同时，关于聪明和学聪明的道理不是凭空产生的，它要依靠人们的社会实践。愚蠢的实践，固然是学聪明的一种材料来源；聪明的实践，当然更是学聪明的材料来源。不论是愚蠢的实践还是聪明，都是聪明学内容得以丰富和发展的源泉。进一步讲，有些从事聪明的实践的人，应该说是掌握了某种聪明术的人。这样，聪明学又以聪明术为基础了。在这里我认为还需要指出一点，对聪明进行系统的研究，本身就属于聪明学的范围，这种研究是聪明学中的一个重要组成部分。比如，这篇讨论聪明学和聪明术的含义和它们的相互关系的文章，也就属于聪明学探讨的范围。

但是，聪明学和聪明术终究不是一个东西。

聪明学既然是一门学问，它就要求人们用对待学问那样的态度来对待自己——那就是要求人们去研究自己、理解自己、发展自己，更深刻、更全面地去发现关于聪明和学聪明的客观规律。

聪明术既然是一种技艺、技巧，就要求人们用对待技艺、技巧那样的态度来对待自己——那就是要求人们去熟练地掌握自己，要求人们在运用自己时，在一件一件的事情上取得实际的成效。

关于聪明学和聪明术，我们可以从创刊一年多的《方法》杂志中找到它们的具体概念。在《方法》杂志中，有探讨聪明这门学问的一些文章。我为这个杂志每期写的那些专论及别的作者写的某些文章，就属于聪明学的范围。可是，在这个刊物上大量介绍的是聪明术。以我看到的最近一期《方法》来说，诸如"出聪明点子"、"经营术"、"公关篇"等栏目，讲的就都是聪明术，对聪明和学聪明的领域来说，大量的工作主要在聪明术方面。因为它是具体的，在极为广阔的实践领域中都直接有聪明术。至于聪明学的研究，则是一种系统的研究，当然是比较少数人的事情。

"评智论愚"是掌握聪明术的一个重要途径。作为"专门评论聪明和愚蠢的杂志"，《方法》当然是一本聪明学的杂志，更是一本聪明术的杂志。

聪明学和聪明术之间虽然有着密切的关系，但是，它们终究不是一回事。也正因为是两回事，它们之间才有一种关系。同一的东西，改了这"同一"之处，就无所谓关系了。

除了上面说过的之外，聪明学与聪明术两者还有这样一个区别，聪明学的目的是探讨关于聪明和学聪明的规律，因此，它着眼于"一般"；聪明术的目的是在处理一件一件事情上发挥自己聪明的本领，因此，它着眼于"个别"。但是，因为要处理的许许多多的事有很多的共同点，有的聪明术也着眼于"特殊"。这个"特殊"很重要，它使得人们对聪明术的掌握更带有

"方法"的意义，收到"举一反三"之效。

当一个人掌握了多方面的聪明术，即对多方面事情都能发挥聪明术，这时候运用在一个一个事情上的聪明术就向内转化为这个人的聪明的素质，仿佛这个人就是一个"聪明人"。其实，天生生理器官上人与人之间的差异，对于一个人的聪明与否并不起决定的作用。起决定作用的还是上面说的那种向内转化。

聪明术的取得靠什么？除了"聪明学"可以起一定的作用之外，还要靠这个人掌握聪明术的热心程度和效力，还要靠随时随地琢磨究竟采取怎样的聪明术好，靠这个人是个"有心人"。天下无难事，只怕有心人。一个人有比较强的智愚观，有心寻找聪明的办法，就可以成为善于掌握聪明术的人。

中国自然辩证法研究会和《方法》杂志编辑部准备在今年适当的时候，在做好准备后，召开聪明学研讨会。我想，关于聪明学和聪明术的问题，可能会受到这个会议的重视。

至于这篇《聪明学和责任学》，目的是让人们重视负责任，不是重视聪明。收入这里带有附带的性质。

（八）聪明学和责任学

聪明学和责任学是 1987 年上半年我同时提出的希望在我国建立和发展的两个新学科。我还把她们视做姊妹学科。

聪明学这个学科的提出，我曾经写过不止一篇文章介绍过了。责任学这个学科的提出，则是受到 1987 年国务院对大兴安岭特大火灾责任者严肃处理和要求长期进行反官僚主义斗争的启发。

为了倡导责任学这个学科，在 1987 年 7 月我写了一篇题为"责任学与反官僚主义的斗争"的论文，发表在广州出版的《现代哲学》上面。文中我写道："在反对官僚主义的斗争中，系统地解决好严肃责任、加强责任心这件事是一个核心问题，因此，对有关责任问题进行全面的、系统的研究是有重要意义的。"我就把这种科学研究称为"责任学"。

当时我听到一种议论，认为我倡导的学科太多了。我当然不是随随便便提出要建立这个学科那个学科，而是认为在科学领域中的确有一些学科需要建立，提倡建立一个必要的新学科，可以使我们的科学研究领域得到一个新的开拓。我还认为倡导一个新学科并没有神秘之处，所以我在上面提到的那篇文章开头的地方特别写了这样的一段话：

"对有关责任问题进行包括基础研究在内的全面的系统的科学研究"这样的语言太长了，用简短的语言来表达就是"责任学"。这样定名什么"学"的方法是科学史和当代科学研究常用的方法。有某一种需要，对某一领域的对象进行系统的研究，就要建立某一门学问。

在那篇文章中我就对有关责任问题的基础研究——关于责任、责任要求者与责任者、责任感、责任与自由和责任与选择等作了分析。

当时我有一个想法，在四个现代化社会主义建设中，如果大家一方面努力学聪明，力求用聪明的方法去办事，一方面加强责任心，在工作中负责任，那么，事情就好办了。为了做好这一点，建立聪明学和责任学这两门相对的学科当然是必要的。

我把聪明学和责任学视做姊妹学科，并不是因为这两门学科对象相近，也不是因为这两门学科的研究方法特别接近，而是因为这两门学科如果同时得到发展，大家能从这两门学科中得到教益，学到更多的聪明，更进一步加强责任心，两者相辅相成，就可以收到实实在在的效益。

二、聪明学学科建设

提出要建立聪明学的我，当然十分关心聪明学的学科建设。我也很想系统地研究这个学科中的各种问题，并且写出一部这个学科的专著。但是几年来我一直没有动手去做这个工作。我需要完成的工作很多，这项工作一直没有排得上队。不过未能抽出这个时间，还只是没有动手写这样一部专著的原因之一。主要的原因是我希望聪明学学科建设走另外一条路，即有更多人来关心，有更多人去进行这件事，希望有别的人来写这方面的专著。当然我本人也不能不在这方面作出努力。我定下来的努力的方向，第一是一篇一篇地写与聪明学学科建设有关的文章，为愿意从事这种学科建设的人提供参考资料；第二是除了利用《方法》杂志来推进这项工作之外，再多开几次聪明学讨论会，集思广益，共商学科建设的大计，这样的讨论会在北京、济南和上海都开过。1990年我又提出想开一次规模较大的讨论会，并公开向社会征文，收到了50多篇论文。由于论文所讨论的问题过于分散，同时，论文作者分散在全国19个省市，千里迢迢到一个城市来开会，花太多的时间和旅费，如果得不到较大的收获是不会满意的，于是改变主意，决定分别召开"企业工作中的聪明学问题"、"教育工作中的聪明学问题"及"日常生活中的聪明学问题"三个讨论会，会议的地点和时间都安排好了，我为举行这些会议也写了《聪明学与企业学》、《聪明学和教育学》等文章。结果三个讨论会一个也没有开成。在那个年份我有许多不能克服的困难。

在1990年我还写了几篇直接讨论聪明学学科建设的文章。

一篇是《看得准确，干得积极，想得周到——建立聪明学中要注意的三个方面》。文中指出"建立任何一个哲学社会科学新学科，都应该注意题目中的这12个字"，聪明学自不例外。文章特别着重讲"想得周到"这一条，提出要把各方面应该想到的问题尽可能想到，既要把历史上积累下来的、分散在各种著作与文章中有关聪明学的知识在聪明学这一学科中系统化，因而必须做好有关资料——包括事实资料和思想资料——的积累工作，同时要搜集新的事实，研究新的问题，使得聪明学这一学科成为与当前实际工作结合得紧密和赶得上时代的一门学问。

接着我写了一篇题为"知识·科学·学科·聪明学"的文章。其中首先对知识和科学这两个概念作了一番考证。

（一）知识·科学·学科·聪明学

知识的重要性，是不言而喻的。不过这一点现在经常在强调，可见问题还没有彻底解决。

知识的范围非常广阔。不论是物质还是精神的，是真实的还是虚假的，只要世界上有这样的东西，这样的现象，就有对它们的认识，就有关于它们的知识。知识也是多种多样的，有抽象的，有具体的；有肤浅的，有深刻的；有片面的，有全面的；有不很重要的，有很重要的；有零零碎碎的，有系统的等。系统的知识,就是科学。

中国古代没有"科学"这个词。这个词是19世纪从欧洲文字那里翻译过来的。"五四"时期有的人干脆把科学叫做赛先生。赛先生就是英文、法文中的science,西班牙、意大利文中的ciencia的音译的简称。在欧洲文字中,这个字的本义就是"知识"。在英文辞典中就把science解释为knowledge,德文中的"科学"是wissenschaft,这个字中的wissen是个动词,意思是"知道",加上schaft这个词尾,由动词变名词,也就是"知识"。俄文中的"科学"是nayka,它本来就有"学习"的意思,nayka是学习来的东西。然而"科学"终究不等同于"知识",不应把两者看成同义语,而只应该看做近义语。两者的区别是科学虽然是知识,但它是系统化了的知识,不是零零碎碎的知识。19世纪的翻译家,没有把science译做"知识",也没有把它译成我国古已有之的"学问"而创造出"科学"这个词,我认为是很有见地的。"科学"这个词比起science这个原来的欧洲字,对于表达事情的本质来说更为确切,因为知识要系统化,就一定要把知识分门别类地进行整理,使它成为有条理有体系的东西,对于建立学科我说过,"所谓学科无非是对某个对象进行包括基础研究在内的系统的科学研究"。于是讲"科学"就离不开"学科"。把知识系统化形成许许多多学科,是科学成为科学的一个必要前提。

于是学科的发展就是科学发展的一个基本的内容。我们说"基本内容",意思是说我们从事研究时,有时并不是从学科的发展着眼的。比如说,我们常常是为了解决社会、国家的某一个重要的课题或完成某一个重要的任务而进行研究,但是这样做在取得了成功之后,对于有关学科的发展也会起很大的作用。这样一种情况在1956年我国制订1956~1967年科学发展远景规划时曾被概括为"任务带学科"。这就是说,进行上面的那种科学研究,一方面完成了社会、国家提出的一个重大课题、任务,另一方面也收到了发展有关学科,也就是发展整个科学的效果。

发展科学事业不能不考虑发展各学科。

发展学科不外乎发展原来的老学科和建立新学科。发展老学科和建立新学科两者又是不可分的。

聪明学应该说是新学科。聪明学这个名词就是新的。建立聪明学有不少新思想，并已经产生了一些新的思想。现在有不少人，包括学者和在各种工作岗位上对建立和发展聪明学这件事有兴趣的人正在作这种努力。建立和发展聪明学这种工作的性质就是使有关的知识系统化，而且要为此去帮助有关聪明学的基础研究，而在这个工作中取得了成就，对于原有的老学科，比如说对哲学的发展也是会有帮助的。

最后我又写了一篇《要为聪明学科建设提供一个研究大纲》，文章中讲进行聪明学科建设最好要有一个研究大纲。文中也表明了为给聪明学提供一个研究大纲我都做了和我打算做些怎样的工作。由于在1991年以后没有再写这方面的文章，我想把这篇文章收录为这本书的最后一篇。

（二）要为聪明学学科建设提供一个研究大纲

我一直认为，为了完成一项比较复杂的社会科学工作，在研究过程中最好能够拟出一个研究大纲。这样做有很多好处：这个大纲可以帮助我们把工作更好地组织起来。这里所说的"组织"取其广义。那就是说，不限于多人合作进行的工作，需要组织起来，求得很好的配合，就是单个人进行的工作，也要有条理、有计划地进行，使它带有较高的"组织性"。

当然，做科学工作并没有一定的模式。每个人有每个人做研究工作的习惯，研究课题本身也有难易和复杂程度上的差异，完成工作的时间也有缓急之分，这些都会对研究工作的进程产生影响。因此，我并不认为任何研究都非要有研究大纲不可。

但是我还是认为最好有一个研究大纲。当然研究大纲应该如何写，也并没有什么固定的格式。它会因人因地因事而异。怎么写，研究者可以充分发挥自己的创造性。

研究大纲应该是先于研究的东西。研究需要这个大纲对自己起到某种指导作用。同时，研究大纲本身又是研究的一个阶段性成果。没有一定的研究成果作基础，一个好的研究大纲是写不出来的，即使写出来，研究成果只能是空空洞洞的。一般来说，应该在做了一段工作之后（或者本来对所研究的问题早就有了研究），到了需要把应该研究的问题系统地整理，以便集中力量下工夫有效地完成这项工作的时候才去写，而不可能在一开始就写出很好的研究大纲来。太早了很不容易写好，而太迟了，它就发挥不了作用了。总之，法无常规，究竟写不写、怎样写，全靠研究者自己去琢磨。

现在我想提出一个问题，聪明学这个学科到什么时候才算建立起来呢？那就是对"聪明"、"学聪明"等对象做了这种"包括基础研究在内的全面的系统的研究"，写出若干部聪明学的专著，得到学术界积极的评价之后，这样就更需要一个研究大纲，把应该解决的问题系统地列举出来并提出研究的方向。

我想应该自己动手来写一个研究大纲。对第一件事，我是这样考虑的：聪明学这个学科是我提出来的。我很想为这个学科的建设出点力。在提出要建立聪明学这个学科之后，在实际工作方面，我出了点主意，得到了同志们的同意。其中包括建议把《方法》办成一本专门评论聪明和愚蠢的杂志，并且在每期杂志上登载关于聪明学研究的文章。我也写了许多有关聪明学的文章，经常写，每期一篇，坚持了3年。写这些文章时我是抱着把聪明学这个学科建立起来的目的，因此提出了不少与建立聪明学有关的问题。不过我是想到一个问题就写一个问题，并不是按照某个体系一篇一篇地写，这样做不容易给人一个很有系统的印象。由于我把系统地建立聪明学这个学科的希望寄托在别人身上，我就应该在这方面多做一些工作，促进和帮助有志于从事聪明学学科建设的人，给他们送几块砖瓦。最近，由于聪明学的讨论会将要召开，许多对聪明学这一学科建设有兴趣的人将要聚集在一起研究如何做好这项工作，我想到，仅仅做以前所做的那些工作还未尽到自己应尽的责任，应该拿出点时间来写一个研究大纲，供研究者参考。认识到了这一点，我就想动手去写。

我提出要建立聪明学这个学科虽然有了三四年的时间，也想了一些问题，可是要我系统地把应该研究的问题用大纲的形式写下来，我就感到自己这几年在聪明学学科建设上下的工夫还是很不够的，感到很难写得全面深刻，只能把做这样一件工作当做自己的一次学习。我想我这么做会使别人得到一些启发。我感觉到从促进聪明学这一学科比较早一点建立起来这个角度来说，我们现在才开始写这个研究大纲太迟了。但是从我本人的研究进程来说，因为有许多问题还没有来得及考虑，现在来写这个研究大纲又早了一点。不过我想聪明学讨论会快要召开了，再不做这个工作就真太迟了。

为某一个专题写研究大纲这样的工作的基础是课题分析。这就是说要对这个课题的性质、基本内容，从事这个课题研究的意义，解决这个课题的焦点，这个课题的深度和广度，涉及哪些科学部门，需要哪些事实资料和思想资料，需要哪些专门知识和专家，从何处着手来进行这项研究，要取得怎样的结果这个课题才算完成等先做一番考虑。现在我们的问题比较特殊，不是要求去解决某一个别的问题，而是要去建设一个新学科。因此，为了完成这个"研究项目"，我们要解决的问题就是：聪明学这一学科的对象究竟是什么？"聪明"和"学聪明"究竟能不能成为一门学科的对象？如果它们可以成为一门学科的对象，我们将如何表述它们？这门学科的范围究竟有多宽？哪些可以而且应该包括在"聪明学"范围之内，哪些不应该包括在"聪明学"范围之内？聪明学研究的任务有哪些（其中包括根本的任务和主要的任务，也可以探讨一下次要的任务）？聪明学研究除了受一般的哲学——辩证唯物主义和历史唯物主义的指导外，还要使用一些怎样的方法（对聪明学来说特殊的方法）？聪明学研究中有哪些疑难问题？这些问题怎样才能得到解决？在聪明学研究中需要一些怎样的概念，怎样的术语？或者聪明学有没有一套属于它的概念和术语？如果把聪明术也包括在聪明学的范围之内，聪明学就不是一门纯科学，而是包括科学技术两方面的内容，这样理解对不对？聪明学除了它的导论和总论之外，是否还可以发展出它的分论，甚至发展出分支部门？对这些分支部门的对象等该作怎样的分析？聪明学和哪些科学部门关系密切？其中哪些科学部门是聪明学的基础，哪些部门是聪明学渗透到各个领域中发生的交叉？有哪些科学部门与聪明学非常接近？这样的问题究竟该怎样表述才恰当？我想恐怕还有别的问题必须考虑。

现在我为聪明学的学科建设提供一个研究大纲的思想就发展到这一步，我想顺着这个思路再写下去，争取在聪明学讨论会之前把这个不会使我满意的研究大纲写出来。

这里有聪明学的道理*
——关于来自《韩非子》的三个成语

成语就是现成的语言。使用现成的语言和它现成的意思来表达思想和感情,是一种聪明的办法,只要恰当,几个字就可以代替一大篇话,往往既节约语言,又深刻而生动。

既然是成语,就总有出处,也许最早它只是意味深长的一个故事、一篇议论或者一个警句,虽然此时成语还没有定型,但也得承认它是成语最早的出处。使成语定型的文献也应该视做成语的出处。某个成语出现以后,在对它的应用中,意思往往有所变化、有所发展。成语的形成和发展过程中显示了人的智慧。

有一个现象:对某个成语,人们几乎只使用它后来发展变化了的意思,而它当初的本义反而少为人知。其实它最早被提出时,也往往有很聪明的见解,这是不应被忽视的。最近我翻阅《韩非子》,对常用的几个成语就有这样的感想。

比如"滥竽充数"这个成语,现在人们说的主要是一种并无真才实学的人混在行家之中的行为。而韩非子在讲这段齐宣王和齐湣王当政时的故事时,着重批评的是齐宣王的失察,搞大糊弄。在讲完齐国的故事之后,《韩

---

* 本文原载《聪明89》,沈阳出版社,2004年,第21～23页。

非子》接着有一句话："一曰,韩昭侯曰,吹竽者众,吾无以知其善者。田严对曰,一一而聪之。"这就把齐宣王时暴露出来的现象当做一种方法来掌握了。这种方法,用现代语言来说就是"个别考察"。

还有一个成语"买椟还珠"。《韩非子》讲的是这样一个故事:楚国人到郑国去卖贵重珍珠,"为木兰为之柜,薰以桂椒,缀以珠玉,饰以玫瑰羽翠"。这就是说,他做了一个很漂亮的盒子(也就是成语里的那个"椟")来装那贵重的珍珠。可是郑国人却只把盒子买了,而把珠子还给了楚国人。这个成语一般用来比喻人们舍本求末,取舍失当。当然,这个故事也的确包含批评那个郑国人不识货的意思,不过韩非子的意思更深一层,他主要批评的是楚国人不会做生意。盒子本来是衬托珍珠的东西,但由于它太华丽,以至于把珍珠的贵重掩盖了。韩非子的这个故事是写在另一个故事之后的。前一个故事是:"昔秦伯嫁其女于晋公子,令晋为之饰装,从文衣之,媵七十人。至晋,晋人爱其妾而贱公女。此可谓善嫁妾,而未可谓善嫁女也。"而在接着讲"买椟还珠"这段故事之后,《韩非子》的评论也是"此可谓善卖椟矣,未可谓善鬻珠也"。我查了一本成语词典,对《韩非子》的话,只引到"此可谓善卖椟矣",却把"未可谓善鬻珠也"这句最重要的话漏掉了。这样韩非子的一个比较深刻的思想便完全不见了。

再举一个"长袖善舞"的成语,现在人们用《韩非子》中的这句话比喻有所凭借事情便容易成功,即韩非子所说"多资之易为工"。这是符合原意的,但是韩非子下面几句话的意思是很深刻的,那就是"治强易为谋,致乱难为计",以及"用于秦者,十变而谋希失,用于燕者,一变而计希得,非用于秦者必智,用于燕者必愚也,盖治乱之资异也"。这里讲的计谋、聪明和愚蠢与客观条件有关的说法,我认为是值得重视的。人们现在一般只讲"长袖善舞",不讲"多钱善贾"。其实"多钱善贾"的道理至今也还适用。我还注意到《韩非子》在讲"长袖善舞,多钱善贾"八个字时指出,这是"鄙谚",即不是知识分子和官员的语言,而是民间的语言。这样的语言在当时的著作中是很少引用的,就是《韩非子》这本书中我也没有看到有第二个"鄙谚"。

开脑筋和换脑筋 *

　　为了适应改革、推进改革,就要换脑筋。一直守护着旧脑筋,一个人也就不会有什么进步,何况正处在改革时代呢?

　　世界上永远不会有原有的脑筋——原有的思想,一下子都换掉的事。任何人在任何时候,他的脑筋总要有所换、有所不换。因此对他们来说,就要考虑哪些脑筋属于"旧脑筋",该换;哪些脑筋不属于"旧脑筋",不必换,甚至不该换。其实当你弄明白什么该换、什么不必换或不该换,以及把"旧脑筋"换成什么"新脑筋"时,你的旧脑筋也就已经换了。换脑筋的过程就是对上面的那几个"什么"进行思考、作出判断的过程。

　　在换脑筋之前就有一个开脑筋的问题。开脑筋就是对旧脑筋进行动摇。对旧脑筋进行了动摇,你感到不该守护它了,对它产生疑问了,这时候如果有若干个新思想、新观点出现在你的面前,你就会对上面说的那几个"什么"进行思考,作出判断,从这些新思想、新观点中进行选择,从而完成你换脑筋的过程。

　　开脑筋也有它的过程和规律。一个人如果不接触外界的新事物,关起门来,是开不了脑筋的。而当你接触到了新事物、新知识、新观点时——我指的是同你原先的旧脑筋不相适应的新事物、新知识、新观点,你的旧脑筋就

---

　　* 本文原载《聪明89》,沈阳出版社,2004年,第24、25页。

会发生动摇。

动摇不等于抛弃，但是会促使你动脑筋。动脑筋也就是自己开自己的脑筋。

旧脑筋动摇了，还要有新脑筋来代替它。新脑筋、新思想从哪里来？说到底，是从实践中来。但新脑筋的形成还要靠科学的研究。这是列宁表述过的观点，我一直认为他讲得很好。但是光靠科学家的努力去形成不断发展的新思想、新观点还不够，还要经过广泛的传播，经过大家自觉的学习和讨论。这样做，才能做到大家动脑筋去开脑筋，完成改革所必需的换脑筋。

开脑筋还有一些"规律"，那就是当你接触到同社会上普遍流行的观点截然相反的观点时，会更好地去想问题，更能"开"你的脑筋，因为这些流行的观点往往是你旧脑筋的来源。还有不同意见的争论，也会起比较大"开"的作用。我本来想在这里举一些例子，把我想讲的意思说得更清楚些。一想，免得画蛇添足，算了吧！

两种制胜之道*

一、一个故事

　　这个故事同现在讲的主题没有直接关系，为了说明我的思想是怎样受启发产生的，我还是想占用你们的篇幅讲一下。

　　1956年，那时我是中共中央宣传部科学处处长。我听到一种议论，说美国人研究电子计算机下棋是西方资产阶级精神堕落、空虚无聊的表现，我不相信，于是召集了一些围棋国手和科学家座谈。会上在谈到琴、棋、书、画四者唯独棋这一项从来没有"今不如昔"的言论时，一位围棋国手讲了这样一个故事。

　　清朝嘉庆道光年间，中国有两位著名的围棋国手施襄夏和范西屏。范是有名的快手，更有才气。江苏扬州有一个很有钱的盐商，他与范商定，范摆擂台，公开号召谁能胜范，他就拿出一百两银子给谁。当地有个屠夫平日供奉关公非常虔诚，关就托梦与他，愿助其发点小财，要其和范比赛，不必用脑，只要见到棋盘上出现一个红点，下在那个地方，就可胜范，得到那笔银子。屠夫去了，开局后，棋盘上果然连续出现红点。下了几着之后，范发现

---

*　本文原载《聪明89》，沈阳出版社，2004年，第26～30页。

这个不见经传的对手颇有功力，从一开始的漫不经心转而认真对待，于是棋盘上的红点就出现得越来越慢。有一次红点一直不出现，把这屠夫急坏了，范也一再催促，最后等到一个红点，范没有想到这一着，认输了。晚间关公又托梦，说那最后一着棋是他请来麻姑仙子、南极寿星三人一起研究了很久才琢磨出来的，说他实在下不过范，要不是开头范漫不经心，这盘棋是不能取胜的。

二、我得到的启发——在棋赛中的两个制胜之道

那位棋手在会上讲这个故事为的是说清嘉道年间的棋艺水平高出汉代许多，今天的又大大超出施范。可是这个故事却启发了我，这就是在 19×19 的棋盘上，从取胜的角度来说，会有一个价值最高的位置。这就是这个故事中红点应在之处，寻找这个红点，进行计算，是一件非常困难的事情，但总是一个重要的研究方向。而且我相信，在这种研究过程中还一定可以取得许多阶段性的成果。这些成果对在围棋竞赛中取胜也会是很有意义的。因此这种制胜之道，必须重视。

我认为棋盘上每个可以下着的位置的价值，从理论上说是可以计算得出来的。但是进行这种计算，首先要作数学的研究，找到计算的公式，研究并进行计算如何设置电子计算机的程序，还要制作出相应的软件，然后把数据输入电子计算机（由于棋局本身就很复杂，而且不断在变化，输入的数据也将是非常之多的），然后计算机开始运作。不难看出，仅仅算出一个"红点"，即便使用最快的电子计算机也要用很长很长的时间，因此在实际竞赛中靠这种方法来下棋取胜是不可能的。即便不严格规定每下一局棋的时间，用这种方法也不能取胜，更不要说采用现在国际通用的围棋规则——每个棋手在使用完了给他的一定时间之后，再下每一着只允许用一秒的时间（这个规则叫"读秒"）了。

现在在两个棋手进行竞赛的实战中，棋手们赖以制胜的是自己悉心研究前人的棋谱，阅读前人写的论述棋理、传授棋艺的书籍，掌握前人的经验，并对自己下棋的实践进行很好的总结，研究成败的经验和教训，不断探索制胜之道，善于用最短的时间直观判断局势，找到该下着的位置。下围棋的人

讲究"棋感"。"棋感"的高低并不神秘，而是在长期实践中形成的。这就是说，棋手们要依靠各自的经验和智慧，在临战时要有饱满的精神、清醒的头脑，使自己的既定思想得以很好地运用出来。这又是一种制胜之道。

三、进一步地思考：关于经济行为

20 世纪人们越来越重视计量或数量经济的研究，运用一些数学部门的知识，对许多种经济生活、经济问题建立数学模式来进行计算和分析，为决策提供科学根据。这种计量工作在经济领域发展得相当快，不像上面我们讲的下围棋那样，它已为自己争得了相当高的地位。

当然经济生活也太复杂了，因为现在的经济计量的工作还是初步的，它作为一种制胜之道，受到很大的限制。虽然它在指导经济行为中所占的比重，比起它对围棋竞赛中的作用要大许多，但在经济生活中有许多起作用的因素是无法数量化的，因而不能纳入计算之中，而且又很难预料。因此受到的限制就更大了。

10 年前我有一次在东京都留重人家中做客，讲起计量经济学的应用问题，这位著名的经济学家取出一张日本东北地区的地图，指着青森县围着陆奥湾的那个半岛讲，日本政府和工业家将在这个地区投入浩大的资金修建油库，为此使用大量的日元进行经济计量工作，当一切工作正在卓有成效地进行的时候，当地的渔民强烈反对，这个计划不得不放弃。都留说，计量经济学是计算不出渔民的行为的，这又使运用计量方法受到更大的限制。一个国家的经济工作越是组织得不那么好，不定的因素越多，计量的作用相对地就会越低。尽管如此，我还是认为应该肯定计量在指导经济工作中的重要意义，只是不要把它的作用估计得太高罢了。

同时，我们也一定要看到，在指导经济工作、解决经济问题中，类似围棋手那样的制胜之道的重要性。长期从事经济工作和经济研究的人中，有一些人很好地总结了自己和其接触到的他人成功和失败的经验和教训，懂得了许多经济工作的科学规律，培养出敏锐的眼光，有很好的类似"棋感"那样的对经济工作的直观的能力。现在我们的经济工作在很大程度上也还要靠这样一种制胜之道。

许多年前，有一次，我去日本讲了上面几节里的思想，并且联系经济行为讲了我对计量工作和实践经验的看法。日本人误会我精于棋道，其实我是地道的"臭棋"，我只有一些关于围棋的初步常识。不过我认为围棋和经济行为上这两种制胜之道的类比是很有意义的，而在经济工作中更要强调两种制胜之道的结合，即决策者要很好地利用计量的成果，把它们作为决策参考，又不拘泥于这些计算分析的结论，而要依靠更为全面的科学方法和以往的实践经验，有效地指导实际。两种制胜之道的结合是必要的。

胜败乃兵家常事*

这句话不只用来安慰和鼓励败方，也告诫胜方，不要因为取得一次胜利就掉以轻心。这是一个具有科学根据的论断。正因为如此，它才能起那种安慰、鼓励或告诫的作用。在这里，我还是用竞赛论的语言来讨论问题。在实力与策略性竞赛中，除非竞赛双方实力（运用策略的能力也是一种实力）悬殊，否则孰胜孰败，就不只有一种可能性。而且即使实力悬殊，弱者也并非必败，因为竞赛者还有一种不进入竞赛或进入了竞赛又设法退出这样一种选择。采取这种不介入的策略，"竞赛者"虽然没有取得胜利，但也没有失败。孙子有句名言："知己知彼，百战不殆。"有人以为他说的是百战百胜，其实"不殆"就是没有危险，其中包括不进入或退出战斗。至于为形势所迫，非进入战斗不可而遭到失败，那就不是决策者的罪过了。至于在体育竞赛中，把弃权视做失败，那是规则所定，与上面讲的道理不是一回事。

总之，胜败之理讲得太简单是不行的。

凡是具体的事物必然不是单纯的。因此，当我们讨论具体的胜败之理时，就一定要承认除了双方固有的实力之外，还有影响胜负的各式各样的情况和实力发挥得好坏。竞赛的结局就是由各种客观因素和主观因素决定的。

应该看到竞赛一方实力的发挥有可能受对方的影响。比方说，一方可以

---

* 本文原载《聪明 89》，沈阳出版社，2004 年，第 30～32 页。

采取某种办法来麻痹对方，也可以采取某种办法诱使对方犯错误。因为实力的发挥毕竟是人的行为，如果影响到这个人，也就可以影响到他的实力的发挥。麻痹对方就是使对方无所作为或受到很大的约束。这就是俗话所说的"棋高一着，束手束脚"。也就是棋高一着者，使对方不得不束手束脚。这时对方当即意识到自己主观上不那么自由。至于受对方的迷惑，中了对方的圈套，当时是未察觉出来，事后才觉悟到了。

如果各竞赛者自身实力不能很好地发挥，就不能只归结为受对方的麻痹或迷惑，还有竞赛者自身的原因。客观因素是不以人的意志为转移的，但对客观因素的理解是否符合实际和符合对方所采取的行动则属于主观的范畴。在"知彼"中的"彼"，既包括客观的也包括对方主观方面的东西。而自己的主观方面的东西，就力求不被对方所知或者故布疑阵。这种做法，即便在透明度最高的棋类竞赛中也都存在。"出奇制胜"中也包括使对方不能了解自己主观因素这一条。"奇"者，就是使对方出乎意料。"奇"与"正"是相对的。"正"即按常规办事，竞赛者一般是在常规的范围内较量，而"奇"则超越了常规，出乎对方意料，使自己取胜。

胜负之理是很复杂的，上面所说只是以实力与策略性竞赛中完全不带机遇性和透明度很大的情况来说的。在带有机遇性和透明度不那么高的竞赛中，问题就更复杂了。

竞赛中的计算和算计*

在竞赛（包括充满着竞赛的经济行为）中，需要计算。计算是对事物作量的考察。在进行量的考察之前，必须对质的规定性有所判定。因此，计算的目的和结果，便是对事物质的认识的一种深入。

计算是一般性的方法，为了使我们的讨论不至于过分抽象，在这里我把棋类和牌类竞赛作为背景。由于人们对这两种竞赛很熟悉，把它们作为实例，有方便之处。

这里所说的棋类和牌类，都属于实力和策略性的竞赛，那些属于决定性而有牌或棋形式的竞赛，不在范围之内。但是棋、牌两类竞赛，又有若干原则上的区别。棋本身不带机遇性，而牌类竞赛都是从通过某种方式把牌分到各竞赛者手上开始的。在牌类竞赛中，从竞赛规则来说，各竞赛者是平等的，而从分到各竞赛者手上的牌来说，各竞赛者却是不平等的。这种不平等是由某种机遇决定的。因此作为实力和策略性竞赛的牌类又带有某种机遇性。

在棋与牌之间还有一个重大差别，竞赛者手中的牌是"保密"的，对方可以算，可以猜，但看不到，而棋是完全公开的。所以在棋类竞赛中，不需用"计算"的方法去了解客观状况，而在牌类竞赛中就一定要去计算对方不

---

* 本文原载《聪明89》，沈阳出版社，2004年，第32～34页。

让自己看到的牌。在这一点上，牌更接近经济行为。

有必要指出，在牌类竞赛中并非所有的牌都是不公开的。在竞赛进程中，越来越多的牌"亮"了出来，使尚需要通过计算去了解的牌越来越少。同时可以依据其来进行计算的资料越来越多。如果在竞赛开始时，这种资料只有全副牌的构成和本人手上的牌，那么，后来在这种资料中就增加了两种：①已经"亮"出了的牌；②竞赛者在竞赛进程中的有关表现。

竞赛中的这一种计算是以客观状况为对象，旨在了解客观情况的计算。在竞赛中还有一种计算是针对本人和其他竞赛者采取的行动所产生的效果。这种计算涉及人的主观行为，它的对象不完全是客观的。但是所用的计算方法同前一种并没有什么不同。两者不一样的地方只有一条，那就是在第二种计算中，事先认定人们主观上所采取的行动，把它视做客观的现实，然后进行"客观"的计算。

但是，人们采取的行动毕竟是主观上的事，是某个主体从多种可能采取的行动中作出的选择。这第二种计算正确与否就要看认定的行动是否符合实际。保证这种正确性，很不容易。认定会采取什么行动，是"我"选择的，但那个行动究竟怎样进行，是"别人"的事。补救的办法是多作几个假定。

我们还要看到各竞赛者究竟采取怎样的行动，往往是前于他人所采取的行动的反应。在棋牌中，各竞赛者是轮流依次采取行动的，在充满着竞赛的经济行为中，各竞赛者可以同时采取行动，在时间次序上不像棋和牌那样严格。但是各竞赛者的行动还是对别人的行动作出反应，这一点仍是基本性质的事实。在这第二种计算中必须考虑这种情况。

进行这样的计算，的确是很复杂的，甚至使人感到难以进行这种计算。不过，在实践中往往可以使这种计算大大简化。有一些行动，凭已有的经验，可以判定它的效果很差，人们不会采用，因而可以把它们排除在计算之外。同时对竞赛者的水平、性格、风格的了解，也有助于缩小计算的范围。尽管可以简化，但还是非常之难，即便看一步也不容易，何况只看一步是不够的。再加上时间不允许你用很长的时间去计算，事情就更困难了。

对这第二种计算，我想称之为"算计"。"算计"这个词有一个不那么好的意思——"暗中谋划以损害他人"。我想不接受这样一个含义，而把它定义为"在竞赛中为了取胜于对方进行的一种计算"。"算计"是一种计算，但不是一般的计算，而是怀着明确的取胜于对方这个目的进行的一种计算。"算计"是一种谋划，但也不是一般的谋划，而是经过精心细致计算的谋划。在说明了"算计"这个语言后，我们就可以不用上面所用的"第一种"、"第二种"计算的语言了，而把它们分别称做"计算"和"算计"。而这篇文章的基本意思，也就可以概括为"通过计算了解情况，通过算计掌握局势"。

从来没有浪费过我的力量*

世界上，聪明人很多，想过"为什么我这样聪明"的人却不多；想过"我为什么这样聪明"的人会有一些，用这个题目写成文章发表的，就很少很少了。最近我知道有这样一个人，那就是哲学家尼采。

尼采近年来在一些青年人当中受到注视，出版社出了好几本他的著作。前些天我买到他的一本自传《瞧，这个人》。这是 1888 年尼采在自己 44 岁生日的第二天开始写的，时间是 11 月。写完此书后在 12 月他还写过两篇文章，第二年 1 月他就得了严重的中风病，随后又得了精神分裂症。以后，他活了 11 年，但是再也不能写了。这本书可以视做尼采对自己最后的一个总结。

不论人们对尼采其人和他的哲学如何评价（说实在的，我对他的评价并不很高），然而总不能否认他是一个聪明人。哲学家自己总结自己的聪明，总是"聪明学"史上一件值得注意的事情。

自传的这一章共 10 节 22 页，其中有一点特别应该重视。这是因为它具有某种普遍的意义，那就是他告诉读者"从来没有浪费过我的力量"。在这一章中一开头，他就提出问题："为什么我比别人知道得多？为什么我是这样的聪明？"他马上非常明确地回答："我从来没有思考过那些不是真正问题的问题。"

---

* 本文原载《聪明 89》，沈阳出版社，2004 年，第 35～37 页。

这是一个深刻的思想。有这样一个思想而且在行动中贯彻，是很不容易的。世界上"不是真正问题的问题"实在太多了。一个人的注意力如果被吸引到这样的问题上来，他的创造力就会受到很大的损伤。

　　在不同的国家和同一个国家的不同时期，人们遇到的这种"不是真正问题的问题"是不一样的。尼采当时遇到的是在欧洲基督教文化的基础上提出的问题。他说自己的聪明就在于"我没有经历过任何宗教方面的现实的困扰。我一点也不知道所谓'有罪'的那种感情。……我觉得良心的悔恨不是什么值得重视的东西。……'上帝'、'灵魂的不朽'、'拯救'、'来世'——这些都是观念。我一点也不注意这些观念，也从来没有为这些观念浪费过我的时间"。他自傲地说，对当时流行的"德国文化"，"我的无知几乎成为神圣的了"。因为"这'文化'自始至终都要我们忽视现实事物，完全要我们去追逐那些值得怀疑的、所谓的理想目标，把它们当做'古典文化'"。尼采讲的，在当时大概也属于"思想解放"的范围吧。他取得成就的诀窍，他认为自己聪明的地方，就是他的这种"思想解放"。

　　读者在这一章中可以看到尼采用很大的篇幅去讲饮食、地点、气候、娱乐等"这些微不足道的小事"，读者会觉得他讲得太多了。尼采这么写有他的用意。他用这种叙述从另一个方面去表示自己对"上帝"、"灵魂"、"美德"、"罪恶"等的蔑视。同时饮食等都是人"生活的基本要求"，是人"自我保存技术的最重要关键所在"。尼采重视这些方面也不能不说是聪明的想法。

　　在使用自己的力量上，尼采的指导思想也应该承认是很聪明的。哲学家主要的生活内容是论辩。尼采在自传中（不是在标题为"我为什么这样聪明"的第二章而是在标题为"我为什么这样智慧"的第一章中）提出了他的四个原则："第一，我只攻击那些胜利的东西——如果必须的话，我会等着它们变成这样时才攻击它们；第二，我只攻击那些我在攻击时自己找不到盟友的东西，也就是说，只攻击我须单独攻击的东西；第三，我从不攻击人身——我只运用人物当做一个有效的放大镜，借此可以使那一般的，但捉摸不定且难于接触的丑恶看得更清楚；第四，我只攻击那些排除一切个人差异的东西，只攻击那些其中缺乏不快经验之背景的东西。"这些原则表明，尼采的指导原则是最有效地使用自己的力量，这是他使论辩效果最大化的一种聪明方法。

耳聋后的智慧*

耳聋准有各种不同的原因，也准有各种不同的状况。这里我只讲自己的这一种——听到的声音的分贝数似乎不低于正常人，但是对声音分辨能力低下，由此听不清楚别人讲的究竟是什么话。

认识是能动地反映世界，不去注意，即便是自己身体上的事情，也会不甚了解。我对自己的耳朵的历史，就不那么清楚。我能够确切无误地说出来的，就是自从1931年生了一场"美尼尔"后开始耳鸣，60多年没有停止过一分一秒，虽然如此，但是无疑在很长的时间内，我的听觉基本上还是好好的。就是在不太久之前的年份，我还没有为听不清楚会议上的讲话烦恼过。那时相声演员表演时，我还会同别的听众一起笑。可是现在真的不一样了，坐在电视前就不能回避自己耳聋的事实，相声和小品干脆不听，就是电视片也一定要从第一集看起，把握了基本情节和人物之后——这也常常要取得家里人的帮助——才能跟得上故事的发展，对它产生兴趣。

看来我耳聋的发展还不慢。就在前几年，老伴说我耳聋我还生气。当时我"不服老"的表现之一，就是"不服聋"。西方有成语"事实胜于雄辩"，我现在不再为自己辩护，而是不心悦而诚服地承认自己属于耳聋者行列中的一员了。

---

* 本文原载《聪明89》，沈阳出版社，2004年，第37～40页。

我的脑子直到现在还没有毛病。不但没有毛病，而且敏捷如故。我的这个加工的设备还可以说是一流的。但是加工要有原料。机器不宜空转，空转的机器不但没有产品，而且还会受到损伤。而思维器官所需的原料是要通过感官才能获得的。耳朵是最重要的感官之一。在我国的语言中，"聪"、"明"经常连在一起讲，而且还把"耳聪"放在"目明"之前。现在不得不接受自己耳聋的现实，也就不得不认真思索自己应该取得一些怎样的耳聋后的智慧，补救已经形成的缺陷。

记得我曾经写过一篇《残疾和认识的界限》，发表在残疾人基金会办的《三月风》上。那是为在感觉器官方面有残疾的人写的。那时我肯定没有耳聋。文中介绍了恩格斯在英国一个刊物上看到科学家们认为蚂蚁具有和我们人类不同的眼睛，可以看到我们看不到的紫外线这样的话之后，提出一个问题：对这种人的眼睛看不见的紫外线的认识上，人和蚂蚁究竟哪个前进得更远更多？他的回答是"人"。现在我们知道有紫外线这种东西，知道有关它的许多事情。因此他作出一个判断："人的眼睛的特殊构造并不是人的认识的绝对界限。"他说人虽看不见紫外线，但可以在看见别的东西形成的知觉的基础上，获得对紫外线的种种认识。他进一步说，"除了眼睛，我们还有别的感官，而且还有我们的思维活动"。某些感觉器官功能局部或全部丧失，会不会造成一个人认识上的绝对界限？我说对这个问题的回答应该是否定的。我认为残疾人可以运用他还拥有的感觉器官和思维器官来认识世界，而且可以达到和正常人同等的广度和深度。我说这一点早就不只是哲学上和科学上的道理，而已经为残疾人的实践所证明。我还说，"从广义上说，感觉器官上的缺陷不只发生在残疾人身上，也发生在正常人身上，前者只是比后者多了一点罢了"。

上面这篇文章是1985年5月间写的。9年后的今天，我的耳朵比那时差多了，因此需要联系我自身的实际来运用上面所讲的道理。当前我要解决的一个问题是怎样利用我现在有了一定的缺陷的听觉器官，最大限度地听到自己想听到的东西。我认为应该获得一种我想称之为"耳聋后的智慧"的智慧。这样一个指导思想，现在刚刚有意识地被提了出来，还没有在这方面想出许多办法来。不过有一些办法已经在事实上被采用了。比如，我认为自己最好能够对自己想要了解的情况进行更加具体一些的思考，来提高对有关这些情况的信息加工的能力。又比如我认为自己可以在可能的条件下多和别人交谈。在交谈中可以听清楚的东西比在会议上的要多。在会议上对某个发言者所讲的很有兴趣时，我也可以移动自己的位置靠近发言者，但总不如交谈时听的效果好。在交谈时我的听觉器官基本上还是够用的。有时我干脆同别人讨论问题，这时候话题就更集中，也就能听得更清楚。我还可以在不使别人厌烦的情况下多问。可能时，不妨要求别人再说一遍自己没有听清楚的话。这样的做法在对谈时问题不大。但在会议上只能偶尔采取，经常这么做会妨碍别人的发言，不如向坐在自己身旁的人打听发言人讲的是什么问题，基本观点是什么。不过这样又会影响别人听发言了。我现在认识到，不要怕承认自己耳聋。我这样的人即便多问几句，我想也是会得到朋友们的谅解的。我认为我自己谈恩格斯著作时领会到的，并且在自己的文章中写过的道理，应该具体地运用在自己的实践中。我相信我能够做到运用自己的思维器官，研究并取得更多耳聋后的智慧，力求减少自己的耳朵不那么好对本人认识外界事物的广度和深度的影响。

"大聪明"和"小聪明"*

《关于聪明学的几个问题》(简称《几个问题》)中第一个小节的标题是"什么是聪明"。在这一小节里,我讲了两个基本观点。

第一个观点,是关于聪明的定义。聪明是"内在于人自身的善于认识世界与从事社会实践的一种能力"。这个定义是我编出来的。我曾经查了一个辞书,发现它收了"聪明"这个词目,释文是:①视听灵敏,引了《管子》和《书经》。②聪敏、有智慧,也引了《管子》。我又查了《辞海》,《辞海》的释文同这差不多,有三个含义:①听觉、视觉灵敏,引了《史记》;②明智、聪察,引了《书经》;③天资高、智力强,引了杜甫的诗。这样的释文当然满足不了我的要求。当时《大百科全书·哲学》还没有出,因此关于"聪明"的定义,只有自己来编。后来《哲学》卷出了之后,查了下书中没有"聪明"这个条目,也没有"智慧"这个条目,在英文索引中也没有wisdom这个字。可见在哲学中,并没有把聪明视做一个科学术语,更没有当做哲学概念来看待,而现在我们要建立聪明学,就必须认真给聪明下个定义。我这个定义把辞书中的那些含义都包括在内了。定义中的"内在于自身的能力",既包括感觉也包括思维。同时加了个"善于认识世界和从事社会实践"的限制词,应该说在对什么是聪明的问题上比以前辞书上所写的前进了一

---

* 本文原载《一个哲学学派正在中国兴起》,江西科学技术出版社,1996年,第331~337页。

大步。

第二个观点，给聪明下这样一句话的定义的同时，在《几个问题》中，我还指出"聪明是一种属于认识范围的现象，也是属于社会范围的现象"。我讲"聪明与否"要从认识论和社会科学两个不同的角度来评价。这两句话事实上把聪明的含义扩大了，使聪明不限于一般的认识世界和从事社会实践的能力。不过当时我没有去考虑要不要把这两句话中的意思补充到那一句话的定义中去。因此在《几个问题》发表后不久，我就感到那一句话的定义不那么完善，需要修改。然而我没有动手去改，我想在"什么是聪明"的问题上，吸收更多的人的意见，再去修改那一句话的定义。在《方法》上，后来果真有几位作者就"什么是聪明"的问题写了文章，但没有针对我那一句话的定义发表意见。

关于什么是聪明的问题，我的注意力一直没有放在内在于人自身的能力上。在1986年《方法》创刊前，我在一次去日本访问期间写了下面两篇文章。

一、"大聪明"颂

学聪明最要紧的是要学"大聪明"。

"大聪明"就是在大事、大问题上的聪明。对世界、对中国、对社会、对政治、对人生根本问题上的聪明，就是"大聪明"。

学到了这种大聪明，大事不糊涂，在复杂的情况下就可以不犯大错误。一个人是这样，一个集体、一个组织也是这样。

学习"大聪明"的根本途径是学习马克思主义。

学习"大聪明"、学得"大聪明"的路子只有一条，或者说最主要的一条，那就是学习马克思主义。那是有"大聪明"的人发现的"大聪明"的道理，是"大聪明学"。学习马克思主义的办法，只有笨办法：①老老实实地研读马克思主义的经典著作。体会其中所讲的道理，体会它的博大精深。并研读当代马克思主义者写的文章，看看有些什么新发现、新进展。②运用学得的马克思主义来研究新问题，体会其中的聪明智慧。琢磨掌握马克思主义的人们所说所做的"大聪明"。

现在有一些人，不只是青年人，对学习马克思主义相当冷淡，这是不懂得这种学习会给自己带来一生受用不尽的"大聪明"。造成这种冷淡的原因很多，这是人所共知的。热心帮助人们学"大聪明"的人，要研究并且实践如何彻底改进自己的工作，认识到用"分数"、"分配"等去激励的办法不是聪明的办法。这就要靠自己的真本事。对于学习者，我们还要奉劝他们多讲点科学态度，先要认真地学习，懂得马克思主义的真谛，才会懂得随随便便地对它冷淡是不对的，从而对它热情起来。分数、评语等还是外界赐予自己的，而"大聪明"则是内在于自身的，一生受用不尽。

二、"小聪明"颂

"小聪明"这三个字常常被当做贬义词来用，这是缺乏分析的表现。

有一些被称为"小聪明"的，的确让人讨厌，那就是在对待自己和别人利益关系的问题时，对自己的利益计算得很"精"，"精"到使别人反感的程度。这种聪明也就走到了自己的反面。

还有一些"小聪明"是"因小失大"的思维与活动方式。捡了芝麻丢了西瓜，这算不得真正的聪明，也是一种愚蠢。

总之作为贬义词的"小聪明"是一种自以为"聪明"的愚蠢。在这里我说"一种"，是因为自以为"聪明"的愚蠢也有多种多样。将来《方法——评论聪明和愚蠢》的杂志出版后，我想会有多种多样的愚蠢被揭示出来。

这样说的"大"，可以是《"大聪明"颂》那篇短文中讲的那种"大"，即属于世界观、人生观的那种"大"，也可以是比芝麻大得多的西瓜，或者是介于芝麻和西瓜之间的苹果、杏子、葡萄、樱桃……不论"因小失大"中的那个"大"有多大，只要是比芝麻大的，由于它和芝麻之间有明显的差距，为了捡取芝麻而失去它，总是愚蠢的事，更不要说那种不顾上述短文中的"大聪明"的"小聪明"了。

现在我想对"小聪明"颂扬一番。我这么做，当然不是对"小聪明"不作分析地一律颂扬。我颂扬的是那些应该颂扬、值得颂扬的"小聪明"。而且我认为这样的小聪明很多很多，它是居主导地位的。把"小聪明"当做贬义词来用，就把这许许多多"小聪明"的重要意义给抹杀了，这对社会进步的事业是不利的。

我说的"小聪明"不是同在各种比较大的事情上的聪明相抵触的,而是一致的。我们知道一切"大"都是由"小"的东西构成的。"大"与"小"可以发生上面说的相抵触的现象,但是它们之间的一致应该说是主要的。如果我们拒绝在比较小的事情上学聪明,总体来说,在大的问题上也就不会有真正的聪明。

前几年,我有感于见到的一些事,曾经讲过这样的话:我自己学了几十年马克思主义,把实现各尽所能、各取所需的共产主义社会作为自己终生的奋斗目标,应该说是一个有共产主义觉悟的人。如果有这么一天,我认为自己有了这种觉悟就什么事都能干好,提出要带一连战士开赴前线打仗,以为凭借自己的共产主义觉悟就可以打胜敌人。那么结果我想在战场上90%会出现这样的情况,由于我不懂得如何组织火力,不懂得利用地形地物,不懂得什么时候应该待在防御工事里,什么时候应该出击,什么时候不得不退却,一句话,由于我根本不会指挥战斗,结果很可能不但把我这个共产主义者的命送掉,而且也把别的共产主义者的命送掉。如果我这样去做,我算得上一个好的共产主义者吗?我认为算不上。我思考后,得出这样的一个结论,"一个人要成为真正的共产主义者,不能只是有共产主义的远大理想的人,而应该是要为共产主义事业作出贡献,而且应该是能为共产主义事业作出贡献的人"。对光会讲一些共产主义的词句的人,是不能给予高度评价的。我在列宁的《"左倾"幼稚性和小资产阶级性》中看到了这样一句话:只有那些懂得不向托拉斯的组织学习就不能建设社会主义的人,才能称为共产主义者。我认为列宁这句话讲得很透彻。我认为,为了对共产主义事业作出贡献,还必须懂得在自己的工作岗位上如何才能作出贡献的比较具体的道理,还要具备各式各样的必要的知识和能力。这就是说,在懂得了"大聪明"之后,还要学习各式各样的"小聪明"。没有各式各样相对于这种"大聪明"的"小聪明",仅仅有"大聪明",是办不成任何事的。

既然是写"小聪明"颂,就来举个最小最小的事情作为例子吧。

我们大家经常使用"回形针"把几张纸别在一起。这个东西是谁发明的,恐怕只有极少的人说的出来,反正我是没有这个知识,我只知道中国的古代没有,西方的古代也没有。这个东西对我们来说很有用。现在,我们大家使用的回形针一般约为2厘米长、1/3厘米宽。这几年,我在从国外学者那里收到材料时,发现一种形状同我们平常使用的不完全一样而且稍大的回形针,它设计得很巧妙,可以夹比较少的几张纸,也可以夹相当多的纸。最近我在外国又看到他们使用的回形针有从大到小的许多规格,可以用来夹从少到多的纸。其中我看到的最大的回形针,长度为我们普遍使用的3倍以上,宽度为2倍以上。这的确可以说是小到不能再小的事情,但是这里有一个值得我们来讲一讲的"小聪明"的问题。回形针的开始制作是一件聪明的事,但那是前人的聪明,而我们几十年如一日,只有一种形状一种规格的产品就说不上聪明了。我们应该向外国学习来制作大小不一、形状不一的,适合于不完全相同用途的回形针,应该向他们学习点"小聪明"。我认为在制作新产品的问题上,过去或者现在的确注意得很不够,在这个方面多学点小聪明可以给社会带来利益,因此应该在这方面提倡多学"小聪明"。

说是"小聪明",其中的确包含有聪明的哲理。前年我在上海《文汇报》上发表一篇短论《这也是一种哲学教材》,这里说的教材,指的是类似新型(对我国今天来说)回形针这样的新产品。我说凡是新产品的创造与发明总有一种聪明智慧在里面,我们都可以从中学习到一点聪明,而学哲学的目的,也就是学聪明。

"小聪明"的发挥,并不难,但也不很容易。但是首先一定要用心钻研。"多想出智慧",这是一条站得住的道理(虽然这么说还不充分,因为还要靠实践)。用心钻研,既包括多想,也包括刻苦试验,积极实践。而为了能够用心钻研,就要有高度的积极性。对一个社会主义建设者来说,这种高度积极性是建立在社会主义觉悟的基础之上的。

广义的"小聪明"就是在某个具体问题上的聪明,它是和在对世界、对社会、对政治和对人生根本问题上的"大聪明"相对而言的。它的范围非常广,因此其中包括的学问也就非常多。前人在这广阔的领域中已经发挥和发展了许许多多的聪明才智,而我们后人就要继承前人的事业继续努力,这不仅对我们各项社会主义事业直接发生作用,而且它也是进一步发展我们的"大聪明"的基础。

这样的"小聪明"难道不值得颂扬吗?

使人类成为人类的聪明*

对工具或劳动手段,马克思下过这样一个定义:"是一物或诸物的复合体,劳动者把它用在自己的劳动对象之间,把它当做传导物,传导他的活动到对象那边去。他利用某些物品的机械属性、物理属性和化学属性,把它们当做发挥能力的手段,适合于他的目的而在别的一些物品上面发生作用。"在写完这几句话之后,他加上了一条注,引用了黑格尔的话:"理性强有力也有狡智。它的狡智,一般地说是由间接的活动构成的。当它按照事物本身的性质,使它们互相发生作用,互相发生影响的时候,它不直接干预其中的过程,但是可以实现自己的目的。"①

我想我做的引证工作不能就到此为止。因为马克思和黑格尔的话,不加一些解释,《方法》杂志的一般读者,读起来会相当吃力,也不能留下深刻的印象。因此,下面我想用自己的话来讲。

我们不是说人是制造和使用工具的动物吗?这个关于人的定义不是轻易达到的。在这个定义中包含着人类认识的深化,抓到了人之所以为人的最本质的东西。现在我们进一步问,工具又是什么东西呢?马克思说,这是人和劳动对象之间的中间物。当人不是用自己的身体去对劳动对象施加

---

* 本文原载《一个哲学学派正在中国兴起》,江西科学技术出版社,1996年,第337~339页。

① 这两段话都可以在《资本论》第一卷第173页中查到。

作用时，就是靠工具这样一种中间物。这样的中间物，从人这一边来看，起着传导人的意志、人的活动到劳动对象的作用。这样在人和劳动对象之间就隔开了工具这样一个东西。如果我们说劳动对象是自然物，那么工具也是一种自然物，当工具直接同劳动对象发生作用的时候，就是两种自然物之间在发生作用。工具和劳动对象之间发生的这种作用就是黑格尔讲的"它们按照事物本身的性质互相发生作用、相互影响"。但是，这种相互作用不是天然发生的，人在这里起了引导的作用，工具在这里是传导人的意志、人的活动的东西。但是人在这里不直接参加到过程中去，而是引导工具和劳动对象相互作用，按照符合于自己目的的方式来发展。我曾举过这样一个例子，人想吃烤熟的肉，于是把生肉挂起来，下面用点燃的木柴去烤它。在这里生肉是劳动对象，用来挂肉的架子、钩子，用来烤肉的柴火、引火的火柴等，都是劳动手段，都是用来烤肉的工具。当木柴燃烧起来了，木柴中释放出的能量，部分地改变生肉中分子的成分和结构，把肉烤成人们喜欢吃、吃了很容易消化、不容易得病的熟肉。在这里发生的燃烧起来的木柴与生肉之间相互作用、相互影响的过程和结果，是适合于人想吃熟肉的目的的。现在我们再来考察在这个过程中人都干了些什么。这样我们就可以看到，人做的事就是先把生肉挂起来，然后把木柴集中在生肉下面（与生肉不能离得太远或者太近），在他做完了这些准备工作之后，他就用火柴和某些引火物把木柴点燃。然后他就站在或者坐在一边看着，闻着越来越浓的熟肉的香味，偶尔照顾一下，此外就一点事不用做了，等肉熟了之后取下来吃。考察这样一个过程，我们看到人类真是够狡猾的。他们自己不参加到烤肉的过程中去，他们不是把自己的肉拿去用木柴烤，不是把自己的身体点燃了去烤生肉，而是引导木柴和生肉斗争，自己坐享其成。这完全是挑动别物和别物斗争、自己从中获利的狡猾的做法。而人之所以为人，其基本生存方式、活动方式、发展方式就是这样，这样一种聪明和智慧，因为是很狡猾的，所以可以用"狡智"这两个字来表述，但是这种狡智恰好是人类聪明的一个特点，即人类之所以成为人类的一种聪明的特点。

上面我说的"让自然界反对自然界"这样的语言，也不是我发明的。这也是黑格尔的语言。黑格尔说过这样的话："自然界的对象是强有力的，它们进行种种的反抗。为了征服它们,人在它们中间加进另一些自然界的对象,这样,人就使自然界反对自然界本身,并为了达到这个目的而发明工具。"[1] 为了讲"聪明学"这门学问,我认为尽管这些引文不是太容易懂,但还是想引证一下,不过我实在不想再作过多的引证了。

---

[1] 黑格尔这段话见列宁《哲学笔记》第348页。

从"学聪明日记"到"学聪明杂志"*

中国自然辩证法研究会主办的《方法》杂志，不久后要在上海出版发行了。我主张把这个杂志办成"专门讨论聪明和愚蠢问题的杂志"。我这么主张，同我青年时代的一段经历有关系。

1939年春天，我从广东省委回延安中央青委。路过桂林，有一位朋友送给我一个日记本。到延安后，我琢磨在这上面记些什么好呢？记不清是受到什么启发，我决定把它用来记载自己每天看到、听到的聪明的事、聪明的话，使它成为一本我学聪明的日记。当然为了学聪明，也要观察聪明的反面——愚蠢，记一些我认为愚蠢的事、愚蠢的话。于是，1939年秋后我就开始记。到1942年年初，在两年多一点的时间里，用密密麻麻的字来写，这个本子就差不多记满了。

这个日记本现在没有保存在我手里。1942年延安开始整风运动。我考虑到在这个日记本里记载了自己的真实思想，记载了我对各式各样的人和事的看法，为了对党忠诚，使党更了解自己，就把这个本子交给党组织了。以后没有退回给我。否则，今天如果保存在我自己手里，倒是一个很有意义的纪念物呢！

在记这本"学聪明日记"的过程中，我解决了自己的这样一个问题。原

---

* 本文原载《自然辩证法报》，1986年11月4日第21期，第二版。

先我不知道，是不是每天都有聪明可学。实践的结果是在自己的周围每天真有这么多的聪明的和愚蠢的事，只要自己去注意、去捕捉，即使它们不至于使我应接不暇、俯拾即是，也还是值得记一记的。事实上，我在这两年中就基本上没有中断过我的这种记载。

从书本上当然也可以学到聪明。可是因为要记载这方面的感受，这个日记本就不够用了。于是在那个本子里，我只记人和事。从读书中学得的聪明，只好另外找些纸来记。这样的笔记，今天我倒还保存了一些。40多年了，在战争的岁月里，在背包里和马褡子里，各种材料带来带去，丢掉了一些，也还保存了一些，其中就有这种笔记。比方说，当时我读列宁著作时记的笔记就分为两个部分。一部分记列宁在这个著作里都解决了什么理论问题、政治问题；还有一部分则专门记在论述这些问题时列宁怎样运用他所掌握的方法，表现出怎样的智慧。最近有空我想把那时候记的这种笔记整理一些出来，让读者看看虽然那时我实在幼稚，可是这样一个注意学聪明的想法还是有可取之处的。

在记这样一种"学聪明日记"的过程中，我还解决了自己的另外一个问题：这样做是否可以学到聪明？我的回答是肯定的。记了两年的"学聪明日记"，我自己觉得是聪明了一些，自己有这种明显的感觉。而且在这之后，我就一直有这样一个比较强烈的观念，在自己做一件事的时候，或者在观察别人做的一件事的时候，我常常会去想："这么做是聪明的还是愚蠢的？"——这就是说，自此以后，我养成了一个学聪明的习惯。

在《方法》杂志要创刊的时候，我想起了自己的这段经历。我还想：既然我认为20世纪40年代初自己有这样一个"经验"，何不把这个"经验"推广一下呢？如果能够引起许许多多的人都来自觉地学聪明，而且在一种专门讨论聪明和愚蠢的杂志上来交流大家观察到的种种值得介绍的聪明的和愚蠢的事情，讨论各式各样有关聪明和愚蠢的道理，不是可以收到很大很好的成效吗？我相信结果会是这样的。当然要收到好的成效总是要有条件的。我认为这样的条件就是要把这个杂志办好，要用聪明的办法来办杂志，而且一定要能比较长期地办下去。

办一种专门评论聪明与愚蠢的杂志*

中国自然辩证法研究会和上海自然辩证法研究会主办的刊物《方法》很快就要出版了,我主张把这个刊物办成"专门评论聪明与愚蠢的杂志"。有的同志主张就给它加上这样一个"副刊名",我很赞成。这个杂志是一种哲学杂志,是哲学群众团体办的杂志,但不是一本普通的哲学杂志,它具有自己的特色,它的特色由于加上这样一个"副刊名"就一目了然了。

具体来说,这个杂志有两方面的基本内容。

一是对各种行为进行"聪明还是愚蠢"的评论。可以抽象地评论某一种行为,也可以具体地评论某一种行为,还可以说这是一本"戴帽子"的杂志。不过这本杂志只给人的各种行为戴"聪明"和"愚蠢"的帽子,不戴任何其他的帽子,无论是"左的"还是"右的","资本主义的"还是"社会主义的","革命的"还是"反动的","革新的"还是"保守的","先进的"还是"落后的"……这些帽子一概不戴。当然这本杂志戴的帽子不是"死"的,而是"活"的。就是说,如果你认为这么做是聪明的,而有人认为是愚蠢的,或者你认为这么做是愚蠢的,而别人认为是聪明的,各种不同的意见都可以争鸣,这个刊物一定要提供这种争鸣的园地。并且帽子要戴得精确些,要有量的观念,不论讲聪明,还是讲愚蠢,最好要讲出聪明和愚蠢的程

---

* 本文原载《一个哲学学派正在中国兴起》,江西科学技术出版社,1996年,第341~343页。

度。如果一种行为有聪明的地方，也有愚蠢的地方，就要把它分析出来。

二是对有关聪明和愚蠢的理论进行讨论。这种讨论有助于我们提高对聪明的认识。随着时代的发展，人应该越来越聪明，对聪明的要求也就越来越高，因此，就要研究哲学、学习哲学。提高这种理论认识，在讨论各种行为是聪明还是愚蠢的时候，也就可以有正确的指导。这本杂志对各种行为进行"聪明或愚蠢"的理论的研究是一个有利条件。因为这种评论可为研究提供资料，可以使这种理论研究生动活泼、深入具体。

这两方面都是这本杂志的基本内容。比较起来，我倾向以第一方面的内容为主。因为这样可以使更多的读者对它有兴趣，各行各业和从事各种活动的人，都有可能在这本杂志中找到对自己最关心的事情的评论，从中学到聪明和智慧。因此，这个刊物应该是名副其实的杂志，它的内容应当是很丰富的，文章应当短小精悍，几百字，一两千字谈一个问题最好，特别精彩的、内容非长不可的例外。

我希望这本杂志不但可以帮助人们学到聪明，而且能对我国社会主义建设事业和人们各方面的活动产生积极的影响。

我还希望这本杂志（当然在编得好而且能够长期办下去的条件下）能够使我国广大干部、广大知识分子、广大读者获得一种明确而强烈的观念，即在做某一件事或者评论某种行为时，有关于"聪明"和"愚蠢"的考虑。

我也希望这本杂志（当然也是在编得好而且能够长期办下去的条件下）将来能在中国哲学史上写上一页。因为如果能在一个拥有 10 亿人口的国家里做到使广大干部、广大知识分子、广大人民更加聪明一些，那是一件了不起的大事，当然也就具有历史意义。我认为不妨把办这样一种杂志的目标定得更高些，这样可以使办杂志的人责任心更强些，他们也就会更加努力地想出一些办杂志的聪明方法来。

我认为在《方法》出版之前，就应当进行宣传，举办一个通讯讨论会，使社会上更多的人早一点知道有这样一本杂志，等待它的出版。同时也可以集思广益，听听大家对办这本杂志的意见，以便把它办好，这是创办这本杂志的一个聪明的方法。

编后记

  97岁高龄的于光远先生是我国著名的马克思主义理论家，著名的哲学家和经济学家。主要研究领域是哲学、经济学，也涉猎教育学、社会学、政治学等诸多学科。被誉为"百科全书式的学者"。

  于光远先生与中国科学院大学及其前身有着较深的历史渊源。1978年，他在中国科学院大学的前身中国科学技术大学研究生院（北京）招收并指导了自然辩证法学科的研究生。1979年他在中国科学院创办了《自然辩证法通讯》杂志并担任第一任主编，现任该杂志的名誉主编。可以说中国科学院大学人文学院是在他的关怀和指导下逐步成长起来的。

  于光远先生自1936年参加"一二·九"学生爱国运动起，就把献身于中国的革命事业和科学事业紧密的结合在一起。革命精神、科学精神和现代人文理念在其学术思想中融为一体。广泛的学术兴趣和丰富的人生经历，使得他的学术思想内容十分丰富。因此，要了解他的学术思想和所提出的理论，有必要同时了解产生这些思想和理论的社会经济、政治、意识形态背景乃至个人的经历。

自然辩证法是他学术研究的重要领域。他认为自然辩证法是马克思主义哲学的重要组成部分，对马克思主义哲学的发展，对一个革命者的正确世界观和方法论的形成具有重要意义。从 1940 年开始，他在延安就积极开展自然辩证法的研究工作。为了学习和宣传需要，他从德文翻译了恩格斯的《自然辩证法》一书的大部分文章，并将一些文章在延安报刊上发表。1944 年，他在延安大学讲授自然发展史课程。新中国成立后，于光远曾任中宣部科学处处长和国家科学技术委员会副主任。他积极倡导科技人员学习研究自然辩证法，促进自然科学与哲学社会科学的结合。他 1956 年和 1977 年两次发起并主持自然辩证法规划，制定了自然辩证法学科发展规划。他倡导并矢志于创立当代科学技术哲学的中国自然辩证法学派。20 世纪 80 年代，由他与周培源发起，在中国科学技术协会建立了促进自然科学与社会科学联盟委员会。于光远学识渊博、阅历丰富，不仅是自然科学与人文社会科学结合的典范，而且是其同时代的一批杰出科学家和人文学者的挚友。

于光远先生还是一位兼有着深切的社会关怀和深切的学术关怀的经济学家，在他的学术活动中，总是试图寻找二者间的支点，来确定自己的学术研究方向。于光远 1975 年曾任国务院政治研究室负责人之一，后曾任中国社会科学院副院长、国家计委经济研究所第一任所长。曾任第十二届、十三届中共中央顾问委员会委员。他是我国改革开放重大历史决策的重要亲历者、参与者和见证人。我国经济建设和改革开放中的许多重大理论问题都是他率先或较早提出的，他是较早提出社会主义初级阶段问题的学者之一。他也是较早主张在中国实行社会主义市场经济体制的学者之一。他亲自参与了邓小平同志在十一届三中全会上的讲话《解放思想，实事求是，团结一致向前看》的文件起草，并撰写了具有较大影响的《我亲历的那次历史转折》一书。2008 年在纪念中国改革开放 30 周年之际，他被评选为"中国改革开放 30 年 30 名杰出人物"之一、"中国改革开放 30 年 30 名经济人物"之一（中国经济体制改革研究会主办）和"改革开放 30 周年风云人物 30 年 30 人"之一（南方报业集团、南方都市报主办网上评选）。

此外，他还对我国诸多交叉学科的建立和发展作出重要贡献，如国土经济学、生产力经济学、技术经济与数量经济学、科学学、未来学、休闲学等。

于光远先生卷叠浩繁的著作是一个蕴藏着多学科研究成果的丰富的思想宝库，人们可以从中汲取智慧。于光远先生的宽阔视野、深邃的洞察力、深切的现实关怀、学术志趣、创新能力和理论贡献将启发和引领我们深入关切中国改革开放中出现的重大理论难题和实践困境，并激励我们为解决这些难题和走出困境能力探索并做出应有的学术贡献。

本书侧重于选取于光远先生哲学方面的著作，编辑为两个部分：即自然辩证法；聪明学、治学方法及其他。由于能力和时间所限，难免会有重要的遗漏和选取不当之处，敬请批评指正。

本书是中国科学院大学人文学院更名十周年的院庆文集，得到了中国科学院大学的大力支持。本书的编纂得到了于光远先生的许可和支持，他的秘书胡冀燕女士提供了很多帮助。人文学院的李斌博士和科学出版社的石卉女士为本书的编辑出版做出了很大贡献，谨致谢忱。

李惠国

2012年9月